Buch

Ein anschauliches und verständliches Plädoyer für die Überwindung
der Ego-Fixierung des modernen Menschen. Aus der Erfahrung einer buddhistischen Schulung und der unmittelbaren Beziehung zu jeder beschriebenen Situation, präzisiert Ulli Olvedi die wichtigsten
Fragen und Probleme unserer alltäglichen Lebenserfahrung. Aus der
ganzheitlichen Sicht des Buddhismus beschreibt sie Geschlechtlichkeit, Erziehung, Freundschaft, Alter und Tod, um uns Wege zur persönlichen Reifung und Lebensbewältigung im Alltag aufzuzeigen.
New Age-Lebenshilfe aus buddhistischer Sicht.

Die Autorin

Ulli Olvedi ist Journalistin und Schriftstellerin. Sie schreibt ihre Bücher als überzeugte Buddhistin. In Zeitschriften und Rundfunksen-
dungen bietet sie Rat und Lebenshilfe zur Bewältigung der kleinen
wie großen Frustrationen des Alltags an.

Ulli Olvedi

EVOLUTION IM ALLTAG

**Bewußtseinsentwicklung
aus der Sicht der
buddhistischen
Psychologie**

GOLDMANN VERLAG

Made in Germany · 10/87 · 1. Auflage
Genehmigte Taschenbuchausgabe der deutschen Ausgabe
des Dianus-Trikont Buchverlages GmbH, München
Umschlaggestaltung: Design Team München
Druck: Elsnerdruck, Berlin
Verlagsnummer: 14037
Lektorat: Michael Görden
Herstellung: Sebastian Strohmaier
ISBN 3-442-14037-4

Inhalt

Evolution des Bewußtseins

Im allgemeinen pflegen wir den Begriff „Evolution" mit der biologischen Abstammungslehre zu verbinden, und da ihn die Wissenschaft offenbar für sich gepachtet hat, scheint er uns nicht allzuviel anzugehen. „Die Wissenschaft" ist ja — außer für die Wissenschaft selber — so eine Art Geheimlehre mit einer Geheimsprache, ein vielköpfiges Monstrum, das — soviel man von außen sehen kann — technischen Fortschritt, ökologische Zerstörung, Atombomben und Gen-Manipulation gebiert, aber auch luftigere Geburten zur Welt bringt, nämlich „Theorien" — nicht über Gott, wohl aber über die Welt, oder, aktueller ausgedrückt, nicht über den Sinn, nur über die Sache. Und weil sich die materialistische Weltanschauung, deren Haupt die Wissenschaft darstellt, ihren Sinn aus der Sache holt, hat sich die moderne Evolutionstheorie zur Idee der „Optimalität" verengt. Die Vorstellung von einem Ausleseprozeß, der an optimaler Anpassung an ökologische Umstände orientiert ist, beschränkt das Prinzip der Evolution auf ein materialistisches Zweckdenken, das jedoch, wie wir inzwischen deutlich genug erleben, der Wirklichkeit der Existenz keinesfalls gerecht wird.

Daß der Begriff der Evolution überhaupt geprägt wurde, basierte zunächst auf der Erkenntnis, daß es offenbar eine natürliche Gesetzmäßigkeit „fortschreitender Entwicklung" (Evolution) gibt, die zu Gestaltung und Differenzierung drängt. Der lateinische Wortursprung „evolvere" verdeutlicht die Qualität dieses dynamischen Prinzips: Es bedeutet so viel wie „hervorwälzen, entströmen lassen, enthüllen, entwickeln". Es deutet etwas an, das eingeschlossen war und sich befreit, oder etwas Potentielles, das sich verwirklicht.

Erstaunlicherweise ist es nicht üblich, dieses evolutionäre Prinzip auch auf den menschlichen Geist anzuwenden. Wenn man allerdings bedenkt, daß „Evolution" ständige Veränderung und Entfaltung beinhaltet, wir aber, wenn von unserem „Geist" die Rede ist, in erster Linie an ein festes, unveränderliches Ding namens „Ich" denken, ist es nicht gar so unverständlich. Denn obwohl die Erfahrung zeigt, daß alles Existierende ständiger Veränderung unterworfen ist, glauben wir fest an ein „Ich" oder ein „Ego" oder an eine „Seele" als dauerhaftes Wesen. Die westliche Wissenschaft von der Funktionsweise des Geistes, „Psychologie" genannt, hat beharrlich alle Anregungen, die aus anderen Gebieten herangetragen wurden — wie die auf eine Relativierung des Ego hinzielenden psychologischen Folgerungen Darwins oder die Analyse des Ego-Konstrukts von William James — weitgehend ignoriert. Lediglich bei Carl Gustav Jung finden sich in seiner Theorie von der „Individuation" Ansätze zu einem psychologisch-evolutionären Denken, das sich jedoch bei seinen Nachfolgern nicht durchzusetzen vermochte; denn keiner von ihnen hat an der Inspiration angeknüpft, die Jung zum Beispiel aus dem Studium der buddhistischen Literatur erwachsen war.

Mißachtung natürlicher Gesetzmäßigkeiten führt zu Zerstörung, wie jeder an der ökologischen Krise unseres Planeten ablesen kann. Aber die geistige Ebene ist davon nicht minder betroffen. Die rapide steigende Zahl der psychischen und psychosomatisch Kranken in den westlichen Industriegesellschaften beweist, daß die äußere Zerstörung von einer inneren begleitet wird. Unser Lebensgefühl entspricht nicht der Atmosphäre des Morgens, der aufgehenden Sonne, dem hellen Tag entgegen, sondern einer Atmosphäre des Untergangs, der untergehenden Sonne, der Verfinsterung des Lichts entgegen.

Die Situation, wie sie heute ist, stellt all unsere Konzepte, Meinungen und Vorstellungen in Frage — all die politischen, soziologischen, philosophischen, psychologischen, religiösen Bezugspunkte, an die wir uns um einer scheinbaren Sicherheit willen klammern. Und das bringt uns zur Auseinandersetzung mit der Frage nach der Substanz des Ego.

Vom Standpunkt des Glaubens an ein Ego sagt man: „Ich denke, also bin ich." Genauer: „Ich denke, fühle, meine, glaube — darum bin ich. Das, was ich denke, fühle, meine, glaube, bestätigt, daß ich bin." Deshalb ist es so schwer, Meinungen und Vorstellungen — zumal das Selbstbild — zu korrigieren, Fixierungen loszulassen, Voreingenommenheiten aufzugeben. Es hängt immer das ganze Ego daran.

Es bedarf ohne Zweifel eines gewaltigen Schrittes, dieses Ego in Frage zu stellen, ihm einen hypothetischen Charakter zuzuerkennen. Dies aber ist der grundlegende Ansatz der buddhistischen Psychologie. Und dieser Ansatz ist im eigentlichen Sinn des Wortes evolutionär.

Wenn wir aufrichtig sind, müssen wir zugeben, daß es keinerlei Beweis für die Einheit „Ich" oder „Seele" gibt. Was wir tatsächlich wahrnehmen können, sind grundlegende Impulse, die unser Denken und Handeln steuern: die Impulse von Habenwollen und Nichthabenwollen und der damit verbundene Impuls von Abgrenzung. Diese Impulse stoßen oft gegen das an, was ist, weil das, was ist, zumeist nicht dieselbe Richtung und Geschwindigkeit hat wie diese Impulse. Im buddhistischen Kanon wird das „Von Liebem getrennt sein, mit Unliebem vereint sein" genannt. Dann sagen wir: „Es quält mich". Aber wer quält wen? Das Ich quält das Ich. Man schlägt sich selbst ins Gesicht.

Der Biologe Francisco Varela — ein Wissenschaftler neuer, buddhistischer Prägung — bezeichnet die beiden Gebiete Evolution und Gehirnforschung als „zwei Seiten derselben gedanklichen Münze". Seine neurobiologischen Forschungen lieferten ihm reichlich Material zu einem „Paradigmenwechsel", der nicht nur die gesamte Wissenschaftstheorie umkrempelt, sondern auch weitreichende Folgerungen hinsichtlich des Wirklichkeitsgehalts unserer gesamten Selbst- und Weltanschauung provoziert. Sie brachte ihn nämlich zu dem Schluß, daß man weder behaupten kann, es gäbe eine objektive äußere Welt — das wäre eine Einstellung, die man als „Eternalismus" bezeichnet — noch, es gäbe nur eine subjektive Welt — das wäre „Nihilismus" zu nennen. Er empfiehlt, die ausgetretenen dualistischen Pfade zu verlassen und einen Weg zwischen diesen beiden Anschauungen hindurch zu suchen:

„Ich schlage einen mittleren Weg zwischen diesen beiden Extremen vor, der durchaus produktiv und wissenschaftlich gangbar ist. Geist und Materie werden dadurch ein Kreis, weil man nicht zwischen Materie als eternalistisch und Geist als nihilistisch und unfaßbar entscheiden muß; zwischen beiden herrscht gegenseitige Bestätigung oder gegenseitige Spezifizierung oder das abhängige Entstehen, wie die Buddhisten sagen würden."

Diesem abhängigen Entstehen unterliegen unsere Meinungen und Vorstellungen von uns selbst und der Welt und allem, was' geschieht. Der Standpunkt des Ego macht jedoch die Erkenntnis dieser Abhängigkeit unmöglich. Sie würde bedeuten anzuerkennen, daß alles, wovon wir glauben, daß es wahr sei, alle unsere Kategorien und Urteile und Etikettierungen keinen festen Boden unter den Füßen haben, also relativ sind — relativ zu unseren geistigen Gewohnheitsmustern.

Der Gedanke, unsere Bezugspunkte in Frage zu stellen, ist äußerst beunruhigend. Denn das heißt ja, daß es nichts mehr gibt, woran wir uns festhalten könnten, daß wir uns nicht auf die Nummer Sicher eines „so ist es" oder „so ist es nicht" zurückziehen können, sondern uns auf eine unmittelbare Berührung mit der Welt einlassen müssen, wobei uns kein Konzept, keine Strategie mehr Schutz gewährt. Und doch ist es gerade dieser Sprung ohne Netz, der uns in Verbindung mit einer ganz anderen inneren Grundlage als einer vordergründigen Sicht bringt. Aus der Täuschung des Ego, dieses Konglomerats von Illusionen erzeugenden Impulsen zu erwachen, bedeutet, die Abgrenzung zu durchbrechen und sich selbst nicht mehr als isolierte Einheit zu erfahren. Nach buddhistischer Auffassung ist diese Offenheit, diese Fähigkeit, sich berühren zu lassen, die eigentliche Natur des menschlichen Geistes.

Das evolutionäre Prinzip des Bewußtseins, wie es in der buddhistischen Lehre vermittelt wird, beinhaltet, daß dieser offene, dezentralisierte Geist potentiell immer da ist, aber in einem bestimmten Entwicklungsprozeß sozusagen „ausgewickelt" werden muß — ausgewickelt aus den „Verdunkelungen" der egozentrierten Impulse. Dann manifestiert er sich als „Buddha", der Erwachte. Das Erwachen aus der Täuschung des Ego ist das Erwachen zu Mitgefühl und Weisheit, den polaren Qualitäten des ungetrübten, ursprünglichen, nicht-bedingten Geistes. Um das psychologisch zu aktualisieren: „Geistige Gesundheit" im

Sinne der buddhistischen Psychologie erwächst aus der Haltung des Nicht-Glaubens an ein Ego; an die Stelle von Meinungsfixiertheit tritt intellektuelle Klarheit, an die Stelle von Abgrenzung die mitfühlende Freundlichkeit eines berührbaren, offenen Herzens.

Würde sich die buddhistische Psychologie allein mit dieser Theorie und der damit verbundenen Forderung begnügen, wäre sie bei aller ethischen Qualität natürlich nicht weniger angreifbar als alle anderen psychologischen und religiösen Selbst- und Weltverbesserungsideen, von denen es ja nicht wenige gibt. Denn selbst wenn man auf dem Vernunftweg zu der Überzeugung gekommen ist, daß es tatsächlich keine Beweise für die Richtigkeit aller unserer Vorstellungen gibt, könnte man auch diese Überzeugung als unbeweisbare Vorstellung abtun. Die Sache muß also praktischen Bezug bekommen, und das geschieht dadurch, daß wir beginnen, die Funktionsweise unseres Geistes zu beobachten.

Es gibt zu denken, daß verschiedene Menschen oft ein und dieselbe Situation ganz verschieden erleben und interpretieren. Offensichtlich gibt es da eine umfassende Wirklichkeit, aus der sich jeder seine privaten Stücke herauspflückt und dieses auf eigene Faust zusammengesetzte Bild, das er „Erfahrung" nennt, für die Realität hält. Daraus kann man folgern, daß es auch eine unmittelbare Beziehung zu dem, was ist, geben könnte, sofern man den Vorgang des Selektierens und Einordnens vermeiden würde. Dieses Einordnen geschieht jedoch ungeheuer schnell, in Sekundenbruchteilen. Die buddhistische Psychologie differenziert es als fünffachen Schritt, oder als das Zusammenspiel der „fünf psychologischen Komponenten":

1. „Form", das heißt Trennung von „innen und „außen", von Objekt und Subjekt;
2. „Gefühl", das die Situation in „angenehm" und „unangenehm" einteilt;
3. „Impuls", der als Reaktion die Trennung zwischen „Ich" und anderen" oder „anderem" bestätigt und festigt;
4. „Intellekt", der die Situation begrifflich einordnet, kategorisiert und bewertet; und schließlich
5. „Bewußtsein", das alle diese Komponenten zu einem einheitlichen Bild zusammenfaßt und die Gewißheit von „Ich bin" daraus ableitet.

Der tibetisch-buddhistische Gelehrte und Meister der Meditation Chögyam Trungpa Rinpoche, Kenner auch der westlichen Psychologie und kompetenter Interpret der buddhistischen Lehre, beschreibt die Wirkungsweise der fünf Komponenten folgendermaßen:

„Zuerst hat man einen Eindruck von etwas. Es ist inhaltslos und nicht festgelegt. Dann versucht man, sich darauf als „Etwas" zu beziehen; sämtliche Namen, die einem beigebracht wurden, fallen einem wieder ein, und man versieht das Ding mit einem Etikett. Man prägt ihm diese Aufschrift ein, und damit kennt man sein Verhältnis dazu. Man mag es oder mag es nicht, was von der Assoziation mit der Vergangenheit abhängig ist. Dieses allererste unbeschriebene Blatt nun, welches eine millionstel Sekunde andauern mag, ist die meditative Erfahrung des ursprünglichen Grundes. Im nächsten Augenblick entsteigt dann eine Frage: Ich weiß nicht, wer und was ich bin und wo ich mich befinde. Der nächste Moment bringt die undeutliche Vorstellung, irgendeine Beziehung herzustellen. Danach sendet man sofort die Nachricht zurück zum Gedächtnis, zu den Assoziationen, die einem beigebracht worden sind. Man findet die besondere Kategorie oder das besondere Etikett, das einem gelehrt wurde, und man prägt es sich ein. Damit hat man seine Taktik entwickelt, wie man eine Beziehung zu dem Etwas aufgrund von Zuneigung oder Abneigung herstellt. Dieser ganze Vorgang läuft sehr rasch ab. Er schlägt ein wie ein Blitz."

Die Bewußtseinsbildung durch die psychologischen Komponenten produziert jene Bewegung in unserem Geist, die uns in jedem ichbewußten Augenblick beschäftigt und unterhält. Wir können uns diesen Vorgang als eine Art Webstuhl vorstellen, auf dem die Fädchen von Vergangenheit und Zukunft — von Prägung und Projektion, von Hoffnung und Furcht — zu einem bunten Teppich verwoben werden. Der Teppich ist eine scheinbar feste Sache, je größer, desto sicherer. Dennoch wissen wir, daß er seiner Natur nach aus diesen und jenen Fäden besteht — in die er bei übermäßigem Gebrauch auch wieder zerfallen kann —, und daß diese Fäden wiederum aus kleineren Partikeln bestehen, und so weiter, bis zum Atomkern, der in sich wiederum ein Universum voller Bewegung ist ...

„Ego" ist immer mit Vergangenheit oder Zukunft, mit Schlußfolgerungen und Projektionen beschäftigt, immer in Unruhe, und es bleibt deshalb kein Raum für den gerade lebendigen Augenblick. In diesem Augenblick gibt es nur die Erfahrung des „allerersten, unbeschriebenen Blattes", das so rasend schnell von den fünf Komponenten vollgeschrieben wird. Nicht-Ego ist also Nicht-Beschäftigung, Nicht-Unterhaltung, Nicht-Ablenkung von dem, was tatsächlich *ist*. Diese Nicht-Beschäftigung ist erlernbar. Es ist die Praxis der Meditation.

Dies ist nun der praktische Aspekt, die „angewandte Psychologie" der buddhistischen Lehre. Es ist das Mittel, das ein Einklinken in den natürlichen Fluß des evolutionären geistigen Entwicklungsprozesses ermöglicht.

Meditation bedeutet Schulung der Achtsamkeit, Zähmung des verwirrten, beschäftigungssüchtigen Geistes. Wir sind es — der Funktion der psychologischen Komponenten entsprechend — gewöhnt, von subjektiv und objektiv, von Introspektion und Extraspektion als von zwei ganz verschiedenen, einander ausschließenden Dingen zu sprechen, und so ist die Meditation in den Ruf einer „Nabelschau" oder „Flucht nach innen" gekommen und zudem auch oft dahingehend verzerrt worden. Mit gleicher Berechtigung könnte man allerdings auch, wenn man schon in diesen Gleisen denken will, denjenigen, der Introspektion als krankhaft ablehnt, der „Flucht nach außen" zeihen.

C.G. Jung, zumindest um einen gesunden Ausgleich bemüht, nahm das Problem mit einigem Sinn für Humor aufs Korn. In seinem Kommentar zu dem tibetischen Originaltext „Das geheime Buch der großen Befreiung" merkt er an:

„Wenn Introspektion etwas Krankhaftes wäre, wie gewisse Leute im Westen glauben, müßten wir praktisch den ganzen Osten oder sicher jene Teile, die noch nicht von den Segnungen des Westens angesteckt worden sind, ins Irrenhaus schicken."

Unsere 'Irrenhäuser' sind voll genug — vermutlich gerade aus Mangel an Introspektion oder, buddhistisch ausgedrückt, aus Mangel an praktischer Erkenntnis der Funktionsweise des eigenen Geistes.

Meditation als Praxis der Achtsamkeit ist nicht auf ein „Innen" oder „Außen" fixiert. Die Tatsache, daß bei der Meditationspraxis die Augen geöffnet sind, macht das ganz deutlich: Der Blick kehrt sich nicht nach innen, hält sich auch nicht an Äußerem fest, sondern verharrt beides verbindend dazwischen.

Wer mit der Entwicklung des Bewußtseins beginnt, muß wohl oder übel auf der Ego-Ebene damit anfangen, denn eine andere steht uns ja zunächst nicht zur Verfügung. Wir müssen etwas üben, was wir noch nicht können, und dazu bedarf es einer formalen Situation, in welcher Körper und Geist zur Ruhe gebracht werden, so daß weniger Reize auf unseren Wahrnehmungsapparat einstürmen und in dieser verminderten und verlangsamten Reizsituation die Abläufe im Bewußtsein deutlicher wahrnehmbar werden.

Eine Hauptbeschäftigung, mit der wir uns psychologisch abzusichern versuchen, besteht darin, stets einen Schuldigen für all unser Leiden — Einsamkeit, Frustration, Fehlverhalten, Minderwertigkeitsgefühle, Mißlingen aller Art — zu suchen. Das haben wir von klein auf nachahmend gelernt: Die Umstände sind schuld, die Eltern sind schuld, der Staat ist schuld, der Ehepartner ist schuld, die anderen sind schuld. Irgendwer ist immer schuld. Und das macht die Situation letztlich ziemlich verzweifelt.

Es müßte nicht so weit kommen, wenn wir von vornherein eine Ahnung davon hätten, wie der Geist eigentlich funktioniert, wenn uns jemals jemand gesagt hätte, daß man den eigenen Geist beobachten und dabei entdecken kann, wie unsere so oder so gefärbten Bewußtseinsinhalte tatsächlich entstehen. Die präzise Methode der unmittelbaren Wahrnehmung geistiger Funktionsweisen hat im Abendland keine Tradition. Im Buddhismus hingegen ist sie seit zweieinhalbtausend Jahren das ABC eines jeden die Meditation praktizierenden Anhängers der Lehre.

Diese so gewonnene Erkenntnis hat beträchtliche Konsequenzen für den Alltag: Sie bedeutet, sich aus der Zwangsjacke der ,,Selbstumklammerung des Ich" (C.G. Jung) zu befreien, psychischen Raum zu schaffen, in dem *Beziehung* sich entfalten kann: Beziehung zu uns selbst — zu unserer Kreativität, unserer Körperlichkeit, unserem Geschlecht — und zu anderen, zu unseren Kindern, Partnern, Freunden, und schließlich zu dem Prozeß von Alter und Tod, dem wir unausweichlich unterworfen sind.

Solches Aufnehmen von Beziehungen mit Herz und Verstand ist das, was aus buddhistischer Sicht unter „geistiger Gesundheit" zu verstehen ist. Nicht Anpassung an gesellschafts- und kulturbedingte Normen, wie es die gängige abendländische Psychologie (und Psychiatrie) zum Ziele hat, nicht Selbstverbesserung oder Selbstverleugnung, wie die theistische religiöse Zielsetzung es verlangt, sondern der Mut zu unmittelbarer Beziehung ist hier gefordert, der die Bastionen von Furcht und Hoffnung transzendiert. Der kämpferische Mut der geistigen Gesundheit hat nichts zu tun mit der Angriffslust des Ego-Standpunktes, die wie ein bissiger Hund über die Grenzen des eigenen Hoheitsgebietes wacht, auf daß einem nur niemand zu nahe trete. Er bedeutet vielmehr, sich zur eigenen Furcht zu bekennen und dabei auf Selbstschutz zu verzichten. Er bedeutet, die Hand auszustrecken auf die Gefahr hin, daß sie nicht ergriffen wird. Er bedeutet das Wagnis der Kommunikation ohne Fixierung auf bestimmte Erwartungen und ohne die Angst, sich zum Narren zu machen; das Wagnis zu aufrichtiger Haltung und das Wagnis, ohne irgendeine ideologische Panzerung auf die Welt zuzugehen. Nur so kann ein Gefühl für die eigene Würde, eine natürliche Wertschätzung der eigenen Person entstehen — Voraussetzung auch dafür, daß andere gewürdigt und wertgeschätzt werden können.

Geistige Gesundheit ist vom buddhistischen Standpunkt aus noch kein Endziel, sondern eine Station auf dem Weg, die wie viele weitere Stationen Ziel und Ausgangspunkt zugleich ist: Es ist der Ausgangspunkt, von dem aus man Einsicht in die existentielle Selbstverständlichkeit einer spirituellen Reise, eines lebenslänglichen Entwicklungsprozesses gewinnen kann — um sich dann tatsächlich konsequent auf den Weg zu machen.

Eines der ganz großen „spirituellen" Mißverständnisse, das in der Begegnung zwischen westlichem und östlichem Denken entstanden ist, ist die Vorstellung, wir müßten unseren Intellekt, der in seiner abgespaltenen abendländischen Form so viel Unheil angerichtet hat, wegwerfen (beziehungsweise das Mißverständnis im anderen, dem materialistisch-wissenschaftlichen Lager, die „Spirituellen" huldigten einer verblödenden Kopf-weg-Ideologie). Aber ohne Intellekt gibt es keine Weisheit. Der Intellekt entspricht nur so lange einem unmenschlichen rationalistischen

Computer, solange er nicht mit dem „geistigen Herzen" — Symbol für Gefühl/Gemüt/Intuition — verbunden ist. In der Kombination von Weisheit und Mitgefühl wird jedoch der Intellekt durch intuitive Erkenntniskraft bereichert, und das Mitgefühl ist präzise und intelligent.

In den folgenden Betrachtungen soll der kritische Intellekt nicht zu kurz kommen. Wir können nicht konstruktiv kritisieren, solange wir die beanstandete Situation nicht gründlich durchleuchtet haben, und aus Fehlern lernt man nur, wenn man weiß, worin sie eigentlich bestehen. Ich habe versucht, eine Bestandsaufnahme der jeweils gegebenen Situation zu skizzieren, sie kritisch zu hinterfragen und im Sinne der *Evolution des Bewußtseins* eine Neuorientierung aufzuzeigen, zugleich aber auch den Keim zu solcher Neuorientierung bei unseren westlichen Denkern aufzuspüren. Der Osten hat die Weisheit ja nicht gepachtet: sie ist überall. Nur muß man manchmal tief graben, um an sie heranzukommen.

„Evolution des Bewußtseins" mag hochgestochen klingen, sobald man den Begriff vom Papier nimmt und versucht, ihn mit alltäglicher Lebenserfahrung in Verbindung zu bringen, damit, daß wir morgens aufstehen und die Zähne putzen, Geld verdienen und essen, krank oder gesund, ärgerlich oder erfreut sind, telefonieren, einkaufen, fernsehen, Kinder aufziehen, koitieren, gut oder schlecht schlafen ... Und doch sind dies die Blütenblätter, welche die Blume ausmachen. Ein anderes Leben als *dieses* tagtägliche gibt es für uns nicht, wenn wir nicht gerade als Mönch oder Nonne leben.

Wohl aber gibt es verschiedene Arten von Bewußtsein. Und es ist unsere Aufgabe, zu Spurensuchern zu werden in unserem Alltag, um jenes offene Bewußtsein zu entdecken, das unmittelbare Beziehung aufzunehmen vermag mit allem, was ist — mit uns selbst und den Menschen und Tieren und Dingen und allen Erscheinungen. Denn so, wie wir die Verantwortung für uns selbst tragen, tragen wir sie für alle und alles — Teil eines Ganzen und zugleich das Ganze selbst.

I

Auf der Suche
nach der verlorenen Kreativität

Man braucht nicht im strengen, an bestimmte Symptome gebundenen Sinn „krank" an Geist und Gemüt zu sein, um sich allgemein unglücklich, frustriert und deprimiert zu fühlen. Das ist viel eher ein „ganz normaler" Zustand, denn an dieser „kaputten" Welt, so argumentieren die meisten Betroffenen, muß man ja einfach selbst kaputtgehen. Wer es sich so leicht macht, macht es sich zugleich unendlich schwer. Denn das heißt ja, jene potentiellen schöpferischen Kräfte zu negieren, die einen wesentlichen Teil unserer psychischen Ausstattung ausmachen. „Früher", so tönt das Lamento häufig weiter, „da lebte man noch ganz anders, naturverbunden, unentfremdet, unspezialisiert, da hatte das Leben noch Vielfalt, da gab es noch etwas zu entdecken, da hatte man noch Muße — kurz, da war man noch *schöpferisch.*" Ob's wahr ist oder nicht — wo jedoch ist sie hingeraten, die geahnte, vermißte, ersehnte, verlorene Kreativität? Und vor allem: Was ist sie denn nun eigentlich?

Als ich einmal mit meinem damals fünf Jahre alten Sohn einen Spaziergang machte, zeigte er zu den Wolken hoch und sagte: Schau mal, die Wolken tanzen. Ich glaube, sie feiern ein Fest. Wahrscheinlich hat eine Wolke Geburtstag.

Um ehrlich zu sein, ich hatte mich nur ziemlich lustlos zu diesem Spaziergang überreden lassen. Ich war der Überzeugung, unendlich viel wichtigere Dinge zu tun zu haben, und bis zu dem Augenblick, als das Kind mich auf die Wolken aufmerksam machte, hatte ich nur diese wichtigen Dinge im Kopf gehabt und die Welt um mich herum kaum wahrgenommen. Es waren jedoch nicht die Worte allein, die mich so plötzlich aufwachen ließen; es war auch etwas in der Stimme des Kindes, das mich durch die Isolierschicht von gewohnheitsmäßigen Gedankenmustern hindurch berührte. Da waren Freude und Wertschätzung, und vor allem jene grundlegende Aufnahmebereitschaft, ohne die das Besondere hinter dem scheinbar Alltäglichen nicht gesehen werden kann. Und durch die Lücke, die dieser kleine Anstoß aufriß, drang für einen Augenblick die Erkenntnis — nicht nur als Gedanke, sondern als beglückendes Erlebnis — daß die Fähigkeit zu solch einer Erfahrung, die von keiner Kategorisierung oder Beurteilung, von keinem Vergleichenmüssen getrübt ist, daß diese glückselige Offenheit des Geistes immer und allzeit als Möglichkeit vorhanden ist und nur darauf wartet, zugelassen zu werden. Diese Einsicht war einfach und komplex, wie jede unmittelbare Erfahrung, so einfach, daß ich mich fühlte wie jemand, der seine Brille nicht finden kann und unvermutet bemerkt, daß er sie längst auf der Nase hat. Hier, so meine ich, liegt die Wurzel zu aller Kreativität.

Im allgemeinen versteht man unter Kreativität ein musisches Produzieren, wie Musik machen, Bilder malen, dichten und dergleichen. Das hat zweifellos etwas mit Kreativität zu tun, ist aber genau genommen nur ein Teilbereich eines viel größeren Ganzen. Dieses Mißverständnis findet sich jedoch nicht nur bei den Laien. Auch die Wissenschaftler, die sich — vom gesellschaftlichen Übel eines kulturellen Niedergangs und dem zunehmenden Lebensüberdruß „unkreativer" Menschen angespornt — mit der sogenannten „Kreativitätsforschung" befassen, scheinen oft vor lauter Bäumen den Wald nicht mehr zu sehen. So ist etwa in dem Buch *Kreativitätsforschung* von Siegfried Preiser nachzulesen:

„Wenn wir uns über den Begriff der Kreativität innerhalb einer empirischen Wissenschaft verständigen wollen, werden wir bei der sichtbaren oder erfahrbaren Idee als Ansatzpunkt anfangen müssen. Denn nur diejenige Person wird sich als kreativ erweisen, die kreative Ideen produziert; nur dann kann man einen Prozeß kreativ nennen, wenn er durch das Hervorbringen eines kreativen Produktes beobachtbar wird, nur dann kann man von einer kreativen Atmosphäre oder Umwelt sprechen, wenn sie in erhöhtem Maße kreative Ideen ermöglicht. Der Angelpunkt einer Kreativitätsdefinition liegt also eindeutig im Ergebnis, beim kreativen Produkt.

Auf den ersten Blick scheint es gar nicht so schwer, sich darüber zu einigen, welche Ideen man als kreativ bezeichnen soll: In erster Linie sind es die Werke von Wissenschaftlern und Erfindern, von bildenden Künstlern, Schriftstellern und Komponisten. (...) Ihre Ideen lassen sich als neuartig, ungewöhnlich, originell, überraschend und bahnbrechend beschreiben. Tatsächlich wird Neuheit, Einmaligkeit oder zumindest Seltenheit vielfach als ein Definitionskriterium der Kreativität verwendet."

Da zeigt sich auch schon das Dilemma eines solchen am baren Produkt orientierten Ansatzes. Ist ein Computer kreativ, der eine interessante Zufallszeichnung liefert? Ist ein Schimpanse kreativ, der ein apartes Bild kleckst? Und ist ein Mensch, der nichts derartiges produziert, mit Sicherheit unkreativ? Das ist auch dem Autor nicht ganz geheuer, deshalb schränkt er ein:

„Kreativität läßt sich nicht scharf und objektiv definieren. Definitionsversuche müssen letzten Endes bei dem empirisch beobachteten kreativen Produkt ansetzen. Kriterien für ein kreatives Produkt sind Neuheit — in einer bestimmten Situation — und Angemessenheit oder Sinnhaftigkeit — bezogen auf ein Problem. Die Bewertung der Neuheit ist abhängig von der Bezugsgruppe; die Bewertung der Angemessenheit ist abhängig von den (subjektiven) Werten des Beurteilers. Psychologische Objektivität kann nur mittels der Übereinstimmung mehrerer Bewerter hergestellt werden. Wirklich neuartige Ideen bergen die Gefahr in sich, über alle Bewertungskategorien hinauszugehen und sich damit aus dem Gesichtsfeld empirischer Forschung zu verlieren."

Im engen Korsett des gängigen Wissenschaftsbegriffs haben sich die meisten Kreatitivitätsforscher an das gehalten, was meßbar ist oder zumindest als meßbar erscheint. So hat eine der Kapazitäten auf diesem Gebiet, Guilford, Testbatterien zur Messung des kreativen Verhaltens entwickelt. Sein Credo lautet:

„Bei der kreativen Persönlichkeit geht es um solche Eigenschaftsgefüge, die für schöpferische Menschen charakteristisch sind. Ein kreatives Gefüge zeigt sich in kreativem Verhalten, das solche Tätigkeiten wie Entdecken, Entwerfen, Erfinden, Ordnen und Planen umgreift. Menschen, die diese Arten des Verhaltens in bemerkenswertem Grade aufweisen, werden als kreativ anerkannt.

Nach Preiser allerdings kann solche Anerkennung nicht allzu wünschenswert sein. Was die Forschung an kreativen Verhaltensmerkmalen zusammengetragen hat, klingt nicht rundum erfreulich:

„Kreative zeigen häufig eine konstruktiv-kritische, mit den Verhältnissen unzufriedene, distanzierte bis aggressive Haltung. Sie beweisen zwar soziale Sensibilität, haben aber geringe Interessen an sozialer Interaktion, sind reserviert, introvertiert und selbstgenügsam. Sie sind bisweilen gehemmt und radikal und wehren sich gegen Unterdrückung und formale Normen. Kreative Schüler gelten deshalb oft als unsozial, unangepaßt und störend."

Der Verwirrung auf der Ebene der Theorie entspricht die Verwirrung in der Praxis. Eine Kirche mit Pappkarton zu umwickeln, wird als kreativer Akt anerkannt. Kreativ gilt auch das Produzieren von unangenehmen Geräuschen, sofern sie öffentlich zur Aufführung kommen und hochtrabende Interpretationen gleich mitgeliefert werden. Eine Zeitlang galt es als höchst originell, Schulen mit fensterlosen Klassenzimmern zu bauen, damit die Kinder nicht durch den Blick in die Natur vom Lernen abgelenkt würden.

Es drängt sich der Eindruck auf, daß sich gerade in der Kreativitätsforschung sehr deutlich der generelle Mangel an Kreativität niederschlägt, an dem die materialistischen Gesellschaften leiden. Und man möchte in den Stoßseufzer miteinstimmen, den die Psychoanalytikerin Erika Landau in ihrem Buch *Psychologie der Kreativität* resümierend so formuliert:

„Zusammenfassend läßt sich sagen, daß es im Grunde erstaunlich ist, wie unkreativ — nämlich einseitig — die Theoretiker verschiedener Schulen an das Problem der Kreativität herangegangen sind. Es ist ihnen zum Teil gelungen, ein relativ neues Problem (was die Kreativität doch schließlich für die Psychologie ist) in ihr Schema aufzunehmen, ohne zu irgendwelchen neuen Einsichten zu gelangen oder neue Funktionen innerhalb ihres Schemas zu ermöglichen."

Unter dem vielen Kraut gibt es dennoch ein paar Rüben. So sind manche Strukturierungsversuche recht anregend, soweit sie bescheiden genug sind, einfach Aspekte des Phänomens zu beschreiben. Irving Taylor nennt zum Beispiel fünf Ebenen der Kreativität, bei denen man zum Teil einen Entwicklungszusammenhang sehen kann. Auf diese Weise lassen sich immerhin so unterschiedliche kreative Produkte wie eine Kinderzeichnung, eine elektronische Bastelei, ein neuer Lehrsatz der Physik oder eine Oper nach Art und Stellenwert sortieren. Die erste Tayler'sche Ebene ist die *expressive Kreativität*.

Ihre Hauptcharakteristika sind Spontaneität und Freiheit. Besondere Fertigkeiten spielen keine Rolle, es wird einfach spielerisch gestaltet. Als zweite Ebene nennt Taylor die *produktive Kreavitität*. Hier entsteht das Bedürfnis nach Geschicklichkeit, nach Techniken und Informationen. Das ist die Ebene des Technikers, auf der Freiheit und Spontaneität zurückgedrängt werden zugunsten eines starken praktischen Bezugs zur Realität. Diese Ebene, so meint der Autor, überschreiten nur wenige. Die dritte Ebene ist die *erfinderische Kreativität*. Sie ist charakterisiert durch die Herstellung neuer Beziehungen zwischen vorhandenen Informationen und Ideen. Die vierte Ebene bezeichnet Taylor als die *innovative — oder erneuernde — Kreativität*. Auf ihr entfaltet sich eine über den individuellen Erfahrungsbereich hinausgehende Schau von Zusammenhängen, ohne die kulturelle Erneuerung nicht möglich ist. Und die fünfte Ebene schließlich, als „emergentive Kreativität" bezeichnet — das lateinische *„emergere"* bedeutet „auftauchen" —, beinhaltet die große Vision, die geniale „göttliche Eingebung", die neue Bahnen bricht und als große Inspiration das Niveau ganzer Kulturen zu heben vermag.

Erika Landau rügt an dieser Systematisierung, daß sie mal wieder nur am Produkt orientiert ist. Es gibt jedoch auch ein inneres Erleben, das nicht zu greifbaren Produkten führt, aber dennoch kreativ ist, wie etwa beim Betrachter eines Kunstwerks. Erika Landau unterscheidet dementsprechend zwischen der objektiven Kreativität, die in ein Produkt mündet, und der subjektiven oder verinnerlichten Kreativität des Betrachters. Im Vorwort zu *Psychologie der Kreativität* schreibt sie:

„Zur Psychologie der Kreativität kam ich durch die Praxis meiner Museumsarbeit. Mir ging es immer darum, den beschaulichen Prozeß des Museumsbesuchers zu verstehen; andererseits wollte ich die erforderlichen Voraussetzungen ergründen, die bei diesem das Kunsterleben fördern."

Dieser Ansatz, der mehr nach dem Erleben als nach dem Produkt fragt, führte die Forscherin denn auch weit über die engen akademischen Ergebnisse hinaus. Und sie kam zu dem unpopulären, ja geradezu revolutionären Schluß:

„Die wenigsten erkennen, daß jedes Individuum schöpferisch sein kann, daß es Kreativität in jeder Lebenssituation gibt. Die Meinung, Kreativität sei nur wenigen gegeben, hinter der sich der Hang zu Bequemlichkeit verbirgt, hat bei vielen das Kreative verdrängt. (...) Kreativität bedeutet Wagnis: alles Neue ist ungewiß, ist nicht konform. Es bedarf der inneren Freiheit des Individuums und der Geborgenheit in seiner Umgebung, um aus dem sicheren, vertrauten Kreis ins Unbekannte vorzustoßen. Wenn wir nicht kreativ sein können, fehlt es uns entweder an Wissen, an innerer Freiheit oder an der Sicherheit der äußeren Verhältnisse. (...)
Neugier und Wissensdrang machen uns der Außenwelt gegenüber offen. Innere Freiheit stellt das angesammelte Wissen unserer inneren Erlebniswelt zur Verfügung. Die Zugehörigkeit zur Umwelt, ein Teil unserer Umwelt zu sein, fördert die adäquate Übersetzung der Einsicht. Wenn wir nicht kreativ sein können, fehlt es uns an Freiheit und anderen Mitteln, mit unserer Außen- oder Innenwelt zu kommunizieren."

Kreativität ist also nicht das Privileg einer Elite, sie ist nicht einmal an besondere Talente gebunden. Falls jemand klagen sollte: „Ach, ich bin eben kein kreativer Mensch, es kann ja auch nicht jeder ein Picasso oder Goethe sein, das habe ich eben nicht in die Wiege gelegt bekommen", so sollte man ihm vielleicht Erika Landaus Vorwurf der Bequemlichkeit vorhalten. Die Einstellung, man selbst sei zu kurz gekommen, man habe die Kreativität nicht als Besitz, so, wie man etwa einen Fernsehapparat besitzt, der auf Knopfdruck Unterhaltung liefert, verrät Mangel an psychischer Beweglichkeit und Mut.
Nicht minder hinderlich ist ein zu hoher Anspruch an sich selbst. Je höher er ist, desto geringer erscheinen die tatsächlich

vorhandenen Fähigkeiten und Kräfte. Man muß herunter vom hohen Roß, um mit dem Potential arbeiten zu können, so daß es sich Schritt für Schritt entfalten kann.

Zur Illustration möchte ich einen Traum erzählen, der mir in einer sehr schwierigen und bedrückenden Lebensphase zu Hilfe kam, als ich mich gründlich 'festgefahren' hatte. Dieser Traum präsentierte sich mir in Form eines Märchens — das erste und einzige Mal übrigens, daß ich ein richtiges, abgeschlossenes Märchen träumte. Es ließ mich ahnen, in welcher Weise ich in die Irre gegangen war und wo ich den Grund für meine depressiven Stimmungen zu suchen hatte.

Ich will den Traum so wiedergeben, wie ich ihn am nächsten Morgen niedergeschrieben habe. Daß er im Stil Grimm'scher Märchen gehalten ist, gehört zum Traum selbst. Obwohl ich nicht behaupten kann, es wortwörtlich gehört zu haben, begann er für mein Gefühl ganz eindeutig mit dem berühmten ,,Es war einmal ...".

Es war einmal eine Fischerstochter, die sehr schön war. Sie wußte jedoch nicht um ihre Schönheit, bis sie eines Tages in einer Wasserlache, die der nächtliche Seegang in einer Vertiefung der Felsen zurückgelassen hatte, ihr Spiegelbild erblickte. Da schien ihr, daß die Züge ihres Gesichts ebenmäßiger und feiner wären, als bei den Mädchen im Dorfe üblich, und sie empfand großes Vergnügen bei diesem Anblick.

Welch ein Erschrecken, als in eben diesem Augenblick ein großer Fisch aus den Wogen des Meeres auftauchte und zu ihr sprach: ,,Schöne Fischerin, ach, habe Mitleid mit mir und erfülle mir eine Bitte: Bringe mir täglich zu dieser Stunde die Kerne eines Granatapfels, und du sollst es nicht bereuen."

Überrascht versprach das Mädchen ohne großes Nachdenken dem Fisch diesen Liebesdienst, stand doch hinter dem Haus ihres Vaters ein großer, reich tragender Granatapfelbaum, unter dem sie einen großen Teil ihrer Kindheit verbracht hatte in stillen Spielen. Also ging sie nun jeden Tag zur selben Stunde hinaus zur Küste und fütterte den Fisch, und sie behielt dies als ihr Geheimnis für sich.

Als sich die Fischerstochter einmal gar fein herausgeputzt hatte, um auf den Markt zu gehen, fragte der Fisch: ,,Warum hast du dich so schön gemacht, Fischerin?"

„Einen Bräutigam von hoher Geburt möchte ich bekommen", erwiderte das Mädchen übermütig, „am liebsten den König selbst."

„Je weniger Wünsche, um so mehr Erfüllung", sagte der Fisch und tauchte zurück ins Meer.

Nun geschah es, daß gerade an diesem Tage der König mit seiner Jagdgesellschaft durchs Dorf ritt, in welchem der Markt stattfand. Er erblickte die schöne Fischerstochter und beschloß augenblicklich, sie zur Frau zu nehmen. So zog das Mädchen voller Freude in das königliche Schloß; aber den Fisch und ihr Versprechen vergaß sie ganz und gar.

Es verging ein Jahr, und die junge Königin gebar ein Kind. In der Nacht danach erschien ein Geist in ihrem Gemach und berührte das Kind. Voll böser Ahnungen sah die Königin ihr Kind heranwachsen und mußte gar bald erkennen, daß es blind war. Nach einem weiteren Jahr gebar sie das zweite Kind. Wieder erschien der Geist und berührte es, und dieses Kind konnte weder hören noch sprechen.

Als die Königin das dritte Kind gebar und der Geist wiederum erschien, stellte sie sich ihm entgegen und bat:

„Ach verschone doch wenigstens dieses eine Kind. Ist es denn nicht schrecklich genug, wenn die beiden anderen mit solch furchtbarem Schicksal geschlagen sind?"

Freundlich erwiderte der Geist: „Es liegt nicht in meiner Macht, dein Kind zu verschonen." Und er berührte es, und dieses Kind konnte keines seiner Glieder bewegen.

Nun bat die Königin den König, er möge sie ins Haus ihrer Eltern zurückkehren lassen, denn sie habe ihm doch nur Ungemach gebracht mit ihren armen Kindern. Der König gewährte ihr diesen Wunsch, und so kehrte sie zurück ans Meer, wo sie die Hütte leer fand, denn die Eltern waren inzwischen gestorben. Kaum hatte sie sich in der Hütte eingerichtet, da brachte das blinde Kind Granatäpfel aus dem Garten und reichte sie ihr. Das Kind, das sich nicht bewegen konnte, sagte: „Mutter, ich höre einen Fisch rufen aus dem Meer, er ist hungrig", und siehe, es war gerade die Stunde, zu welcher der Fisch zu erscheinen pflegte. Das dritte Kind, das weder hören noch sprechen konnte, begleitete die Mutter ans Meer, und als der Fisch erschien, da ergriff es ihn und legte ihn ihr zu Füßen.

Es tat einen gewaltigen Donnerschlag, und da sah die Fischerstochter statt des Fisches einen strahlenden Mann von hoher Geburt vor sich, der kniete vor ihr nieder und sagte:

„Wie danke ich dir und deinen Kindern, denn ihr habt mich von einem bösen alten Zauberbann erlöst."

Sie gingen zusammen zur Fischerhütte, und der Erlöste berührte ein jedes der Kinder; und das blinde Kind wurde sehend, das taubstumme Kind konnte hören und sprechen, und das Kind, das seine Glieder nicht bewegen konnte, sprang auf und war heil und gesund.

Dieser Traum hat natürlich eine vielschichtige Aussage, auf die wir hier nicht in Einzelheiten eingehen wollen. Aber grundsätzlich kann man ihn wohl anhand der Aussage des Fisches interpretieren: „Je weniger Wünsche, umso mehr Erfüllung". Erika Landau zitiert Goethe, Nietzsche und Mozart, welche die kreative Inspiration als einen „Gast" bezeichnet haben sollen, der plötzlich „auftaucht". Auch der Erlöste im Traum taucht aus dem Meer auf — zunächst als Fisch, als erahntes Potential, dann, nach geleisteter psychischer „Arbeit", als Verwirklichung. Solch ein Gast taucht jedoch nur auf, wenn die Bereitschaft da ist, ihn zu empfangen. In einer materialistischen Gesellschaft, deren heimliche Götter „Leistungsdruck" und „Sachzwang" heißen, die nur dem aktiven Prinzip huldigt und das passive Prinzip — Beschaulichkeit, Muße und Meditation — aus dem Lebens- und Weltbild gestrichen hat, kann sich eine Fähigkeit, die vom inneren Warten- und Empfangenkönnen abhängt, schwerlich entwickeln. So kann es dazu kommen, daß es selbst bei professionellen Kunstproduzenten mit der echten Kreativität nicht mehr weit her ist. Wird Kreativität mit Kunstprodukt gleichgesetzt, so enthüllt schon das Wort „Kunst" das Dilemma. Der Wortursprung ist „können", und das bezieht sich hauptsächlich auf die zweite Taylor'sche Ebene, die vom Aneignen von Fertigkeiten geprägt ist, und dies, so heißt es ausdrücklich, auf Kosten von Freiheit und Spontaneität.

Der Begriff „Kunst" wird keineswegs nur auf die schönen Künste angewandt; vielfach bezeichnet er auch das synthetische Surrogat — wie etwa Kunsthonig —, Manipulation — wie zum Beispiel in dem Begriff „künstlich" — oder einfach Raffinesse, Geschicklichkeit, so etwa in dem Wort „Verführungskunst".

Demnach braucht es uns nicht zu wundern, daß die Kreativitätsforschung mehr ein Anhängsel der Intelligenzforschung ist als eine eigenständige Forschungrichtung. Denn der Intellekt ist die aktive Funktion des Geistes; seine passive Funktion hingegen ist die Intuition, und erst dieses Zusammenspiel beider Funktionen macht echte Kreativität möglich.

Die Kinder in meinem Märchen-Traum beeindruckten mich tief durch die Selbstverständlichkeit, mit der sie ihre Behinderungen — oder Einschränkungen — zu tragen schienen. Sie erinnerten mich an längst vergessene Erfahrungen aus meiner Kindheit, an Augenblicke von großer Offenheit und Hingabe. Das soll nun nicht als Glorifizierung der Kindheit mißverstanden werden oder als sentimentaler Rückblick auf ein „verlorenes Paradies". Vielmehr geht es um ein bewußtes Anknüpfen an solche frühen Erfahrungen — nach Taylor wäre dies als das Wiederaufnehmen der Verbindung mit der ersten kreativen Ebene zu verstehen. Recht anschaulich illustriert ein Traum einer seit vielen Jahren mit Psychopharmaka medikamentierten Frau den völligen Verlust der Verbindung mit der grundlegenden Kreativität — der in diesem Fall sicher nicht zuletzt der mangelnden Kreativität ihrer Ärzte anzulasten ist, die ihre menschliche und ärztliche Verantwortung an die pharmazeutische Industrie delegiert haben. Diese Frau träumte, daß sie Hand in Hand mit einem Kind, das sie gut kannte und dessen Kreativität sie bewunderte, durch das Tote Meer watete, das ihr kaum bis zum Bauch reichte. Sie sagte, daß sie sehr bedauert habe, darin nicht untertauchen zu können. Als flach und tot beschrieb ihr Nachtbewußtsein ihre innere Welt. Daß sie jedoch die Hand des Kindes hielt, scheint anzudeuten, daß von dieser Seite her — von der Besinnung auf ihre kindlichen Erfahrungen und damit auf die ihr immer noch innewohnenden, wenn auch unerlösten Fähigkeiten zum unmittelbaren Erleben — Hilfe kommen könnte.

Eine ganz direkte Art von Rückbesinnung beschreibt C.G. Jung in seiner Autobiographie *Erinnerungen, Träume, Gedanken*. Es war in einer schweren Zeit, in der er — noch ziemlich am Beginn seiner Laufbahn — vor seinem Leben wie vor einem unübersteigbaren Berg stand und sich sehr unsicher und zutiefst verwirrt fühlte. Er berichtet:

„Ich lebte wie unter einem inneren Druck. Zeitweise war er so stark, daß ich annahm, es müsse eine psychische Störung bei mir vorliegen. Zweimal ging ich darum mein ganzes Leben in allen Einzelheiten durch, insbesondere die Kindheitserinnerungen; denn ich dachte, es läge vielleicht etwas in meiner Vergangenheit, das als Ursache der Störung in Betracht kommen könnte. Aber die Rückschau war ergebnislos, und ich mußte mir meine Unwissenheit eingestehen. Da sagte ich mir: „Ich weiß so gar nichts, daß ich jetzt einfach das tue, was mir einfällt." Damit überließ ich mich bewußt den Impulsen des Unbewußten. Als erstes tauchte eine Erinnerung aus der Kindheit auf, vielleicht aus dem zehnten oder elften Jahr. Damals hatte ich leidenschaftlich mit Bausteinen gespielt. Ich erinnerte mich deutlich, wie ich Häuschen und Schlösser gebaut und Tore mit Bögen über Flaschen gewölbt hatte. Etwas später verwendete ich natürliche Steine und Lehm als Mörtel. Diese Bauten hatten mich während langer Zeit fasziniert. Zu meinem Erstaunen tauchten diese Erinnerungen auf, begleitet von einer gewissen Emotion. Aha, sagte ich mir, hier ist das Leben. Der kleine Junge ist noch da und besitzt ein schöpferisches Leben, das mir fehlt. Aber wie kann ich dazu gelangen?

Es schien mir unmöglich, die Distanz zwischen der Gegenwart, dem erwachsenen Mann, und meinem elften Jahr zu überbrücken. Wollte ich aber den Kontakt mit dieser Zeit wiederherstellen, so blieb mir nichts anderes übrig, als wieder dorthin zurückzukehren und das Kind mit seinen kindlichen Spielen auf gut Glück wieder aufzunehmen.

Dieser Augenblick war ein Wendepunkt in meinem Schicksal, denn nach unendlichem Widerstreben ergab ich mich schließlich darein zu spielen. Es ging nicht ohne äußerste Resignation und schmerzhafte Demütigung, nichts anderes wirklich tun zu können als zu spielen."

So begann er also tatsächlich Steine zu sammeln und ein ganzes Dorf daraus zu bauen, dazu auch — und dies gab den symbolischen Anstoß zu seinen späteren Forschungen auf dem Gebiet der Psychologie der Religion — eine Kirche mit einem Altar.

„Jeden Tag baute ich nach dem Mittagessen, wenn das Wetter es erlaubte. Kaum war ich mit dem Essen fertig, spielte ich, bis die Patienten kamen; und am Abend, wenn die Arbeit früh genug beendet war, ging ich wieder ans Bauen. Dabei klärten sich meine Gedanken, und ich konnte die Phantasien fassen, die ich ahnungsweise in mir fühlte.

Natürlich machte ich mir Gedanken über den Sinn meines Spielens und frage mich: „Was tust du eigentlich? Du baust eine kleine Siedlung auf und vollführst das wie einen Ritus!" Ich wußte keine Antwort, aber ich besaß eine innere Gewißheit, daß ich auf dem Weg zu meinem Mythus war. Das Bauen war nämlich nur ein Anfang. Es löste einen Strom von Phantasien aus, die ich später sorgfältig aufgeschrieben habe. Dieser Typus des Geschehens hat sich bei mir fortgesetzt. Wann immer ich in meinem späteren Leben stecken blieb, malte ich ein Bild oder bearbeitete ich Steine, und immer war das ein rite d'entrée für nachfolgende Gedanken und Arbeiten."

So nahm Jung in einer Situation der inneren Blockierung seine Zuflucht zur schlichten, kindlichen Basis.

Während es in der modernen Psychologieszene geradezu schon zur Masche geworden ist, auf Sandkasten und Kinderschaufel zurückgreifen, kommt außerhalb des Therapierahmens kaum jemand auf die Idee, seine natürliche Kreativität mit so anspruchslosen Mitteln wiederzubeleben. Unsere besten Lehrmeister hierfür, die Kinder, werden nicht nur als solche ignoriert, sondern durch einseitigen intellektuellen Leistungsdruck, überreichliches Fernsehen und vorgefertigtes technisches Spielzeug ihrer kreativen Lust entwöhnt. Und ist die Beziehung zur ursprünglichen inneren Symbolwelt erst einmal abgeschnitten, erscheint das Leben zunehmend flacher und inhaltsloser und bedarf immer gröberer Reize — vor allem in Form von Sex, Besitz und Macht — um überhaupt erträglich zu sein. Will man die unterbrochene Verbindung jedoch wieder aufnehmen, so bieten sich vor allem zwei Mittel an, die jedem Menschen zu allen Zeiten zur Verfügung stehen: der Traum und die Imagination, auch „Tagtraum" genannt.

Es gibt keinen Menschen, der nicht träumt. Aber es gibt viele Menschen, die ihrer Traumwelt verachtungsvoll oder desinteressiert gegenüberstehen, die Träume für baren Unsinn halten oder gar die Verbindung zu ihrem Nachtbewußtsein völlig verloren haben und der festen Meinung sind, niemals zu träumen. Der Psychoanalytiker Medard Boss berichtet zum Beispiel in seinem Buch *Der Traum und seine Auslegung* von einem sehr erfolgreichen Ingenieur, den schwere depressive Verstimmungen und sexuelle Impotenz in die Behandlung getrieben hatten. Dieser

Mann behauptete, nie, nicht einmal als Kind, geträumt zu haben. Doch hatte er zwei Tage vor Beginn der psychoanalytischen Behandlung den ersten — wie er meinte — Traum seines Lebens. Boss berichtet:

„In diesem ersten erinnerlichen Traum seines Lebens befand sich der Träumer in einem Kellerverlies, das nur durch ein kleines und für ihn unerreichbar hoch oben gelegenes, vergittertes Fensterchen spärlich erhellt wurde. Sogleich erregte das Gitter des Fensters die besondere Aufmerksamkeit des Träumers. Es bestand aus schmiedeeisernen Verzierungen, die in ihrer kunstvollen Differenziertheit in besonders krassem Gegensatz zu der Dürftigkeit und Armseligkeit des ganzen Verlieses standen. Bei näherem Zusehen gewahrte der Träumer, daß die Figuren, die von den Gitterstäben gebildet wurden, lauter Zahlen und andere mathematische Zeichen darstellten. (...)
Wie sehr dieser Mensch vor Beginn der Behandlung recht eigentlich der Gefangene seines lebensvernichtenden mathematischen Denkens gewesen war, wie vollständig er in dieser einen intellektuellen Beziehungsmöglichkeit zur Welt aufging, nur sie entfaltet und differenziert hatte, wurde er träumend in seinem Traum vom kunstvollen, mathematisch vergitterten Kellerverlies inne. Da gewahrte er sein Gefangensein mit einer Hellsichtigkeit, wie sie ihm wachend noch nie auch nur annähernd vergönnt war. Noch während der Zeit der darauf folgenden Träume voll toter, grauer Maschinen lebte er auch wachend in einer Welt, in der alle Dinge zu bloß nutzbaren Gegenständen destruiert waren. Er selbst war seinem ganzen Wesen nach zu einem nur noch nützlichen, von technischen Mächten getriebenen Zahnrad im Maschinensaal eines großen Industrieunternehmens geworden. Dieses freilich vermochte dank des hochentwickelten Verstandes unseres Träumers seine Leistungsfähigkeit zur Herstellung irgendwelcher Massenartikel von Jahr zu Jahr rapid zu steigern. Der Träumer hingegen hatte als eigentlicher Mensch zu existieren aufgehört. Die berauschende Betäubung durch ein Übermaß an Arbeit sollte eine gähnende Langeweile übertönen. Darum mußte stets etwas um ihn herum „laufen", darum wurde er zu einem gehetzten Betriebsmeier, weil in ihm selbst nichts mehr lief, weil seine eigentliche Lebensgeschichte zum Stillstand gekommen war."

Im weiteren Verlauf konnte der Analytiker an den Träumen seines Patienten dessen zunehmende „Menschwerdung" ablesen. Zuerst träumte er von Pflanzen, dann von Insekten und Kriechtieren, dann von Säugetieren und schließlich von menschlichen Personifikationen seiner psychischen Welt. Man braucht sich nicht in die diversen psychoanalytischen Schulen der Traumauslegung vertieft zu haben, um zu erkennen, daß hier ein Entwicklungsprozeß von etwas Unbelebtem zu etwas Lebendigem hin und zu immer weiterer Differenzierung stattgefunden hat. Dies ist natürlich ein sehr krasser Fall, und wer sich tatsächlich so weit von sich selbst entfernt hat wie dieser Mann, braucht seelenärztliche Hilfe. Sein Abgetrenntsein wird sich nicht nur im Nichtwahrnehmen können von Träumen und in innerer Getriebenheit äußern, sondern noch deutlichere und schmerzlichere Symptome zeigen.

Wer jedoch lediglich seine als zu flach empfundene Beziehung zum Machtbewußtsein anregen und vertiefen will, kann zum Beispiel Märchen und Mythen lesen, die, da sie aus dem nicht-rationalen, in Symbolen sich ausdrückenden Bereich des Geistes kommen, auch dorthin zurückführen können. Bei solcher Lektüre kann sich das rationalisierende Denken zurückziehen und ganz anderen Formen des Denkens Raum geben — wenn wir es überhaupt „Denken" nennen wollen, denn es tritt dabei außer einem begrifflichen Assoziieren ja vor allem ein Ahnen oder Gestimmtsein auf, also das, was man in der Tradition unserer Kultur als die „Bewegung des Gemüts" bezeichnet hat.

Der Psychoanalytiker Bruno Bettelheim beschreibt in seinem Buch *Kinder brauchen Märchen* die heilsame Wirkung, die Märchen auf Kinder haben, wie sie zu Problemlösungen beitragen, ohne daß das Kind in der Lage wäre, tatsächlich zu „verstehen", was ihm da geschieht und warum es so oder so empfindet. Hier kann auch der Erwachsene wieder ansetzen, wenngleich für ihn natürlich gilt, wesentlich weiter zu gehen und ein den Möglichkeiten seines Alters und seiner Entwicklung entsprechendes Verständnis zu erlangen. Aber da man in allem, was ganzheitlich entstehen soll, eben immer an der Basis anfangen muß, ist auch unsere Kreativität nur von ihrer einfachsten Grundlage her zu entwickeln.

Soll ein Leben nicht als banal, oberflächlich und leer empfunden werden, so muß es Tiefe haben, eine Dimension, die über das genormte „Alltägliche" hinausgeht. C.G. Jung nannte dies den „inneren Mythos". Es ist nicht den Dantes und

Rembrandts, nicht taoistischen Weisen und indianischen Schamanen vorbehalten, ein Leben hinter der trivialen Oberfläche zu erfahren. Andererseits wird es niemandem ohne echten Einsatz, ohne Mut und ohne Anstrengung gelingen, jene Expeditionen in den Geist zu unternehmen, die zur Offenbarung des inneren Mythos führen.

Der erste Schritt des Beziehungsaufnehmens ist das Aktivieren unseres „Nachtbewußtseins", wie ich den nicht-rationalen Modus des Geistes nennen möchte. Durch erinnerten Traum oder durch Imagination, wie man das absichtliche Hervorbringen von inneren Bilden im Wachzustand bezeichnet, ist bereits eine gewisse psychische Bewegung gesichert — kommentierend, ausgleichend, warnend, in die Zukunft weisend oder Altes verarbeitend. Diese Bewegung sei schon an sich relativ heilsam, sagt die Tiefenpsychologie. Viel wirksamer wird dieses Geschehen jedoch, wenn man bewußt daran teilnimmt. Was den Kontakt mit Träumen betrifft, empfiehlt der schwedische Analytiker P. Bjerre, die Träume für sich selbst zu formulieren, sie dann einem geeigneten Freund zu erzählen, sie aufzuschreiben und sich für Assoziationen, die sich dazu einstellen können, zu öffnen. Man kann etwa nach einer Überschrift, einem Leitgedanken fragen oder rekonstruieren, wie einem im Traum zumute war, auch, woran er einen vielleicht erinnern mag. Es ist inspirierend, einige Kenntnis über die Bedeutung der Symbolsprache zu haben. Neben sehr banalen Deutungshilfen — wie zum Beispiel: das Pferd ist ein Todesbote, Spinne bedeutet Gefahr, Muschel ist ein weibliches Sexualsymbol u.s.w. —, die einen eher irreführen als beraten, gibt es auch kluge, auf viel Erfahrung und sorgfältiger Symbolforschung beruhende Informationen über mögliche Bedeutungen bestimmter Traumbilder. So hat der Analytiker Ernst Aeplli in seinem Buch *Der Traum und seine Deutung* die besonders häufig auftretenden Traumsymbole und -situationen zusammengefaßt und die jeweilige Richtung aufgezeigt, in die man sich deutend wenden kann. Bei aller Vorsicht bringt er folgende Anschauung zum Vorschlag:

„Wenn sich der Träumer und Leser dauernd der Tatsache seiner persönlichen Eigenart bewußt bleibt, dann darf er auch zugeben, ja erstaunt erkennen, daß diese seine Eigenart im allgemeinen Menschlichen wurzelt. Er hat das Recht anzunehmen, daß die Symbole seines Traums, solange nicht persönliche Sondererlebnisse im Kontext vernehmlich dagegen sprechen, vermutlich einen sehr ähnlichen Sinn haben, wie er in den gedeuteten Träumen vieler anderer Menschen sich ausspricht. Diesen Sinn versucht unsere Zusammenstellung zu umschreiben. Dabei gilt die Meinung, auch wenn sie nicht fortwährend wiederholt wird, daß sowohl das Symbol wie der Traum, in dem es auftritt, vielschichtig und mehrdeutig bleiben. Im übrigen steht man hier wieder vor der Frage, ob begrenztes Erkennen und Wissen gefährlicher ist als das einfache Nichtwissen. Aber hat nicht alle Bewußtwerdung damit begonnen, daß man erst wenig erkannte, eine Schicht der Bedeutung der Dinge sich erst erarbeiten mußte, ehe man größere Einsicht in die Zusammenhänge erlangte?"

Symbolhaft schließlich — und in dieser Symbolhaftigkeit ständig wirkend — ist etwas, das uns tagtäglich umgibt, das wir immer sehen und womit wir, meist ohne uns dessen bewußt zu sein, auch auswählend umgehen: die Farbe! Weiße Schneelandschaften, grüne Wiesen, ein blauer oder grauer Himmel, gelb blühende Hecken, rot leuchtende Rosenbüsche; aber auch zart grüner Salat, Karotten von sattem Orange, samtig violette Auberginen, glänzende rote und gelbe Äpfel. Und wir machen uns Gedanken, welche Farben wir „mögen" oder „nicht mögen", wenn wir einen Teppich oder Vorhänge kaufen, ein Kleid, einen Mantel, eine Krawatte. Auch im sozialen Leben spielt der Symbolgehalt der Farben noch eine heimliche Rolle: in der schwarzen Trauerkleidung, im weißen Brautkleid, in rosa und hellblauen Strampelhöschen der Babies. Politische Ideologien bezeichnet man als „rot" oder „rosa" oder „schwarz", und eine Partei trägt gar ganz offiziell den Namen „Die Grünen". Jeder Mensch kann sich dabei beobachten, daß er bestimmten Farben gegenüber Vorlieben entwickelt, und auch, daß die Beziehung zu bestimmten Farben sich ändern kann. Daran ist nichts Zufälliges. Die Analytikerin Ingrid Riedel gibt in ihrem Buch *Farben — in Religion, Gesellschaft, Kunst und Psychotherapie* einen interessanten und fundierten Überblick über die Farbsymbolik. Einleitend schreibt sie:

„Als Energien, die in positiver oder negativer Weise auf uns einwirken, sind Farben immer um uns, am mächtigsten in ihren Erscheinungsformen in der Natur: als das transparente Blau eines
Herbsthimmels beispielsweise oder als das schwere materialisier-
te Braun der aufgerissenen Ackerschollen. (...) Die Farben unserer Zimmerwände, der Hausfassaden, der näheren Umgebung
wirken auf uns ein; sie beeinflussen unsere Stimmung, ob wir es
uns bewußt machen oder nicht. (...) Wenn uns die Wahl der Farben unserer Umgebung freisteht, kann es wichtig werden, uns
etwas von deren Wirkung bewußt zu machen.

Der Vergleich der Ergebnisse farbpsychologischer Untersuchungen mit der Farbsymbolik, wie sie zum Beispiel im euro-
päisch-christlichen, aber auch im altägyptischen, altchinesi-
schen oder im frühen griechischen Kulturkreis vorliegt, ergibt,
daß die Kultursymbolik auf dem natürlichen Farberleben beruht. Angesichts der Farberfahrungen in der Natur bilden sich
emotionale Hauptakzente einer Farbe, und diese werden dann
jeweils auf sozio-kulturelle und religiöse Erfahrungen übertra-
gen. In einer charakteristischen Farbe wird auch die religiöse
Wirklichkeit nacherlebt: so etwa im Blau des Himmels und seiner Transzendenz zugleich die Wirklichkeit des Göttlichen, das
man in dieser Sphäre gegenwärtig glaubt. (...)

Entscheidende Hinweise gibt uns die Farbpsychologie vor allem bei der Interpretation von sogenannten „Bildern aus dem
Unbewußten", wie sie innerhalb der Mal-Therapie gestaltet werden. Im Rahmen dieser Methode formt sich das gemalte Bild oft
aus einer inneren Vorstellung, einer Imagination, in der bestimmte Farben auftauchen und nach Darstellung verlangen."

Die Autorin weist darauf hin, daß Lyriker, wie zum Beispiel
Georg Trakl, Paul Celan oder Nelly Sachs, ihre poetischen Bilder
häufig um einen Kern von Farbvorstellungen gestalten. Sie zitiert ein Gedicht von Nelly Sachs, das übrigens auch die Faszina-
tion anspricht, die seit alters her Edelsteine auf das menschliche
Bewußtsein ausüben:

> In diesem Amethyst
> sind die Zeitalter der Nacht gelagert
> und eine frühe Lichtintelligenz
> zündete die Schwermut an
> die war noch flüssig
> und weinte
> immer noch glänzt dein Sterben
> hartes Veilchen.

Eine bedeutende Rolle spielen die Farben auch in der Dicht-
kunst des traditionellen buddhistischen Japan, vor allem im
Haiku, dem klassischen Dreizeiler, in dem spontane ganzheitliche Erfahrungen möglichst essentiell ausgedrückt werden. So
lautet zum Beispiel ein Haiku von Meister Kikaku aus dem sieb-
zehnten Jahrhundert:

> Um grüne Weiden
> die Fledermäuse huschen
> im Rot des Abends.

Ingrid Riedel führt weiter aus:

„Wo mich eine bestimmte Farbe fasziniert, bin ich zugleich von
dem hinter ihr stehenden Archetypus ergriffen. Wenn ich mich
zum Beispiel an die Farben bestimmter Dinge in einem Traum
erinnere, heißt das zugleich, daß diese Dinge emotional 'aufgela-
den' sind. Wie im Alltag auch, nehmen wir die Fraben der Dinge
nur dann bewußt wahr, wenn uns diese Farbe etwas bedeutet
und uns auch die Bedeutung des betreffenden Gegenstands vermittelt. Wenn manchmal behauptet wird, daß wir auch farblos,
in 'schwarz-weiß' träumen könnten, so überzeugt mich das nicht:
Wir nehmen vielmehr im Traum die Farben nur dort wahr, wo
sie Gefühlsbedeutung für uns haben. Dort aber sind sie auch entsprechend wichtig und bilden meist den Schlüssel zum emotionalen Verständnis des ganzen Traums, zum Benennen der Quelle
dessen, wovon wir ergriffen sind."

Es liegt also nahe, zur Deutung unserer Träume und Imaginatio-
nen auch die Frage nach den jeweiligen auftretenden Farben zu
stellen. Um nun die eigene Beziehung zu bestimmten Farben genauer kennenzulernen, ist ein Mal-Spiel sehr geeignet. Dazu
braucht man weder eine ausgeprägte Begabung noch technisches
Können, und es muß auch keineswegs gegenständlich gemalt
werden. Es geht lediglich darum, eine Fläche mit Farben und
Proportionen zu gestalten — etwa mit den Farben, die man besonders angenehm findet, oder mit solchen, die man nicht leiden kann, oder in einer Kombination von bevorzugten und ab-
gelehnten Farben. Ich habe schon oft erlebt, daß Menschen, die
in ihrem Erwachsenenleben nie gemalt hatten und sich für völlig
unfähig dazu hielten, sich dieser Aufgabe mit wachsender Begei-

sterung widmeten. Sie erlebten plötzlich ganz deutlich die individuelle positive oder negative Spannung, die bestimmte Farben für sie hatten. Auf diese Weise konnte es manchmal zu einer „Versöhnung" mit einer zunächst als unangenehm empfundenen Farbe kommen; und solch eine Versöhnung bedeutet immer, daß ein Stückchen Beziehungsaufnahme geleistet wurde. Da dies auf einer so symbolhaften Ebene geschieht, ist anzunehmen, daß die Wirkung tiefgreifender ist, als es auf den ersten Blick scheinen mag. Alle diese genannten kreativen Beschäftigungen haben natürlich gerade so viel Wert wie die Einstellung, mit der sie vorgenommen werden. Zugleich sind sie aber auch Hilfsmittel, um diese richtige kreative Einstellung, die sich auf alle Lebensbereiche erstreckt, zu nähren und zu vertiefen. Erika Landau sagt über die kreative Einstellung, die sie als *die Kreativität* überhaupt betrachtet:

„Die Einsicht, daß das Leben ein kontinuierlicher kreativer Prozeß und nicht etwas Statisches ist, hilft dem Individuum, das Leben als Ganzheit zu erfassen. Das Leben als *Prozeß und nicht als Produkt seiner eigenen Kreativität* zu akzeptieren ist eine Einsicht, zu der das Individuum gelangen kann, indem es in der gegenwärtigen Phase des Prozesses, der auch die Vergangenheit einschließt, die Voraussetzungen für die nächste Phase sieht. Eine der wichtigsten Voraussetzungen für die Kreativität ist die Bereitschaft, immer von neuem zu beginnen und nichts als definitiv oder als einen abgeschlossenen Prozeß zu sehen. Das Leben ist ein dynamisches Ganzes, das man mitgestalten kann, indem man partizipiert, indem man die Herausforderung annimmt (zum Teil freiwillig, zum Teil unfreiwillig) und indem man die Umwelt in sein Leben einschließt. Es gibt keine Situation, an der man nicht kreativ partizipieren könnte."

Dies führt nun weit über die Testbatterien der akademischen Kreativitätsforscher hinaus, in denen Kombinationsvermögen und bloßer Einfallsreichtum gemessen werden. Weit hinaus auch über nette kleine Kurse in Aquarellmalen oder Töpfern und alternativer Do-it-yourself-Romantik. Nicht das kreative Produkt oder die aufgelisteten Merkmale der kreativen Persönlichkeit gelten hier als Maßstab, sondern die empfangend-schöpferische Einstellung zum Leben schlechthin. Dies erlöst das Phänomen

„Kreativität" aus der üblich engen Betrachtungsweise, die leider nur selten überschritten wird.

Der hochneurotische und verkommerzialisierte Kunstbetrieb unserer Gesellschaft und die noch immer in vielen Köpfen herumgeisternde Freud'sche Anschauung vom Sublimierungscharakter der Kreativität — daß sie nämlich nichts anderes sei als eine „besonders gelungene Form psychischer Störungen"! — haben den Blick dafür verstellt, daß Kreativität ihrem eigentlichen Wesen nach ein Ausdruck grundlegender psychischer Gesundheit ist und nicht mit exzentrischem Verhalten, Neuheit um jeden Preis oder irgendeiner Art von Besessenheit verwechselt werden darf. Gerade das aber geschieht häufig. Zum Beispiel schreibt Siegfried Preiser in *Kreativitätsforschung*:

„Genialität und Kreativität einerseits, Psychotizismus und Neurotizismus andererseits stehen nach weitverbreiteten Auffassungen miteinander in Beziehung. Nicht nur in der öffentlichen Meinung, die durch markante Beispiele wie Hölderlin und Schumann gestützt werden, sondern auch im wissenschaftlichen Bereich wurden Zusammenhänge zwischen Genialität und Wahnsinn postuliert."

Der Analytiker Lawrence S. Kubie hat sein Buch *Neurotische Deformationen des schöpferischen Prozesses* diesem Problem gewidmet. Einleitend schreibt er:

„Es ist die aller Kultur schädliche Annahme (sie ist meiner Meinung nach völlig falsch), daß man krank sein müsse, um schöpferisch zu sein. Man stellt verblüfft fest, wie zäh diese Behauptung verteidigt wird. Viele an psychischen Krankheiten leidende Künstler, Schriftsteller, Musiker und Wissenschaftler, darunter auch einige, deren schöpferisches Vermögen durch ihre Neurosen ernstlich gestört sein mag, schrecken vor einer Behandlung zurück, weil sie fürchten, sie könnten mit der Krankheit zugleich ihre hochbewertete 'Individualität' verlieren. Hier wird eine recht sonderbare Position verteidigt. Statt ihre Kreativität zu betonen, lassen sie durchblicken, das Einzigartige des Künstlers sei seine Neurose. In Wirklichkeit aber ist die Neurose der banalste, am wenigsten kennzeichnende Ausdruck der menschlichen Natur. (...)

Solange aber die Menschen Veränderung scheuen, verteidigen sie ihre Neurosen, ohne es zu wissen. Wir möchten unsere Zahnschmerzen loswerden, aber wir wollen nicht, daß das Gesundwerden uns zu etwas anderem macht, als zu dem, was zu sein wir gewöhnt sind."

Allzu gern wird ein egomanischer, exzentrischer Stil als jene Freiheit und Offenheit ausgegeben, die echte Kreativität kennzeichnen. Der in Dingen des täglichen Lebens kindisch unbeholfene Wissenschaftler, gern als der „vertrottelte Professor" kariert, der Autor, der in der Inkubationsphase, die dem Produzieren vorausgeht, seine ganze Familie mit seiner — zwar natürlichen, aber ohne Hemmungen zur maßlosen Überreiztheit hochgejubelten — Empfindlichkeit terrorisiert, der Musiker, der ohne Drogen keinen Ton herausbringt, sie alle sind nur die grellsten Exponenten dieses Mißverständnisses. Kubie erzählt von dem symptomatischen Fall eines Schriftstellers, den nach zwei Erfolgsbüchern die Muse restlor verließ, so daß sich die Frustration schließlich zu einem Magengeschwür verdichtete. Im Krankenhaus kam jedoch der Schaffensdrang erstaunlicherweise wieder über ihn, und zwar mit geradezu berauschender Heftigkeit. Kubie berichtet:

„Er mochte nicht einmal Pausen einlegen, um das Geschriebene kritisch zu überprüfen. Dabei kam es ihm nicht in den Sinn, daß diese forcierte Art des Schreibens wie jede ähnliche neurotische Zwangshandlung von geringem ästhetischen Wert sein könnte. Statt dessen glaubte er, den Anruf eines höheren Imperativs zu vernehmen. Diese 'Herzensergießung' ergab einen Roman, der (...) nur ein Konglomerat der unbewußten, haßerfüllten Verachtung gegenüber seiner Frau, seinen Freunden und Bekannten war (...) Weil der Roman sich mit solcher Vehemenz von allein schrieb, glaubte er, dieser Verrat menschlicher Werte könnte dadurch gerechtfertigt werden."

Nicht selten geschieht es auch, daß die Praxis der buddhistischen Sitz-Meditation bei Menschen, die zuvor künstlerisch produktiv gewesen waren, die Schaffenslust zum Versiegen bringt. Meditation hat die Wirkung, die Neurose zunächst an die Oberfläche zu treiben. Und wenn das Kunstschaffen die Funktion neurotischer Kompensation hatte — als eine Pseudokreativität im Dienst des anerkennungssüchtigen, wichtigtuerischen, nach Bestätigung hungernden Ego — so wird es dem psychischen Heilungsprozeß, den die Praxis der Meditation auslöst, zum Opfer fallen. Wohl aber kann sich nach einiger Zeit, wenn die scheinbar sterile Übergangsphase durchgestanden ist, die natürliche Kreativität entfalten und Besseres, Echteres als zuvor ermöglichen.

Die Suche nach der verlorenen Kreativität ist nicht die Suche nach einem Paradies. Sie ist der Beginn eines Prozesses, der zu einer innigeren, unmittelbareren Beziehung zur Wirklichkeit führt. Es ist die Suche nach dem Kind, das wir in uns selbst verloren haben, aber zugleich auch die Suche nach dem Erwachsenen, zu dem wir wegen dieser Zerspaltenheit nicht werden konnten. Es ist der Weg zu einer grundsätzlichen und unbedingten Bejahung des Lebens, die uns schwierige Phasen unserer Existenz als kreative Inkubationszeiten erkennen läßt und die Fähigkeit verleiht, immer von neuem hinter der Kulisse allen Geschehens Schönheit, Weisheit und Reichtum des Lebens zu finden.

II

Die Balance von Körper und Geist

So wenig sich die Intelligenz- und Kreativitätsforschung aus dem materialistischen, mechanistischen Verständnis des Geistes zu lösen vermag, so wenig kann es die Schulmedizin in ihrem Verhältnis zum Körper.

Wenn man die modernen Krankenhaus-Großanlagen mit ihren sciencefictionmäßig anmutenden Apparaturen, die ungeheure Fülle der medizinischen Fachliteratur und die überwältigenden Umsätze der pharmazeutischen Industrie betrachtet, könnte man meinen, soviel Aufrüstung gegen den bösen Feind Krankheit müsse seine endgültige Vernichtung nun bald besiegelt haben. Aber das ist keineswegs der Fall, vielmehr scheint es immer mehr Kranke und auch immer mehr Krankheiten zu geben — sogenannte Zivilisationskrankheiten wie Krebs oder AIDS, aber auch eine Vielzahl von Störungen im psychosomatischen Dunkelfeld, von denen in früheren Zeiten nie die Rede war.

Der ganze medizinisch-technische und pharmakologische Fortschritt ist zu einem Schuß nach hinten geworden, und die Identifikation damit treibt uns immer weiter weg von einer natürlichen, kreativen Beziehung zum körperlichen Aspekt unseres Seins. Mit der Geburt geht es schon los. Sie hat, so will es die Schulmedizin, in der Klinik stattzufinden, eingeleitet durch wehenstimulierende Pharmaka, die den Wehenrhythmus hoffnungslos durcheinanderbringen, zweifelhaft „unterstützt" durch weitere Chemie zur Entspannung und Schmerzdämpfung. Ein waches, aufmerksames Beteiligtsein und die schmerztransformierende Euphorie der Mutter, welche die Natur so weise vorgesehen hat, werden damit gründlich verhindert.

Dann wird die Mutter-Kind-Verbindung, die in den Stunden und Tagen nach der Entbindung so überaus wichtig ist, zerrissen und das Baby in die sterile, lieblose Atmosphäre der Säuglingsabteilung verbannt. Anstatt der Muttermilch erhält es dort künstliche Nahrung und dazu noch eine geballte Ladung synthetischer Vitamine als jämmerlichen Ersatz für die verschmähte Gabe der Natur. Und schon ist der kleine Mensch in seine Verbraucherrolle eingeschleust und darf mithelfen, die Blüte der „Gesundheits"-Industrie zu sichern.

Die Mutter indessen bekommt Pharmaka zum Abstillen und zum Zusammenziehen der Gebärmutter, weil diese ja, wenn nicht gestillt wird, den natürlichen Impuls zum Zusammenziehen nicht erhält.

Wird das Kind dann einmal krank, sind Antibiotika augenblicklich zur Hand. Die Kinderkrankheiten, die lebensnotwendig sind für den Aufbau der Immunkräfte, werden im ersten Ansatz abgewürgt, helfendes Fieber wird künstlich gesenkt, Krankheitsprozesse abgekürzt. Gibt es Probleme in der Schule, vielleicht, weil der Haussegen schief hängt oder das abendliche Fernsehen sich allzulange auszudehnen pflegt, stehen wiederum Pillen zur Verfügung: gegen Müdigkeit, gegen Leistungsschwäche, gegen Mangel an Motivation ...

Und so geht es dann weiter. In vielen Fällen, so um die vierhundert- bis fünfhunderttausend in der Bundesrepublik Deutschland, gerät das gesamte Leben in die Sackgasse entgleister pharmazeutischer Manipulation. Morgens Wachmacher, abends Schlafmittel und dazwischen Psychopharmaka als Surrogat für psychische Existenzbewältigung.

Nach der Norm als krank gilt einer erst, wenn bereits ein Teil im Apparat meßbar kaputtgegangen ist. Dennoch wird jeder Gang zum Kassenarzt, wegen welcher Beschwerden auch immer, mit einem Rezept gesegnet sein. Der Arzt fragt kaum nach der Lebensführung, auch nicht nach „kränkenden" Umständen, die einem „an die Nieren gehen", „auf den Magen drücken", „die Galle hochkommen lassen", „im Genick sitzen", „einem den Atem nehmen" oder „ans Herz gehen". Stattdessen „schreibt er etwas auf". Und was da möglicherweise verschrieben wird, kann den Leidenden leidender machen, als er je war — durch „Heilmittel" wie Contergan, Manocil, Osmogid, Zomax, Coxigon, Normud, Salacryn und wie die Präparate alle heißen mögen, die wegen schwerer Gesundheitsschädlichkeit vom Markt zurückgezogen werden mußten.

Gestorben wird schließlich auf der Intensivstation eines Krankenhauses, das Leben, das verlöschen will, oft sinnlos verlängert mit Apparaten und Medikamenten, — ein fanatischer Kampf gegen Krankheit und Tod bis zum unmenschlichen Exzeß, und meistens auf Kosten der menschlichen Selbstverantwortlichkeit und Würde.

Im abendländischen dualistischen Denken führen Bestrebungen, einem Extrem zu entkommen, im allgemeinen ins entgegengesetzte Extrem. Sagte einst der weise Sokrates: „Es gibt keine von der Psyche getrennte Krankheit", so hält es heute mancher vermeintlich sehr fortschrittlich gesinnte Heiler mit Wilhelm von Humboldt, der vor anderthalb Jahrhunderten aufklärerisch prognostizierte:

„Es wird die Zeit kommen, wo es als Schande gilt, krank zu sein, wo man Krankheit als Wirkung verkehrter Gedanken erkennen wird."

Wie recht er hatte. So schreibt etwa der Psychologe Stefan Lermer in seinem Buch *Krebs und Psyche* lapidar:

„Der Mensch erkrankt dann, wenn seinem Selbst das Kranksein leichter erträglich ist als das Gesundsein. Diese Flucht aus der Welt der Gesunden kann bis zum Tod führen."

Das klingt, als habe man schlicht die Wahl, gesund zu sein oder nicht. So gesehen ist der Gesunde der Gescheite und der Kranke der Dumme. Mit derartig verallgemeinernden und wertenden Aussagen ist gewiß niemandem geholfen; sie neigen sich unheilvoll in die Richtung des bösen alten Aberglaubens, daß Gott denjenigen, den er liebe, mit Gesundheit belohne, wen er nicht liebe — weil er schlecht ist, natürlich! — hingegen mit Krankheit strafe.

Gewiß spielt die Geistesheilung eines Individuums eine bedeutsame Rolle, was sein psychisches und physisches Wohlbefinden betrifft; doch ist dieses Wohlbefinden wohl nicht durch schablonenhafte Vorstellungen von Gesundheit und Krankheit zu definieren. Der Arzt Herbert Fritsche spricht in seinem erfrischend provozierenden Buch *Die unbekannten Gesundheiten* von „gesunden Krankheiten" und „kranken Gesundheiten" und nennt überzeugende Beispiele, die seine Theorie von der Relativität des üblichen kategorischen Gesundheits- und Krankheitsbegriffs bestätigen.

Der Psychoanalytiker und Psychosomatiker Dieter Beck beschreibt in seinem Buch *Krankheit als Selbstheilung* die Möglichkeit, daß eine Krankheit zum auslösenden Moment der Persönlichkeitsreifung werden kann, so, wie ja auch bei Kindern zu beobachten ist, daß einer Krankheit oft ein gewaltiger Entwicklungsschub folgt. Becks These lautet:

„Körperliche Krankheiten stellen oft einen Versuch dar, eine seelische Verletzung auszugleichen, einen inneren Verlust zu reparieren oder einen unbewußten Konflikt zu lösen. Körperliches Leiden ist oft ein seelischer Selbstheilungsversuch."

Dennoch will er diese These mit Vorsicht aufgefaßt wissen; Krankheiten können durchaus auch andere Zusammenhänge haben, so gesteht er sich ein, von denen wir nichts wissen:

„Etwas Geheimnisvolles an der Krankheit, an Heilung oder Tod bleibt, auch wenn wir heute mit Hilfe psychoanalytischer Konzepte mehr Einsichten als früher in die seelisch-körperlichen Beziehungen und Abläufe haben. (...) Krankheit, Leiden und Tod sind jene unfaßbaren und oft absurden Seiten unserer Existenz, die besonders verleugnet, abgespalten und verdrängt werden. (...) Es war meine Absicht, ... zu zeigen, daß die Krise der Krankheit, das Manifestwerden der Schwäche und die Auseinandersetzung mit der Vergänglichkeit einen Versuch darstellen *können*, sich selber zu finden oder einen abgespaltenen Persönlichkeitsanteil zu integrieren. Die körperliche Krankheit ist nach vorgelegter These nicht nur ein absurdes Geschehen, das mit chemischen und apparativen Manipulationen möglichst schnell zum Verschwinden zu bringen ist, sondern es ist oft der Ausdruck eines sinnvollen Ringens um seelische und körperliche

Wiederherstellung. Damit bekommt die Krankheit eine positivere Wertung, als es allgemein üblich ist."

Es liegt, wie wir sahen, im Wesen westlicher Geistesart, Extreme durch Extreme ausgleichen zu wollen. So ist die — im Zuge einer sinnvollen und notwendigen Bewußtseinsreform — mitgeschwappte Blauäugigkeit modischer alternativer Gesundheitsideologen nicht minder extrem als die mechanistische Abwehrtaktik der Konservativen. Auch sie betrachten oftmals Gesundheit als „machbar" — per Makrobiotik, Kräuter, Fastenkuren oder Gesundheitsschuhen, wobei die seligmachenden Methoden je nach Untergruppe variieren. So hilfreich einzelne Maßnahmen unter Umständen sein mögen, so wenig sollte man sie jedoch verallgemeinern. Lehren über Lebensweisen lassen sich leicht vermarkten — von Reformkost bis Jogging, vom Antrainieren kosmischer Gefühle bis zum barfüßigen Leben ohne Sitzmöbel. Aber die grundlegende Beziehung zur eigenen Körper-Geist-Existenz, die echte Verbindung mit dem Fluß der Vitalität, der durch uns in jedem Augenblick hindurchströmt, läßt sich nicht kaufen oder durch einen Trick herbeizwingen.

Unsere gängige Vorstellung von Gesundheit hat viel mit einem neurotischen Sicherheitsstreben zu tun. Krankheit ist der Feind, vor dem es sich abzusichern gilt, und „Vorsorge" heißt in der konventionellen Medizin jenes Programm, mit dem der menschliche Computer gefüttert werden muß. Wie gut ist es doch zu wissen, was man zu tun hat, möglichst eindeutig aufgelistet, um sich in vermeintlicher Sicherheit wiegen zu können — soundsoviel Bewegung, soundsoviele Vitamine, soundsoviele Spurenelemente, soundsoviel Schlaf, soundsoviel Urlaub... Der Vorsorgewahn ist nicht minder ein Ausdruck des kausal-mechanistischen Denkens als die akademische Reparaturmedizin. Gut geschmiert, richtig eingestellt und vollgetankt — und die Kiste läuft. Läuft sie einmal dennoch nicht, so ist das eben eine Panne, ein ärgerlicher Unfall, und wer ein bißchen weiter denkt, kommt bestenfalls auf die unglückselige Idee, nach seiner *Schuld* an der Krankheit zu fragen. Diese Tendenz wird unterstützt durch einen gesellschaftlichen Konsensus, nach dem bestimmte Leiden anerkannt oder gar gesellschaftsfähig sind und andere diskriminiert werden. Erkältungskrankheiten darf man haben, Raucherbronchitis, Alkoholismus und Geschlechtskrankheiten sind eine Schande. Mit Magengeschwür, Migräne oder Asthma kann sich die oder der Leidende, seitdem die Erkenntnis von manchen psychosomatischen Zusammenhängen eine gewisse Popularität erlangt hat, leicht mißbilligende Bemerkungen über den psychischen Charakter seiner Krankheit einhandeln.

Eine ebenso beliebte wie unliebenswürdige Interpretation ist auch die gern beschworene „Flucht in die Krankheit". Dieter Beck sagt aus ärztlicher Erfahrung dazu:

„Von Angehörigen, aber auch von Ärzten oder vom Pflegepersonal werden gewisse Patienten verdächtigt, sie flüchteten in die Krankheit, um zumutbaren Schwierigkeiten und Konflikten im Leben auszuweichen. (...) Wer von Flucht in die Krankheit spricht, sagt sowohl über sich wie über den Kranken etwas aus. Über sich sagt er aus, daß seine Beziehung zum Patienten belastet und schwieriger als sonst ist, und beim Kranken registriert er neben dem somatischen Leiden seelische Probleme, die aber wegen der Somatisationsabwehr nicht leicht erkennbar sind. Die Somatisation provoziert bei vielen Betrachtern Ungeduld und Ärger."

In der Krankheit ist der Mensch unserer Sichtweise nach schwach. Je größer die Identifikation mit Stärke ist, desto unerfreulicher ist die Erfahrung von Schwäche. Weil in diesem Fall keine unmittelbare Beziehung zu ihr da ist, reagieren wir in einer abgespaltenen Weise — entweder mit Abwehr oder übertriebener Beschäftigung, die Krankheit zum Lebensinhalt macht. Das gilt sowohl für den Umgang mit sich selbst als auch mit anderen. Krankheit, die eigene oder die anderer, scheint uns zumeist irgendwie aggressiv zu machen — depressiv nach innen oder fordernd nach außen. Unsere Ohnmacht, unsere Vergänglichkeit und unser Ungesichertsein werden manifest. Und das ist, neben körperlichem Schmerz, das Allerschlimmste an der Krankheit.

Wenn weder Vorsorgeprogramm noch Reparaturdienst — was dann? Einfach fatalistisch über sich ergehen lassen, was kommt?

Die Lösung liegt jenseits der Abgrenzung von „dies" *oder* „das"; sie verbindet die scheinbaren Gegensätze von Tun und Nicht-Tun, von Einwirken und Geschehenlassen, von Intellekt und Intuition. Das vermutlich am höchsten entwickelte medizinische System aller Weltkulturen, die klassische taoistische Medizin des alten China, basiert auf eben diesem Ausgleich, ausgedrückt im Zusammenspiel von „Yin" und „Yang", synonym für weiblich und männlich, Materie und Energie, Körper und Geist, dunkel und hell, schwach und stark, Herz und Verstand.

Unsere westliche Medizin, potent bei Schutzimpfungen, Unfallschäden und akuten schweren Krankheiten, aber ohne jeden ganzheitlichen Bezug, hat uns verdorben für das, was in der chinesischen Medizin als das Wichtigste betont wird: wache Beziehung aufzunehmen zum körperlichen und psychischen wie auch zum umgebenden Geschehen, aufmerksam zu sein und Störungen auszubalancieren, bevor sie sich als schwere Krankheit manifestiert haben.

Das *Nei Ching* oder *Des Gelben Kaisers Buch der inneren Medizin*, vor zweieinhalbtausend Jahren niedergeschrieben, präsentiert eine ganzheitliche Schau, die philosophische Betrachtung, psychologische Erkenntnis und medizinische Praxis in einen umfassenden Zusammenhang bringt. Dieses System hat erfolgreich die Aufspaltung in einzelne Fakultäten und Spezialistentum vermieden, im guten Wissen, daß man die große Symphonie der Natur zerstört, wenn man ihre einzelnen Instrumente voneinander isoliert. Den Mißklang, der daraus resultiert, sehen wir heute an Menschen, Tieren, Pflanzen und an der Erde selbst zur Genüge.

Über die natürliche Balance im Geist-Körper-Gefüge sagt das *Nei Ching*:

„Der Mensch zieht das Leben aus der Erde, aber sein Geschick ist vom Himmel abhängig. Himmel und Erde vereinigen sich, um dem Menschen lebensspendende Kraft zu schenken, wie auch, um ihm sein Schicksal aufzuerlegen.

Der Mensch hat die Fähigkeit, sich den vier Jaheszeiten anzupassen. Himmel und Erde wirken als Vater und Mutter. Wer um die Bedürfnisse aller menschlichen Wesen weiß, wird Sohn des Himmels genannt.

Für den Himmel existieren Yin, das weibliche Element, die Dunkelheit, und Yang, das männliche Element, das Licht; für den Menschen gibt es zwölf Unterteilungen der Zeit (äußerlich die zwölf Monate und innerlich die zwölf Paare der Energiekanäle). Der Himmel hat Kälte und Wärme; der Mensch hat das

Leere und das Feste (das Abstrakte und das Konkrete). Man kann als unabänderliche Maßstäbe betrachten: Himmel und Erde; die Wandlungen von Yin und Yang; die Verläßlichkeit der vier Jahreszeiten; das Wissen um die Methode der zwölf Unterteilungen der Zeit. Nicht einmal kaiserliche Weisheit kann diese ausbeuten oder sie unterdrücken."

Nach Anschauung der alten chinesischen Medizin spielt die bewußte Verbundenheit mit dem Ablauf der Jahreszeiten eine wesentliche Rolle im Aufrechterhalten der Yin-Yang-Balance. So entsprechen Aktivität und Bewegung dem Sommer, der vom feurigen, lichten Yang beherrscht ist, und Ruhe und Beschaulichkeit dem Winter, den das dunkle, wässrige Yin beherrscht. Nicht nur Pflanzen und Tiere, sondern auch der Mensch ist körperlich und geistig miteinbezogen in die Rhythmen der Natur, auch wenn wir verlernt haben, dies wahrzunehmen. Doch mag jeder schon erlebt haben, wie der Frühling, das wachsende Yang, unruhig macht und antreibt, und wie andererseits der heranrückende Winter sich als zunehmende Neigung zu Zurückgezogenheit und dem Wunsch nach Ruhe ankündigt.

Die Yin-Yang-Balance hat nichts zu tun mit einem statischen Gleichgewicht, denn dies würde völligen Stillstand bedeuten. Unter Gesundheit stellten wir uns im allgemeinen vor, daß die Körpermaschine gleichbleibend fit und leistungsfähig ist, ein dummer und braver Ochse vor dem Karren unserer willkürlichen Ansprüche. Doch sind Yin und Yang in dauerndem Fluß begriffen, und ihre Balance ist ununterbrochene Wandlung. Die neue Physik drückt diese lebendige Balance durch das Gesetz der Dissipation aus, als dynamischen Prozeß, in dem paradoxerweise das Gleichgewicht durch eine fließende Folge von Ungleichgewichtigkeiten gewahrt wird.

So erleben wir das Spiel von Yin und Yang als ständige Schwankungen. Immer wieder muß ausgeglichen werden — und deshalb ist es unvermeidlich, daß stets von neuem ein gewisser Druck oder sogar Krisensituationen entstehen, je nach Struktur der Persönlichkeit stärker oder schwächer.

Die Strukturen der individuellen Lebenslandschaften sind verschieden; bewerten hinsichtlich der Lebensqualität kann man sie jedoch nicht. Unsere einzigen Maßstäbe sind Ablehnung oder Einverstandensein.

Unsere Aufgabe ist es, eine Beziehung zu unserer Struktur, zu unserem persönlichen psychischen und somatischen Stil herzustellen. Es kann sein, daß wir dann feststellen, daß wir auf bestimmte Situationen mit körperlichen Störungen reagieren, um die Psyche zu entlasten. Solch eine Entwicklung ist wertvoll, denn sie kann dazu führen, daß die Bereitschaft zur psychischen Verarbeitung gestärkt wird und die körperliche Symptomatik damit abnimmt.

Oft kann eine Krankheit eine notwendige und fruchtbare Ruhepause bedeuten, eine Mahnung auch, den Lebensrhythmus zu verlangsamen und sich mehr sich selbst zuzuwenden. Wird die jeweilige Botschaft der Krankheit angenommen, so führt dies immer zu einer Bereicherung der Lebensqualität. C.G. Jung hat diese Art von aufmerksamem Umgang mit der Krankheit besonders anschaulich angesichts einer schweren Krise beschrieben, in die er im Alter von 69 Jahren geriet. Erst brach er sich den Fuß, und dem folgte ein Herzinfarkt, der ihn die Nähe des Todes erleben ließ. Er berichtet:

„Nach der Krankheit begann eine fruchtbare Zeit der Arbeit für mich. Viele meiner Hauptwerke sind erst danach entstanden. Die Erkenntnis oder die Anschauung vom Ende aller Dinge gaben mir den Mut zu neuen Formulierungen. Ich versuchte nicht mehr, meine eigene Meinung durchzusetzen, sondern vertraute mich dem Strom der Gedanken an. So kam ein Problem nach dem anderen an mich heran und reifte zur Gestaltung.

Es war aber noch ein anderes, das sich mir aus der Krankheit ergab. Ich könnte es formulieren als ein Ja-sagen zum Sein — ein unbedingtes Ja zu dem, was ist, ohne subjektive Einwände. Die Bedingungen des Daseins annehmen, so wie ich sie sehe — so wie ich sie verstehe. Und mein eigenes Wesen akzeptieren, so wie ich eben bin. Zu Beginn der Krankheit hatte ich das Gefühl, einen Irrtum in meiner Einstellung begangen zu haben und darum für den Unfall gewissermaßen selber verantwortlich zu sein. Aber wenn man den Individuationsweg geht, wenn man das Leben lebt, muß man auch den Irrtum in Kauf nehmen, sonst wäre das Leben nicht vollständig. Es gibt keine Garantie — in keinem Augenblick — daß wir nicht in einen Irrtum geraten oder in eine tödliche Gefahr. Man meint vielleicht, es gäbe einen sicheren Weg. Aber das wäre der Weg der Toten. Dann geschieht nichts mehr oder auf keinen Fall das Richtige. Wer den sicheren Weg geht, ist so gut wie tot.“

Der vermeintlich sichere Weg — das ist der Weg der fixen Meinungen, der gläubig verabsolutierten Wertkategorien, der nicht als solche erkannten Spekulationen. Der Grundsatz: „Gesundheit ist gut, Krankheit ist schlecht" hilft uns nicht, mit dem Leben wirklich in Verbindung zu kommen. Natürlich möchte jeder gesund und glücklich sein; doch ist das weniger von äußeren Umständen abhängig als von der geistigen Haltung. Mit innerer Wachheit und Aufmerksamkeit können wir verhindern, Tendenzen zu nähren, die auf Geist und Körper zerstörerisch wirken. Zerstörerisch kann etwa sein, sich mit heftigen Emotionen zu identifizieren, anstatt mutig mit ihnen zu arbeiten. Das *Nei Ching* sagt:

Ärger kann die Leber verletzen. Extreme Freude oder Trauer können das Herz verletzen. Besessenheit und falsches Mitleid können die Milz verletzen. Sorge und Kummer können die Lungen verletzen. Angst kann die Nieren verletzen."

Es ist im Zusammenhang mit einer Krankheit sicher immer gut, nach dem Zustand des emotionalen Haushalts zu fragen. Aber vielleicht ergibt sich keine schlüssige Antwort, denn die Zusammenhänge können sehr verborgen und komplex sein und sich unserem verstandesmäßigen Zugriff entziehen. Der Verzicht auf Abwehr und darauf, die Angelegenheit übertrieben wichtig zu nehmen, sie stattdessen als ein wertvolles Stück Leben zu betrachten, das gelebt sein will, läßt eine offene Situation entstehen, in der eine vertiefte Erkenntnis, ein ahnungsvolles Wissen sich ausbreiten kann, das möglicherweise jenseits aller Worte liegt. Es kann sich in Träumen, inneren Bildern und Gestimmtheiten äußern, und es wird immer eine kreativ erweiternde Beziehung zum Leben bewirken.

Die chinesische Medizin nennt nachdrücklich auch extreme klimatische Bedingungen als potentielle Gefahren für die Körperorgane, was vor allem zu bedenken ist, wenn es darum geht, ein bereits geschwächtes Organ zu schützen. Im *Nei Ching* heißt es:

„Wind kann die Leber verletzen. Hitze kann das Herz verletzen. Trockenheit kann die Milz verletzen. Feuchtigkeit kann die Lungen verletzen. Kälte kann die Nieren verletzen."

Die Übergangsphasen zwischen den Jahreszeiten haben nach Ansicht der alten Chinesen ihre besonderen Balance-Probleme. Die erhöhte Aufmerksamkeit, die dann nötig ist, hat natürlich nichts zu tun mit neurotischer, egomanischer Selbstbeobachtung, mit jener Haltung, die es fertigbringen kann, die kleinste Störung so sehr mit hysterischer Angst oder Aufregung zu nähren, daß sie zur ernsthaften Beeinträchtigung wird. Unmittelbare Achtsamkeit bedeutet vielmehr zu erspüren, was man tun und was man lassen sollte, was Geist und Körper wirklich brauchen.

Die klassische chinesische Medizin bietet viel Anregung zu einer subtileren Wahrnehmung und einer kreativen Beziehung zum körperlichen Geschehen. Die viel eher bildhafte als abstrakte Art der Darstellung und die ganzheitliche Schau der inneren und äußeren Zusammenhänge erleichtert das Verständnis, ohne daß die Gefahr eines verzerrenden Halbwissens allzu groß ist. So ist etwa die Zuordnung von Körperorganen, geistigen Funktionen und Jahreszeiten einfach und leicht einsehbar.

Die chinesische Volksmedizin sagt zum Beispiel über die Leber:

„Die Leber ist der Herrscher über den Frühling. Sie ist letztlich die Wurzel der Aktivität des Lebens."

Tatsächlich ist die Leber, dieses große Körperlabor, für die Speicherung und Verteilung der Nährstoffe verantwortlich, und wenn sie das nicht ordentlich besorgen kann oder gar ihre Entgiftungsfunktion gemindert ist, so wird es nicht weit her sein mit unserer Aktivität. Auch Wut und Ärger werden mit der Leber in Verbindung gebracht. Übrigens sagen ja auch wir, wenn jemand ärgerlich oder griesgrämig ist: „Ihm ist eine Laus über die Leber gelaufen", oder, die Mitarbeiterin der Leber, die Gallenblase betreffend: jemandem „läuft die Galle über", oder jemand „spuckt Gift und Galle".

Der Sommer wird im chinesischen System mit dem Herzen verbunden. In der Volksmedizin ist überliefert:

„Das Herz ist der Herrscher über den Sommer. Das Herz ist die Wurzel des Lebens und erzeugt alle Veränderungen im Geist."

So wie im Sommer alles pflanzliche und tierische Leben nach Fülle und Reifung drängt, also von Aktivität durchdrungen ist, inspiriert er auch den Menschen zu innerer und äußerer Bewegung. Die tiefen Gefühle, das was uns „im Innersten bewegt", und mit ihnen verbunden die Intuition, werden in Verbindung mit dem Herzen gebracht. Unser Volksmund spiegelt diesen Zusammenhang ebenfalls; man sagt, „es geht einem etwas zu Herzen", „das Herz ist schwer" oder einem „geht das Herz auf".

Ebenfalls ein Sommer-Organ ist der Dünndarm, der Nährstoffe absorbiert und sie von Abfällen trennt. Diese unterscheidende Funktion hat auch eine geistige Entsprechung: die Gefühlsqualität des Herzens kann sich nur mit Hilfe eines klaren, unterscheidungsfähigen Geistes sinnvoll entfalten.

Der Spätsommer gilt im chinesischen System als eigenständige Jahreszeit. In ihm sind die Aspekte aller anderen Jahreszeiten enthalten; manchmal ist er überaus warm und trocken, ein anderes mal jedoch überraschend kalt und regnerisch. Im Spätsommer manifestiert sich die Stimmung des Übergangs besonders deutlich.

Magen und Milz sind die dieser Jahreszeit zugeordneten Organe. Bekanntlich sind die Verdauungsorgane nicht nur gegenüber der Nahrung, sondern auch gegenüber psychischen Einflüssen höchst empfindlich. Da sie vom Nervensystem kontrolliert werden, spiegelt ihre Funktionsweise ganz unmittelbar Nervosität und Mängel in der geistigen „Verdauung". Innere Unflexibilität, Meinungsfixierung, Problembesessenheit, Engstirnigkeit und jeglicher Widerstand gegen den Fluß der Gefühle können sich im direkten Sinn des Wortes „auf den Magen schlagen".

Die Milz hat die Aufgabe, die aus der Nahrung gewonnene Energie zu verteilen; sie ist deshalb stark am Energiehaushalt, also auch am Austausch der Energien beteiligt. Die alten Chinesen sprachen der Milz, die in enger Verbindung mit der

Bauchspeicheldrüse gesehen wurde, eine zentrale Bedeutung zu. Das *Nei Ching* sagt:

„Es ist die Milz, welche die Existenzgrundlage der fünf inneren Organe bildet."

Manche Art von geistiger Verwirrung, auch Vergeßlichkeit und krankhafte Überbesorgtheit wurden mit Milzstörungen in Zusammenhang gebracht.

Eine achtlose, hastige oder gierige Art zu essen belastet Magen, Bauchspeicheldrüse und Milz. Sie signalisiert einen Mangel an körperlicher und geistiger Aufnahmebereitschaft und Empfänglichkeit, und diese Erkenntnis hat im fernöstlichen Buddhismus sogar zur Entwicklung einer stilisierten Form meditativen Essens geführt. Unsere Eßgewohnheiten können recht deutlich machen, wie es um unsere Freundlichkeit uns selbst gegenüber — vielleicht um unsere Freundlichkeit ganz allgemein — bestellt ist. Weder das Zivilisationsübel Gefräßigkeit noch die entgegengesetzte Tendenz, nämlich sich mit allen möglichen Diäten zu traktieren, lassen Freundlichkeit erkennen!

Der Herbst ist mit der Lunge und dem Dickdarm verbunden. Es ist bekannt, daß im Herbst die Erkältungskrankheiten und Lungenerkrankungen besonders zunehmen, und die allenthalben übliche Vernachlässigung des Atems fordert gerade in dieser Zeit in erhöhtem Maß ihren unangenehmen Tribut. Melancholie und Kummer galten als besonders belastend für Leber und Dickdarm. Das Seufzen, typischer Ausdruck der Bedrückung, ist ein unwillkürlicher Versuch, dem Atem mehr Tiefe zu geben.

Die fundamentale Beziehungslosigkeit des westlichen Menschen seiner eigenen Atemfunktion gegenüber ist ein nicht zu unterschätzendes Problem. Das Turnvater-Jahn-Atmen illustriert ganz besonders grell die Verzerrung, die — maskulin und Yang-überlastig — nicht nur unseren Atemablauf, sondern auch unsere psychische Struktur und Weltauffassung geprägt hat. Da wird mit militärisch herausgereckter Brust und hochgezogenen Schultern, eingezogenem Bauch und zusammengepreßten Gesäßmuskeln Luft in einen begrenzten mittleren Bereich der Lungen gepumpt, und das Ausatmen ist von einem sichtbaren Zusammenfallen des Körpers begleitet. Das Einatmen, das seiner Natur nach ein empfangender Prozeß ist, in dem sich der Körper öffnet und das, was von selbst einströmt, sammelt, wird zu einer unangemessen aktiven Sache — zum Atem*holen*, wie man das ja auch bezeichnenderweise nennt. Nach derart verausgabter Kraft ist es naheliegend, daß Erschlaffung folgen muß — ganz im Gegensatz zum natürlichen Verlauf. Denn der tief und ruhig empfangene Atem, der sich bis in die Lungenbasis und die Lungenspitzen hinein ausdehnt, steigt im Ausatmen in seiner Fülle auf, richtet auf, bedeutet gesammelte Energie, die nun aktiv eingesetzt werden kann. Nach chinesischer Anschauung können wir um so haushälterischer mit unseren Kräften umgehen, je mehr sich der empfangende Einatem und der aktive Ausatem im Gleichgewicht befinden. Es heißt, daß taoistische und zen-buddhistische Meister des Ring- oder Schwertkampfes nach einstündigem Gefecht *nicht im geringsten außer Atem* waren, weil sie die vollkommene Balance von Yin und Yang aufrechtzuerhalten vermochten.

Die chinesische Atemheilkunst kennt viele verschiedene Atemmethoden, zum Beispiel solche, mit denen die sogenannte „kalte" und „warme Energie" beeinflußt werden können. Jedes erkrankte Organ wird mit einer spezifischen Atemtechnik beruhigt, ausgeglichen und gestärkt, oft auch in Verbindung mit bestimmten Bewegungen. Die westliche Atemtherapie, von der chinesischen Atemheilkunst abgeleitet und auch vom indischen Hathayoga inspiriert, bietet, wenn sie in der richtigen Geisteshaltung vermittelt wird, eine gute Möglichkeit, die fehlgeleiteten Atemgewohnheiten zu korrigieren und psychophysischen Verkrampfungen entgegenzuwirken.

Der Winter schließlich ist die Zeit der Nieren und der Blase. Die Nieren sind dasjenige Körperorgan, das mit dem Wasserhaushalt im Körper beschäftigt ist; und Wasser ist das dem niederschlagreichen Winter zugeordnete Element. Die gewaltige Bedeutung der Nierenfunktion läßt sich schon daraus ersehen, daß unser Körper zum größten Teil aus Wasser besteht — genauer: zu 70 bis 80 Prozent, ein Verhältnis, das auch dem der Meere und Kontinente entspricht. Täglich fließen Tausende von Litern Körperwasser durch die Nieren, die überflüssige Salze und Mineralien und vor allem eine Menge chemischen Müll, der tagtäglich in unser Blut gelangt, herausfiltern müssen. Die alten Chinesen gingen so weit zu sagen, die Nieren seien *der* Speicher der Lebenskraft überhaupt. Ein Blick auf die Querverbindung zu anderen Organen, vor allem zum Herzen, macht das verständlich. Sind die Nieren ausgepowert — durch allzu rücksichtslose Ernährungsgewohnheiten, durch zuviel Chemie, durch Infektionen, durch übermäßige seelische Belastung, aber auch — so die klassische chinesische Anschauung — durch ein Zuviel oder Zuwenig an sexueller Aktivität, so nimmt das Flüssigkeitsvolumen im Körper zu, und das Herz hat dadurch eine Menge zusätzlicher Arbeit. Dann kann es im Kreislaufsystem des Körpers aussehen wie auf der Autobahn zu Beginn der Sommerferien.

Der Winter hat ausgeprägten Yin-Charakter: dunkel, kalt, wässrig, sammelnd, nach innen gerichtet sind die Eigenschaften des Yin. Sich im Winterurlaub auf der Skipiste auszutoben und im Sommer faul am Strand zu liegen bedeutet eine Verkehrung der naturgegebenen Situation. Das chinesische System empfiehlt vielmehr für den Sommer mit seiner ausgeprägten Yang-Qualität viel Bewegung und für den Winter lediglich entspannende Maßnahmen. Das *Nei Ching* gibt eine grundsätzliche Anweisung, die keinen Zweifel am geruhsamen Charakter des Winters läßt, wenn sie auch in einer industrialisierten Gesellschaft kaum praktisch anzuwenden ist:

„Im Winter sollten die Menschen früh zu Bett gehen und spät am Morgen aufstehen, und sie sollten auf das Aufgehen der Sonne warten."

Jede Jahreszeit bietet für die ihr zugeordneten Organe besondere Gefahren, und deshalb sollte man sich gerade dann mehr als sonst um sie kümmern, zumal wenn es sich um ein Organ handelt, das eine Schwachstelle im Körper bildet. Auf diese Weise läßt sich manch unnötig provoziertes Leiden vermeiden.

Fast jeder weiß, daß die Nieren kälteempfindlich sind und in der kalten Jahreszeit geschützt werden müssen. Nicht so bekannt ist, daß sie auch psychisch „gewärmt" sein wollen. Wenn man sagt, es ginge einem etwas „an die Nieren", so hat das etwas mit tiefer Beunruhigung oder Bedrohung zu tun; man spricht von „eiskalter Angst", oder „vor Angst erstarrt sein", und auch das „kalte Grauen" gehört hierzu.

Die psychosomatischen Analogien sind nützlich, aber kein Patentrezept; allenfalls dienen sie zur Inspiration bei dem Versuch, sich über die eigene seelisch-körperliche Gesamtlage einen Überblick zu verschaffen. Es wäre einfach, wenn man mit Sicherheit sagen könnte: Wer an Leber und Galle erkrankt, leidet an unverarbeiteter Wut, wer mit dem Herzen oder Dünndarm Schwierigkeiten hat, verdrängt seine Gefühle, wer es an Lunge und Dickdarm hat, pflegt ein übersteigertes Problembewußtsein, Magen- und Milzgeschädigte sind geistig unflexibel, und Nierenkranke kommen mit ihren Ängsten nicht klar. Aber die komplexen Zusammenhänge des wundersamen Phänomens Mensch sind gewiß nicht so banal. Sicher ist nur, daß jedes Individuum eine persönlich gefärbte geistige und körperliche Struktur hat, und natürlich auch eine eigene Krankheits- und Gesundheitsstruktur. Die Astrologie hat systematisierbare Verbindungen zwischen den körperlichen und psychischen Funktionen festgestellt, und ein Vergleich mit dem chinesischen System scheint diese Hypothese zu bestätigen. Der amerikanische Arzt Elson M. Haas schreibt in seinem Buch *Gesund durch alle vier Jahreszeiten*, dem auch die hier vorgetragenen Zitate aus der klassischen Medizin entnommen sind:

„Ich habe die Erfahrung gemacht, daß die Astrologie sich als nützlich für mein tägliches Leben wie auch für meine ärztliche Arbeit mit anderen erwiesen hat, vor allem, soweit sie Aufschlüsse über Charakter- und Persönlichkeitstypen, Psychologie und interpersonelle Beziehungen gibt. Die Beschäftigung mit der Astrologie regt unsere intuitive Wahrnehmungsfähigkeit an. Beobachten wir die Zyklen der Natur, so beobachten und spüren wir zugleich unsere eigenen Zyklen. (...) Astrologie und Medizin waren in früheren Zeiten untrennbar miteinander verbunden. Hippokrates, der Vater der modernen Medizin, sagte, daß er stets beide zusammen anwandte. Astrologisches Wissen war für ihn nötig, um genaue Diagnosen stellen zu können, und er behauptete sogar, jeder Arzt, der die Astrologie nicht miteinbeziehe, sei ein Narr."

Mag man der Astrologie als einer „intuitiven Wissenschaft", wie C.G. Jung sie nannte, auch skeptisch gegenüberstehen — erwiesen ist, daß körperliche und geistige Disposition in einer gesetz-mäßigen Weise zusammenhängen. Jeder Mensch hat seine speziellen Schwachstellen, die bei übermäßiger Belastung als erste reagieren; auf jeden Fall ist es gut, sich dieser besonderen Schwachstellen bewußt zu sein.

Um den Geist zu sammeln und zugleich die Vitalität der Körpersysteme zu unterstützen, entwickelten die Chinesen des Altertums eine fundamentale Methode, genannt *Tai Chi*, eine Art von meditativem Tanz mit langsamen, gleichmäßigen Bewegungen, die in einer festgelegten Folge jeden Bereich des Körpers sanft aktivieren. Es ist ein achtsames Spiel mit den Energien von Yang und Yin, von Halten und Loslassen, von Tun und Nicht-Tun. Im Fluß der Bewegung spielen beide Kräfte zusammen, so daß trotz stetiger Bewegung in jedem Augenblick Balance herrscht.

Tai Chi wird weich und fließend, aber immer mit gerader aufgerichteter Wirbelsäule geübt. Das ist von großer Bedeutung für das zentrale Nervensystem, das vom unteren Rückenansatz bis hin zum Gehirn verläuft und durch schlechte Haltung in seinen Funktionen empfindlich beeinträchtigt wird. Die chinesischen Klassiker sagten, eine gekrümmte Wirbelsäule verhindere den Fluß der Lebenskraft aus den unteren Teilen des Körpers zum Gehirn.

Die Bewegungsfolgen des Tai Chi stimulieren das Atemsystem und den Kreislauf, das Verdauungssystem und das andokrine Drüsensystem. Der hohe Gesundheitswert des Tai Chi ließ diese alte Kunst sogar im modernen kommunistischen China wieder zu Ehren kommen; heutzutage kann man Arbeiterbrigaden beim morgendlichen Tai Chi-Training auf öffentlichen Plätzen chinesischer Städte beobachten.

Einfacher und weniger anspruchsvoll als Tai Chi, aber durchaus wirksam, was das Wohlbefinden betrifft, sind die sehr alten „Kunstübungen der Seidenweber", die traditionellen Grundübungen der Kung Fu-Kämpfer des alten China, weshalb man sie heute einfach als Kung Fu-Übungen bezeichnet. Das kleine Lehrbuch des heute in Amerika lebenden Chinesen Da Liu, *Tao der Gesundheit und Lebensfreude*, enthält gut verständliche Anleitungen sowohl zu klassischen Übungen als auch zu einer dem Körper und Geist gegenüber rücksichtsvollen Lebensführung.

Diese Anleitungen unterscheiden sich von denjenigen vieler westlicher Gesundheitsbücher — konservativer wie alternativer oder anthroposophischer — durch eine weise Zurückhaltung, wie sie auch im Ausspruch des konfuzianischen Klassikers Meng Tse (oder Mencius) zum Ausdruck kommt:

„Seinen Geist zu erhalten und zu ernähren ist der Weg, der Natur zu dienen. Wenn ein Mensch einsieht, daß es keinen wahren Unterschied zwischen einer kurzen Lebenszeit und einer langen gibt, und sich nicht sorgt, sondern wartet, indem er, was auch immer geschieht, seinen eigenen Charakter pflegt, so ist dies der Weg, seinem vom Himmel festgelegten Wesen zu entsprechen."

Natürlich spielt auch die Ernährung des Körpers eine Rolle im körperlich-geistigen Gleichgewicht, und die Achtsamkeit wird sich, wenn sie erst einmal ein wenig geschult hat, auf ganz natürliche Weise auch darauf richten. Da Liu gibt diverse Ratschläge, ohne sich jedoch auf ein bestimmtes Rezept oder gar auf eine spekulative Theorie einzulassen. Er schreibt:

„Verschiedene Arten von Nahrung können das geistige und körperliche Leiden beeinflussen. Wesen wie das Pferd oder die Kuh sind sehr stark, aber nicht sehr intelligent. Fleischfresser wie Löwe und Tiger oder Raubvögel wie der Adler sind sogar noch stärker, aber auch leichter zu ärgern. Vögel essen die Blätter oder Früchte von Bäumen. Die Nahrung des Menschen ist vielfältiger. Er nimmt Fleisch, Gemüse und Früchte zu sich, und all dies macht ihn stark und intelligent."

Da Liu zitiert den berühmten chinesischen Arzt Sun Su Mo, der in seinem klassischen Werk *Tausend Unzen Goldrezepte* empfahl, eine Krankheit, sobald sie entdeckt ist, zunächst mit einer entsprechenden Ernährungsumstellung zu behandeln, und erst, wenn dies keinen Erfolg habe, es mit Medikamenten zu versuchen. Auch Haas gibt in *Gesund durch alle vier Jahreszeiten* viele leicht anwendbare Ratschläge, wie man mit jahreszeitlich orientierter Ernährung, mit Getreidekeimen, Gewürzen und Kräuteraufgüssen dem Körper wohltun kann.

Das alles hat einiges mit Information, gar nichts mit Wertkategorien oder esoterischen Spekulationen, sehr viel aber mit geistiger Offenheit und Aufmerksamkeit zu tun. Grundlegende

Bedürfnisse zu berücksichtigen und ihnen gerecht zu werden, ist eine individuelle Sache, und die beste Haltung ist wohl die, all den Schutt von Meinungen, Vorstellungen, Ignoranz oder angelesenem Besserwissen hinter sich zu lassen und auf sich selbst zu horchen. Bald wird deutlich werden, welcher Art die eigenen Neigungen sind; dem einen bekommt Alkohol nicht, der andere dagegen weiß mit ihm umzugehen; einer hat es gern vegetarisch, dem anderen ist es weniger wichtig, *was* er ißt, als in welchem Geist er ißt. Letztlich geht es nie um Normen, sondern um eine freundliche und aufmerksame Beziehung zu uns selbst und zu allem, womit wir es zu tun haben. Der Schlüssel dazu ist Selbsterziehung.

Wenn wir ein Kind erziehen wollen, sollten wir dabei liebevoll, aufmerksam, geduldig, diszipliniert und mit einem möglichst großen Spielraum von Humor vorgehen. Für die Selbsterziehung gilt das gleiche. Ebensowenig wie es starre Rezepte für die Kindererziehung gibt, gibt es sie für die Selbsterziehung. Wenn wir uns beharrlich um geistige Offenheit und Flexibilität bemühen und unserer Neigung zur Theoriengläubigkeit nicht auf den Leim gehen, ist die Gefahr gering, daß wir uns selbst ignorieren oder andererseits im vermeintlichen Dienst an der Gesundheit zu Ideologen unserer Umwelt werden — denn das sind jene bedauernswerten Verzerrungen, die sinnvolle Methoden zur ganzheitlichen Ausbalancierung von Körper und Geist sehr in Mißkredit bringen. Eine der Ausgeburten der gesundheitlerischen Fixierung ist zum Beispiel der Kleinkrieg der Nichtraucher gegen Raucher, der Intoleranz und Abgrenzung zu unheilvoller Blüte bringt.

Zusammenfassend läßt sich sagen: Gegen Krankheiten sind wir niemals gefeit, ebensowenig wie gegen psychischen Schmerz. Absichern können wir uns nicht — wohl aber unsere Achtsamkeit schulen, so daß jede Situation fruchtbar werden kann. Nicht nur unsere Stärke ist von Wert, sondern auch unsere Schwäche. Angst vor Krankheit und übertriebene Vorsichtsmaßnahmen, wie auch eine unangemessene, grobe pharmazeutische Behandlung können weit schlimmer sein als ein natürlicher, mit Aufmerksamkeit durchlebter Krankheitsprozeß. Gönnen wir unserer schwachen Seite mehr Raum, indem wir Rücksicht auf uns selbst nehmen, so wird sie wahrscheinlich weniger dazu neigen, plötzlich und heftig ihr Recht in Form einer schweren Krankheit zu fordern.

Stattet uns einmal eine Krankheit ihren unverhofften Besuch ab, sei es als allgemeine Störung unseres Wohlbefindens oder als ein ernsthafter Schaden im Körpersystem, so ist sie immer Material, mit dem wir arbeiten können. Es steckt eine Menge Energie in der Krankheit — wie in jedem Leiden —, und wir können uns mit dieser Energie verbünden, so daß wir nicht mehr das Gefühl haben, daß sie sich gegen uns richtet: Wir arbeiten vielmehr mit ihr zusammen, wie in einem Geburtsprozeß — selbst wenn es eine Geburt zum Tode ist. Denn das Sterben — das ja das einzige ist, was wir mit Sicherheit vom Tod wissen — ist ein sehr lebendiger Vorgang, wie jeder weiß, der je einen Sterbenden auf dem letzten Erdenweg begleitet hat.

Wir brauchen uns, wenn wir krank sind, nicht einzureden, daß ein blindes, böses Schicksal uns zum Opfer ausersehen hat oder daß wir selbst schuld seien an unserem Unglück und es hätten vermeiden können, wären wir nur gescheiter, reifer, hochentwickelter, reiner, heiliger oder was auch immer gewesen. Gesundheit ist kein Maßstab für den Wert der Persönlichkeit. In beiden Deutungen steckt viel Aggression, und das bedeutet, daß wir uns weigern, mit der Wirklichkeit in Berührung zu kommen.

Sündenbock Nummer eins für alle möglichen Krankheitserscheinungen ist der Streß, aber gerade seine Symptome sind mit diversen Entspannungsmethoden erstaunlich schnell zum Verschwinden zu bringen, ohne daß sich an den äußeren Lebensumständen viel ändert. Marylin Ferguson, eine Protokollarin der neuen, an Ganzheitlichkeit orientierten Strömungen unserer Zeit die sie als „Verschwörung des Wassermannzeitalters" bezeichnet, (im deutschen Titel: *Die sanfte Verschwörung*), schreibt über die Theorie der angeblich unvermeidlichen Streßkrankheiten:

„Dem Streß kann man nicht ausweichen. Neue Informationen, Lärm, Spannungen, Anhäufung von Problemen, persönliche Konflikte und Wettbewerb führen zu den streßbezogenen Krankheiten, die das zwanzigste Jahrhundert plagen. Ist Streß wirklich der Schuldige? Vielleicht entstehen Krankheiten in Wirklichkeit aus der Angst vor Veränderung?"

Ich würde die Frage lieber so stellen: Ist Krankheit nicht in Wirklichkeit ein Signal für notwendige Veränderung? Genauer noch: eines der Signale für Veränderung. Denn auch extreme Lebensweisen, wie übertriebene Risikobereitschaft, Sucht nach Ablenkung und Abriegelung gegen die Mitmenschen können, ohne daß von Krankheit die Rede wäre, Signale für inneren Überdruck sein, der zu Veränderung hindrängt. Leider genügen Einsicht und der gute Wille, von nun an offener und mutiger, mit weniger Ignoranz und Abwehr zu leben, allein noch nicht. Es ist eine methodische Schulung nötig, um zu lernen, den Geist zu entspannen und allen untergründigen Widerstand aufzugeben. „Sammlung" oder „Geisteszähmung" wird sie von den Buddhisten genannt, „Einkehr" sagten die mittelalterlichen, der Mystik zugewandten Christen dazu; und wir bezeichnen sie heute als „Meditation".

Selbsterziehung zu geistiger Gesundheit und körperlicher Balance ist Erziehung zur Achtsamkeit und zur Entspannung. Nur ein ruhiger, nicht von intellektueller oder emotionaler Dauerbeschäftigung aufgewühlter Geist kann aufmerksam und zugleich entspannt sein. Erst auf dieser Grundlage kann eine freundliche, rücksichtsvolle Beziehung zu unseren Bedürfnissen entstehen — zu unseren eigenen und denjenigen anderer Menschen. So ein grundlegendes Bezogensein macht es ganz selbstverständlich, den Wechsel von Tag und Nacht, die Mondphasen, die jahreszeitlichen Veränderungen und die Aufeinanderfolge der Lebensalter wahrzunehmen und ihnen mit Körper, Gedanken und Gemüt zu antworten.

Zuletzt sei ein Aspekt des Heilens erwähnt, der zunächst fremdartig erscheinen mag, weil er typisch für nicht-theistische Systeme wie Taoismus und Buddhismus ist, bei uns aber keine Tradition hat. Es ist die Methode der Heil-Meditation oder besser Heil-Kontemplation. Das lateinische Wort *„contemplatio"* bedeutet „Beschauen", „Betrachtung", und mit innerem Schauen hat diese Art des Heilens zu tun. Es ist die bildhafte Gestaltungskraft des Bewußtseins, die *Imagination* oder *Visualisation*, die hier eingesetzt wird — eine psychische Funktion, die in der tibetisch-buddhistischen und taoistisch-buddhistischen Meditationspraxis eine große Rolle spielt.

Nun hat C.G. Jung mit einiger Berechtigung davor gewarnt, kulturfremde geistige Methoden, die keine Verwandtschaft mit unserer eigenen Tradition haben, blindlings zu adaptieren. Ein alter chinesischer Spruch sagt zudem:

„Wenn aber ein verkehrter Mann die rechten Mittel gebraucht, so wirkt das rechte Mittel verkehrt."

Doch obgleich Jung die Attitüde vieler kultureller „Aussteiger", die westlicher Wissenschaftlichkeit verachtungsvoll den Rücken kehren und sich östlicher Ekstatik und Vergeistigung zuwenden, heftig angriff und als ein „tragisches, weil unpsychologisches Mißverständnis" bezeichnete, sah er auch Gutes in diesem Trend:

„Die Reaktion, die im Abendland gegen den Intellekt zugunsten des Eros oder zugunsten der Intuition einsetzt, kann ich nicht anders denn als Zeichen des kultürlichen Fortschritts betrachten, eine Erweiterung des Bewußtseins über die zu engen Schranken des tyrannischen Intellekts hinaus. Im allgemeinen und vom *unheilbar äußerlichen* Standpunkt des Intellekts aus gesehen will es erscheinen, als ob das, was der Osten so überaus schätzte, für uns nichts Begehrenswertes sei. Der bloße Intellekt kann allerdings zunächst nicht verstehen, welch praktischen Belang die östlichen Ideen für uns haben könnten, weshalb er sie auch bloß als philosophische und ethnologische Kuriosa einzuordnen weiß."

Die ostasiatische Methode der Heil-Kontemplation kann uns — auch wenn wir sie vielleicht nicht einfach direkt übernehmen können — manche wertvolle Anregung liefern. Daß wir es dabei mit einer Fähigkeit zu tun haben, die allgemein menschlich und nicht von bestimmten Kulturen abhängig ist, beweist die verbreitete Imaginationspraxis in der Psychoanalyse und in Entspannungstherapien wie Eutonie oder Autogenes Training; auch dort wird die Vorstellungskraft zu Selbstheilzwecken eingesetzt.

Der buddhistische Autor John Blofeld beschreibt in seinem Buch *Selbstheilung durch die Kraft der Stille* eine taoistische kontemplative Methode, mit der leichtere psychische und somatische Störungen ausgeglichen und schwere Erkrankungen zumindest gelindert werden können. Nach einleitender Beruhigung der Gedanken und Vertiefung des Atems wird wie folgt geübt:

„Wenn die Krankheit, die geheilt werden soll, eine psychische Störung, angstvolle Bedrückung, Furcht oder ähnliches ist, soll man sich diese als kleine schwarze Wolke möglichst bildhaft vorstellen, die in der Höhe des „Dunklen Tores", also hinter und zu beiden Seiten des Mittelpunkts zwischen den Augen schwebt. Ist die Krankheit körperlicher Art, wird die Wolke in dem betroffenen Teil des Körpers visualisiert und dann durch die Kraft des Geistes in das nächstliegende der 'Fünf Zentren' gezogen. Diese sind: Das 'Dunkle Tor' hinter den Augen, die Ni-Huan-Höhle genau unter dem Scheitelpunkt, das Herzzentrum in der Körpermitte auf der Höhe des physischen Herzens, das Feuer-Zentrum hinter dem Nabel und das 'Tor des Lebens und des Todes' im Bereich des Damms beziehungsweise der Basis des Penis. Krankheiten in den oberen Gliedmaßen sollten ins Herz-Zentrum gezogen werden, Krankheiten der unteren Glieder ins Feuer-Zentrum.

Hat die schwarze Wolke ihren entsprechenden Bestimmungsort erreicht, so richtet der Adept seine gesamte Aufmerksamkeit darauf und vermeidet währenddessen jede Störung der Stille seines Geistes und Körpers oder in seinem Atemrhythmus. Dann wird er sich des Chi, der Lebenskraft in seinem Atem bewußt, die von außen und aus seinem Körper auf einem reinigenden Luftstrom herangetragen wird. Nach und nach wird sich die Wolke verkleinern und ihre Dunkelheit wird nachlassen, bis sie ganz verschwunden ist."

Das ist nun eine sehr spezielle Heilungsmethode, die man nicht einfach nachmachen kann, sofern nicht zuvor schon einige Erfahrung mit Imagination und Meditation gesammelt wurde. Aber sie mag deutlich machen, welchen Wert und welche Kraft die alten Chinesen der Phantasie zugesprochen haben.

In dem Sammelband *Katathymes Bilderleben*, herausgegeben von dem Psychiater Hanscarl Leuner, finden sich interessante Beispiele für die Heilung psychischer und körperlicher Beschwerden durch die Macht der bildhaften Gestaltkräfte. Als „Katathyme Hydrotherapie" bezeichnet der Arzt Andreas Pszywyj seine offenbar recht wirkungsvolle Heilmethode, Patienten zum imaginierten Baden zu schicken — das heißt, er fordert sie auf, sich eine Badesituation in irgendeinem Gewässer vorzustellen, in dem sie sich wohlfühlen. Er schreibt dazu:

„Die Anwendung der magischen Flüssigkeit Wasser, besonders des Badens im Wasser, spielt im katathymen Bilderleben eine bedeutsame Rolle, da Wasser ein lebendiges Element ist und die heilende Kraft symbolisiert. Das Wasser als Quelle wird als Symbol der oralen spendenden Mütterlichkeit gedeutet. Das Bad als Reinigungsritual hat im religiösen Bereich eine zentrale Stellung: Die eleusinischen Mysterien wurden durch ein Bad im Meer eingeleitet. Im Ganges baden die gläubigen Hindus. Auch die christliche Taufe war einmal ein Bad und ist es heute noch in der Ostkirche und bei manchen anderen christlichen Gemeinschaften. Nach C.G. Jung ist das Bad ein Archetypus.''

Geistige Formen des Heilens sind in den Traditionen aller Kulturen überliefert, und zumeist nahmen sie sogar einen wesentlich breiteren Raum ein als materielle Methoden, wie etwa das Behandeln mit Kräutern und Wurzeln. Daß sie heute verachtet und fast vergessen sind, bezeugt die geistige Verarmung in unserem materialistischen Zeitalter. Und wenn im Dämmerfeld einer ungestillten Sehnsucht nach scheinbar geheimnisvollen Möglichkeiten und Wundern manche Scharlatanerie blühen mag, die sich als „geistiges Heilen" verkauft, so ist das gewiß kein Beweis gegen die potentielle Kraft geistiger Heilmethoden. So beschreibt zum Beispiel einer der Autoren in *Katathymes Bilderleben*, Helmut Seifert, anschaulich und überzeugend die im altgriechischen Asklepiuskult praktizierte Heilung durch Träume und kommentiert:

„Wichtig ist (...) die Tatsache, daß es schon vor über 2000 Jahren 'Methoden' gab, Träume und Tagträume zu provozieren, und zwar nicht nur für die Diagnostik und Prognostik, wie man sonst in der Antike, so auch Hippokrates und seine Schule, mit Traumphänomenen umging, sondern auch unmittelbar für die Therapie, ist doch im Asklepios-Kult *der Traum die Heilung*."

Wer die Aufmerksamkeit hat, kann sich die *Skepsis* leisten —, der ursprünglichen griechischen Bedeutung des Wortes nach so viel wie „Betrachtung, Untersuchung, Prüfung". Mit wachsender Beruhigung und Öffnung des Geistes werden wir immer mehr intuitive Geschicklichkeit und kreative Inspiration im Umgang mit uns selbst gewinnen, und die dualistischen Vorstellungen von Vorsorge oder Reparatur werden vielleicht einer lebendigen Beziehung zu jedem Augenblick weichen.

III

Die neuen Frauen

Die Tendenz zu einer extremen dualistischen Abgrenzung zieht sich wie ein roter Faden durch alle problematischen Lebensthemen — und dazu gehört vor allem das Thema der Geschlechterrollen. Obwohl alles Existierende in der Form von polarer Ergänzung strukturiert ist — als Geist und Materie, Raum und Zeit, Licht und Dunkel, Verstand und Gefühl usw. — erscheint es als gewaltige Herausforderung, die Pole „männlich" und „weiblich" als gleichwertige und einander ergänzende Prinzipien anzuerkennen oder gar zu verwirklichen. Gemäß dem Primat des Intellekts mit seiner unterscheidenden Funktion erscheint der Unterschied als trennend, während die unterernährte Gefühlsebene mit ihrer verbindenden Funktion allenthalben zu kurz kommt. Und das hat nicht nur für die Beziehung der Geschlechter untereinander, sondern auch im Hinblick auf eine geistige Evolution weitreichende Konsequenzen.

„Kein Bereich im Leben der Stadt fällt der Frau als Frau oder dem Mann als Mann zu. Von Natur aus hat die Frau an allen praktischen Tätigkeiten teil, und so auch der Mann. Wir haben es bei Mann und Frau mit derselben Natur zu tun, und sie brauchen beide dieselbe Erziehung."

Dies verkündete der griechische Philosoph Plato vor nahezu zweieinhalbtausend Jahren. Solch weise Gewißheit versank jedoch im Laufe der abendländisch-christlichen Geschichte im Dunkel tiefer Ignoranz, und obwohl wir heute, zum Ende des zwanzigsten Jahrhunderts hin, immerhin schon ein paar Frauen in führenden Positionen haben und die Bestimmung der Frau grundsätzlich keinesfalls mehr im Heimchen am Herd sehen, kann man doch nicht behaupten, die Erkenntnis von der grundlegend „selben Natur von Mann und Frau" sei schon Allgemeingut geworden.

Nein, ganz gewiß nicht. Wenn auch zweifellos vieles nicht mehr so schlimm ist, wie es viele Jahrhunderte lang und bis vor nicht allzulanger Zeit noch war.

Wohl kein Mann würde mehr Gratian, dem kanonischen Rechtsgelehrten des 12. Jahrhunderts, zustimmen, der sagte:

„Der Mann und nicht die Frau ist nach dem Ebenbild Gottes geschaffen. Daraus geht hervor, daß sich die Frauen ihren Gatten unterordnen und sie Sklaven sein sollten."

Und keiner würde es wagen, selbst wenn er es denken sollte, wie Thomas von Aquin offiziell zu behaupten:

„Die Frau ist wegen der Schwäche ihres Verstandes wie auch ihres Körpers dem Manne untergeordnet."

Die Zeiten sind vorbei, in denen Frauen als Hexen verbrannt wurden, weil männliche Projektion und bigotte Frauen sie zu Hexen stempelten. Auch gibt es keine Landesherren und Bischöfe mehr, die Frauen minderen Standes in ihr Bett zwingen durften. Der Keuschheitsgürtel, diese ungeheuerliche, demütigende Scheußlichkeit, wurde zwar noch vor hundert Jahren im Sortiment eines französischen Warenhauses angeboten, ist dann aber doch endgültig aus der Mode gekommen. Frauen „dürfen" heute ihr Erbe selbst verwalten, „dürfen" sich scheiden lassen, „dürfen" wählen — wenngleich erst seit verhältnismäßig kurzer Zeit. Ja, die Frau kann nicht einmal mehr, wie vor ein paar Jahren noch, vor der Verabschiedung des neuen Scheidungsgesetzes, wegen „Verweigerung der ehelichen Pflicht" schuldig geschieden werden — schuldig, weil sie sich in einer gestörten Ehe nicht als Sexualobjekt mißbrauchen lassen wollte!

Gewisse Fortschritte sind nicht zu leugnen. Aber mit der Anerkennung der gleichen menschlichen Natur der Geschlechter scheint es dennoch nicht gar so weit her zu sein. Großer Bedarf besteht an Frauenhäusern, in die sich von ihren Männern mißhandelte Frauen flüchten können — eine Einrichtung feministischer Organisationen. Der Frauenhandel blüht — rund zweihundert Frauenmakler machen in der Bundesrepublik mit dem Import asiatischer Frauen dicke Gewinne. Die „Ware" landet entweder im Ehe-Harem biederer Macho-Männer oder in Bars und Bordellen. Noch immer gelten ältere unverheiratete Frauen als „alte Jungfern", während der ältere Junggeselle geradezu als Held angesehen wird, der „es geschafft hat, sich nicht einfangen zu lassen". Noch immer haftet der Frau das Flair des Sexualobjekts an. Als solches wird sie in der Werbung und in der Vergnügungsindustrie benützt, und einer Untersuchung der Frauenzeitschrift „Brigitte" zufolge erlebten von 4200 befragten Frauen 59 Prozent sexuelle Belästigungen am Arbeitsplatz, vor allem von seiten der Vorgesetzten, die ihre Machtposition ausnützen wie ehedem die adeligen Potentaten. Die Feministin Verena Stefan klagt in ihrem Buch *Häutungen* über den alltäglichen Sexismus auf den Straßen:

„Mich springen die Blicke der Männer an, krallen sich in die Jeansfalten zwischen meinen Beinen, wenn ich die U-Bahntreppe hinuntergehe. Pfiffe und schnalzende Rufe setzen sich auf mir fest. Die vielen Spuren des Tages abends unter der Dusche unter der Haut. Langsamer fahrende Autos, heruntergekurbelte Fenster, Bremsspuren. Eine Frau allein, immer noch Gast, immer noch Allgemeinbesitz.
Die Übergriffe an mir bei Tag und bei Nacht sind unzählbar. Dies ist nicht meine Welt. Ich will keine Gleichberechtigung in dieser Welt. Ich will neben keines Mannes Brutalität und Verkümmerung gleichberechtigt stehen."

In der Zeitschrift „Brigitte" beschrieb eine berufstätige Frau die Verunsicherung, in die sie durch diese männlichen Übergriffe getrieben wird:

„Ich möchte mich gern wehren, aber wie? Wenn ich eingeschnappt reagiere, sagen sie, ich sei eine zimperliche Jungfrau.

Gehe ich auf Zoten oder sexuelle Anmacherei ein, indem ich kesse Antworten gebe, dann bin ich die Verdorbene. Verbitte ich mir jegliche Anspielungen und unanständigen Witze, dann lachen die Männer und sagen entweder: Prüde Ziege, oder je nach Laune: Ist sie nicht süß, wenn sie sich ärgert!"

„Emanzipation" ist ein Wort, das die meisten Männer nicht leiden können. Es ist zu einem Negativbegriff heruntergekommen, und selbst Frauen benützen es nicht mehr gerne. Er taucht fast nur noch in der diffamierenden Bezeichnung „Emanze" auf, womit jene allzu verletzten, allzu streitbaren Frauen gemeint sind, die sich in eine extrem feministische, männerfeindliche Ideologie geflüchtet haben — keine kluge Entscheidung, aber eine, mit etwas Mitgefühl, verständliche.

Das Wort „Emanzipation" ist jedoch durchaus zutreffend für das, was sich heute in vielen Frauen vollzieht. Es kommt vom lateinischen „emancipare" — aus dem „Mancipium" gehen, wörtlich: „aus dem Eigentum gehen". Es bedeutet soviel wie „einen erwachsenen Sohn beziehungsweise einen Sklaven aus der Gewalt des Patriarchen zu entlassen". Der moderne Sinngehalt ist der individuelle Kampf der Frau um die Entlassung aus der patriarchalen Sklaverei, um Gleichberechtigung in einer patriarchalen, das heißt vaterrechtlichen Gesellschaft.

Die feministische Ideologie geht davon aus, daß das Patriarchat, die vaterrechtliche Gesellschaftsform, sich nicht nur schlecht bewährt, sondern die gesamte Menschheit an den Abgrund geführt hat, und daß die Lösung darin bestehen müsse, das Matriarchat, die geschichtlich ältere Gesellschaftsform des Mutterrechts, wieder einzuführen. Die amerikanische Feministin Elizabeth Gould Davis begründet das in ihrem Kultbuch *Am Anfang war die Frau* folgendermaßen:

„In allen Mythen auf der ganzen Welt, vom Aufgang der Sonne jenseits der fernsten Küsten Asiens bis zu ihrem Untergang westlich der entferntesten Inseln des weißen Pazifik, ist die erste Schöpferin des Alls eine Göttin. Die meiste Zeit der Menschheitsgeschichte über war die Frau die Führerin. Es waren die Frauen, an die sich die Männer wandten, wenn es um Führung, um die Erklärung der Naturereignisse und die Verbindung zur Natur und zur Ewigkeit ging. Die Frau war Prophetin, Priesterin, Richterin, Medizinerin, Königin und Göttin.

Die Entdeckung des Mannes, daß Kraft — physischer Zwang und Brutalität — nicht nur die kleineren Tiere, sondern auch die ihm geistig und seelisch überlegene Frau einschüchtern konnte, war zweifellos die 'Erkenntnis des Bösen', die seine 'Erbsünde' darstellte, seine 'Entlassung aus der Gnade'.

Mit diesem neuen Bewußtsein seiner körperlichen Überlegenheit eignete sich der Mann nach und nach alle traditionellen Vorrechte der Frauen an, vertrieb sie endlich sogar vom Thron, von dem aus sie ihr Volk gelehrt und geführt hatten. Erst in den letzten tausend Jahren, einem Augenblick im langen Zeitlauf, ist es dem Mann im Abendland gelungen, ihr eine ausgesprochene Nebenrolle als Gegenstand seiner sexuellen Bedürfnisse und Sklavin seiner Annehmlichkeiten zuzuweisen. Das Resultat sehen wir heute — Gewalt, Elend, Verwirrung und eine so ausgesprochen ideologische Einteilung der Gesellschaft in Schichten, wie sie in der Geschichte noch nie vorgekommen ist.

Der Mann ist von Natur aus ein pragmatischer Materialist, ein Mechaniker, ein Liebhaber von Apparaten und Apparatismen; und diese Eigenschaften zeichnen das 'Establishment' aus, von dem die moderne Gesellschaft bestimmt wird: Pragmatismus, Materialismus, Mechanisierung und Apparatismus. Die Frau dagegen ist eine praktische Idealistin, eher eine Altruistin als eine Materialistin."

Die Autorin konnte, um ihren Lösungsvorschlag einer „Wiedereinführung des Matriarchats" zu bekräftigen, sogar einen Mann zitieren, nämlich Buckminster Fuller, der in einer Fernsehsendung den Gedanken äußerte, unsere Welt könne gerettet werden, wenn man den Frauen wieder ihre uralte Führung in der Regierung überließe, während die Männer sich auf ihre Apparaturen und Spiele beschränkten.

Die Forderung nach der Rückkehr des Mutterrechts, der völligen Umkehrung unserer tradierten Gesellschaftsform, entspricht gewiß nicht nur einem weiblichen Revanchedenken, sondern hat manche gute Gründe. So schrieb zum Beispiel der Geschichtsphilosoph Johann Jakob Bachofen im letzten Jahrhundert in seinem Buch *Mutterrecht*:

„Ein Hauch zarter Menschlichkeit durchdrang die Kultur der matriarchalen Welt, jenes ursprüngliche Frauengeschlecht, mit dem aller Friede von der Welt verschwand (...). Matriarchale Staaten waren berühmt, weil sie von Streit und Zwiespalt frei waren (...) Matriarchale Völker hielten die körperliche Verletzung jedes lebenden Wesens, selbst eines Tieres, für besonders sträflich."

Bei dem Archäologen James Mellaart ist über die große matriarchale Kultur Vorderasiens, deren vermutlicher Ausklang das hellenische Reich gewesen ist, nachzulesen:

„Zeugnisse gewaltsamen Todes fand man nicht. Frauen waren die Häupter der Familien, und sie wurden ehrfurchtsvoll beerdigt, während die Gebeine der Männer in das Leichenhaus geworfen wurden. Vor allem war die oberste Gottheit in allen Tempeln eine Göttin."

Man muß annehmen, daß die Matriarchate humanere Gesellschaften waren als die Patriarchate, aber vollkommen waren sie gewiß nicht. Auch dort wurde Abgrenzung gepflegt, und von Gleichberechtigung konnte nicht die Rede sein. Eine Rückkehr ins Matriarchat wäre etwa so, wie wenn man als erwachsener Mensch, enttäuscht von der rauhen Erwachsenenwelt, die im nachhinein illusionär verklärte Kindheit wiederauferstehen lassen wollte. Wie jammervoll solch eine Regression sich auswirkt, ist aus der Psychiatrie hinlänglich bekannt.

Es gibt keinen Weg zurück. Aber wir können vorwärts gehen, weiter, viel weiter, als wir heute sind.

Ein Blick zurück *ohne* Zorn — der den eingeschworenen Feministinnen meist verwehrt ist, da sie zu sehr mit persönlicher Verletztheit identifiziert sind —, ein unvoreingenommener Blick in die geschichtliche und psychologische Vergangenheit kann vielleicht begreifbar machen, weshalb die Entwicklung von der friedlichen prähistorischen Frauengesellschaft bis zur heutigen martialischen Männergesellschaft so verlaufen *mußte*, wie sie verlaufen ist.

Ebenso wie dem weiblichen Embryo zwei X-Chromosomen zugrunde liegen, während der männliche Embryo sich erst nach einiger Zeit im Mutterleib durch sein Y-Chromosom zur spezifisch männlichen Ausprägung hinentwickelt — also das Weibliche die Basis bildet, das Männliche hingegen eine Erweiterung bedeutet —, scheint auch in der geschichtlichen und sogar in der individuellen psychischen Entwicklung das weibliche Prinzip immer das grundlegende zu sein und das männliche die Erweiterung, Ergänzung.

Der Tiefenpsychologe Erich Neumann, einer der bedeutendsten Schüler und Mitarbeiter C.G. Jungs, hat diesem Thema sein Werk *Zur Psychologie des Weiblichen* gewidmet; einleitend schreibt er:

„Die Arbeiten zur Psychologie des Weiblichen gehören in den Zusammenhang einer Tiefenpsychologie der Kultur und einer Kulturtherapie, denn die einseitig männlich-patriarchale Wertsetzung des abendländischen Bewußtseins und das grundsätzliche Nichtwissen um die andersartige weibliche Psychologie hat wesentlich mit zur Krise unserer Zeit beigetragen. Darum ist ein Verständnis des Weiblichen nicht nur für die Erfassung des einzelnen Individuums, sondern auch für die Gesundung des Kollektivs dringend notwendig.

Die Entwicklungsgeschichte des Bewußtseins im Abendlande ist die eines männlich-aktiv orientierten Bewußtseins, dessen Errungenschaften dann zur patriarchalen Kultur geführt haben. Dagegen steht die Entwicklung des Weiblichen, soweit sie nicht wie in der Moderne entscheidend an der 'männlichen' Entwicklung teilnimmt, unter anderen Gesetzen. Diese Andersartigkeit der weiblichen Psyche muß neu entdeckt werden, wenn das Weibliche sich selbst verstehen soll, aber auch, wenn die männlich-patriarchale Welt, die an ihrer extremen Einseitigkeit erkrankt ist, wieder gesunden soll.

Die analytische Psychologie hat erkannt, daß ein Weibliches im Unbewußten des Mannes, ein Männliches in dem der Frau vorhanden und wirksam ist. Eine Tiefenpsychologie des Weiblichen, welche diese neuen Erkenntnisse berücksichtigt, ist für die Erfassung aller Beziehungs- und Eheprobleme notwendig, außerdem aber ermöglicht sie ein vollständigeres Verständnis *des Mannes und der Frau* von sich selber."

Nach Neumann ist das erste Stadium der menschheitsgeschichtlichen wie der individuellen Entwicklung die psychische Ursituation, ein Stadium, in dem Ich und Unbewußtes noch nicht getrennt sind. Das ist im individuellen Leben die frühe Säuglingsphase, in der das Kind sich ununterschieden von der Mutter erfährt. Wenn der Prozeß der Unterscheidung beginnt, so ist das erste Du, das erfahren wird, die Mutter — und es ist zugleich eine Erfahrung von völliger Abhängigkeit von ihr und völligem

Angewiesensein auf sie. Die Vermutung liegt nahe, daß es diese Urerfahrung war, die zur Bildung matriarchaler Ordnungen geführt hat. Die Weiterentwicklung zum Patriarchat schreibt die extreme feministische Anschauung nun allein der Eifersucht der Männer auf die dominierenden Frauen zu, die zum Zusammenbruch der als paradiesisch dargestellten Matriarchate geführt habe. Simone de Beauvoir, die große Schrittmacherin für ein neues weibliches Selbstverständnis, zeichnet jedoch ein ganz anderes Bild. Sie behauptet, das vielfach beschworene „goldene Zeitalter" der Frau sei nicht mehr als ein Mythos: Die Wirklichkeit sähe anders aus. Sie beschreibt den Mann in der frauenrechtlichen Gesellschaft, wie er immer eifriger nach Mitteln sucht, um aus dem geistigen Schoß der „Großen Mutter", der Natur, geboren zu werden; einem magischen matriarchalen Bewußtsein stellt er seinen Willen entgegen. Im Widerspruch zur gängigen feministischen Ideologie schreibt Simone de Beauvoir:

„Allmählich hat der Mann seine Erfahrung vermittelt, und in seinen Vostellungen sowohl wie in seiner praktischen Existenz hat das männliche Prinzip triumphiert. Der Geist hat über das Leben gesiegt, Technik über Magie, Vernunft über Aberglauben. Die Wertminderung der Frau stellt eine notwendige Etappe in der Geschichte der Menschheit dar, denn nicht aus ihrem positiven Wert, sondern aus der Schwäche des Mannes bezog sie so lange ihr Prestige. In ihr verkörperten sich die beunruhigenden Geheimnisse der Natur. Der Mann entzieht sich ihrer Bevormundung, indem er sich von der Natur befreit. (...)
So war der Triumph des Patriarchats weder ein Zufall noch das Ergebnis eines gewaltsamen Umsturzes. Seit den ältesten Zeiten der Menschheit haben die Männer sich selbst als unabhängige Subjekte bejaht; die Frau, ob sie nun Sklavin ist oder Idol, hat nie selber ihr Los gewählt."

Um die Logik der Entwicklung bis heute zu begreifen, da die Frauen nun tatsächlich ihr Los selbst zu bestimmen versuchen, ist es nötig, die Funktionsweise des menschlichen Geistes näher zu betrachten.
Unsere Welt, das heißt, das geistige Erfassen unserer Existenz, ist dualistisch, in Gegensätzen geordnet. Wie die Negativ-Positiv-Spannung der Elektrizität beruht unsere bewußte Wahrnehmung auf der Spannung zwischen den Polen der Gegensätze. Wir

können keine Vorstellung von „hoch" haben ohne eine Vorstellung von „tief", nicht von „groß" ohne „klein", nicht von „stark" ohne „schwach". Allenthalben scheinen wir von dieser — einander bedingenden — Polarität umgeben zu sein: Tag — Nacht, hell — dunkel, nah — fern — Ich — Du, Mann — Frau.

Neumann beschreibt es aus psychologischer Sicht so:

„Innerhalb der Menschheitsgeschichte gehört die Differenzierung von Mann und Frau zu den frühesten und eindringlichsten Gegensatzprojekten, und männlich und weiblich gelten dem Frühmenschen als Prototyp des Gegensatzes überhaupt. Deswegen nimmt jede Gegensatzposition archetypisch leicht die Symbolik von männlich und weiblich an, und so wird auch das Gegensatzprinzip von bewußt und unbewußt unter dieser Symbolik erfahren, wobei das Männliche mit dem Bewußtsein, das Weibliche mit dem Unbewußten identifiziert wird."

Diese grundlegende Zuordnung findet sich in vielen Kulturen, und im chinesichen Taoismus wurde sie geradezu genial systematisiert. Dort ist die Ganzheit des Seins als ein Kreis dargestellt, gebildet von beiden Hälften Yin und Yang — Yin für das weibliche Prinzip und Yang für das männliche Prinzip. Beide sind gleichwertig und gleich groß. Sie bezeichnen — ohne jedes Werturteil — die gegensätzlichen Erscheinungsformen des Seins. Einige Entsprechungen zum *weiblichen* Prinzip sind zum Beispiel: Erde, Materie, Nacht, Wasser, Mond, Raum, Ruhe, empfangend, verbindend, weich. Entsprechungen zum *männlichen* Prinzip sind dagegen: Himmel, Energie, Tag, Feuer, Sonne, Zeit, Bewegung, aktiv, unterscheidend, hart. Es gibt dabei, wie gesagt, keine Bewertung von besser oder schlechter. Es sind lediglich Bezeichnunen dafür, wie die Dinge sich uns darstellen. In Wahrheit enthält alles immer beide Seiten: Materie und Energie erscheinen uns als getrennt; dennoch sagt die Physik, daß alle Materie zugleich auch Energie ist. Wasser empfinden wir als weich;

fällt man jedoch zum Beispiel aus einiger Höhe darauf, ist es unglaublich hart. Deshalb bilden die Gegensatzprinzipien „Yin" und „Yang" zusammen einen Kreis, das Ursymbol der Ganzheit.

Die in der patriarchalen jüdisch-christlichen Kultur gelernte und für uns heute bestimmende Einstellung ist jedoch die, Gegensätze als einander ausschließend zu betrachten. Wenn „hoch" gut ist, dann ist „tief" schlecht. Wenn „heilig" gut ist, dann ist „weltlich" schlecht. Wenn Mann-sein gut ist, dann ist Frau-sein schlecht. Es ist, als würde man ein Rad in der Mitte auseinandschneiden und sich dann wundern, wenn es nicht mehr rollen kann.

Im chinesischen System ist dem männlichen Prinzip die unterscheidende Funktion zugeordnet, dem weiblichen die verbindende. Es ist ganz offensichtlich, daß in unserer Kultur das unterscheidende Prinzip, also der Intellekt, verherrlicht, und das verbindende Prinzip, das intuitive Erfassen, vernachlässigt wird.

Ein weiteres Beispiel der integralen Verbindung von weiblichem und männlichem Prinzip findet sich im tibetischen Buddismus. Da wird die seelische Ganzheit durch eine männliche und eine weibliche Buddhafigur in der Umarmung ausgedrückt. Die männliche Figur repräsentiert Verstand, Disziplin, Methode, die weibliche Intuition, Entspannung, Weisheit. Das Bild von Schloß und Schlüssel veranschaulicht die Zusammengehörigkeit der beiden Prinzipien. Das Schloß schafft die Voraussetzung für den Vorgang des Zu- oder Aufschließens. Es birgt in sich diese Möglichkeit, ob man es benützt oder nicht. Aber es bedarf des Schlüssels – der Methode –, damit das Schloß nutzbar wird. Ein Schloß ohne Schlüssel ist unbrauchbar, ebenso wie ein Schlüssel ohne Schloß.

Das griechische Wort „méthodos" bedeutet wörtlich „der Weg zu etwas hin". Nach buddhistischer Anschauung werden wir mit vollkommener Weisheit ausgestattet geboren, doch ist sie zunächst verborgen und muß erst „erschlossen" werden durch methodische geistige Entwicklung.

Eine polare Gegensätzlichkeit hat auch C.G. Jung in der Psyche des modernen Menschen entdeckt – ein weibliches Element im Unbewußten des Mannes, „Anima" genannt, und „Animus", das Männliche im Unbewußten der Frau. Eine wesentliche Rolle bei der Ausprägung von Anima und Animus spielt der gegengeschlechtliche Elternteil, also bei der Frau der Vater und beim Mann die Mutter, und in ihr spiegelt sich auch die Qualität dieser ersten Beziehung. Über die Anima als „Frau im Manne" schreibt die Jung-Mitarbeiterin Marie-Luise von Franz:

„Die Anima verkörpert alle weiblichen Seeleneigenschaften im Manne — Stimmungen, Gefühle, Ahnungen, Empfänglichkeit für das Irrationale, persönliche Liebesfähigkeit, Natursinn und als Wichtigstes die Beziehung zum Unbewußten. Nicht zufällig verwendeten früher viele Völker Priesterinnen, um sich mit dem Willen der Götter in Verbindung zu setzen."

In Mythen und Märchen taucht die Anima in vielerlei Gestalt auf: Etwa als lockende Schöne, die sich dem Verführten, wenn er ihr nachjagt, immer wieder entzieht, bis er sich ausweglos verirrt hat. Psychologisch übersetzt bedeutet dies, daß der Mann einer Wunschphantasie, einer Illusion nachjagt, anstatt sich mit dem wirklichen Leben einzulassen. Die reale Frau wird ihn in diesem Fall immer enttäuschen. Die Anima kann auch als eine Prinzessin Turandot auftreten, die ihren Liebhabern Rätsel zu lösen gibt und sie tötet, wenn sie die Antwort nicht finden. Dieser symbolischen Geschichte gibt Marie-Louise von Franz eine besonders aktuelle Deutung:

„Diese Art von Anima verwickelt den Mann in intellektuelle Spielereien. Man kann den Trick dieser Art von Anima in allen jenen neurotischen pseudointellektuellen Gesprächen beobachten, welche den Mann von der Berührung mit der Wirklichkeit abhalten. Er denkt dann soviel über das Leben nach, daß er selber nicht mehr leben kann, da alle Spontaneität und alles echte Gefühl verlorengegangen ist. Diese Form der Anima ist in der griechischen Sphinx dargestellt, welche dem Helden Ödipus ein Rätsel aufgibt. Als er es scheinbar richtig beantwortet, simuliert die Sphinx einen Selbstmord. Dadurch meint Ödipus, sie überwunden zu haben, und läuft geradewegs in die Schlinge der Mutter-Anima-Verwicklung, die er meiden wollte. Diese griechische Sage steht wie ein Warnzeichen auch heute noch vor uns, denn im damaligen Griechenland begann die Entwicklung des europäischen wissenschaftlichen Intellekts. Die Sage zeigt uns aber, daß, wenn wir glauben, wir könnten mit diesem allein die Probleme der unbewußten Psyche und des Eros lösen, wir einer unheilvollen Illusion verfallen."

Je weniger Kontakt zur Anima, zum inneren Weiblichen da ist, das heißt, je weniger sich der Mann um eine Würdigung und Entfaltung seiner Gefühls- und Intuitions-Seite bemüht, desto mehr läuft er Gefahr, von dieser heimlichen anderen Seite in sich in Form von Haß gegen die Frau oder leidenschaftlichem Verfallensein an sie überwältigt zu werden.

Doch kann sich das Animaprinzip auch positiv auswirken. Wenn mit ihm — also mit den Gefühlen, Gestimmtheiten, Ahnungen und auch Phantasien — eine wache Beziehung aufgenommen wird, öffnet es den Zugang zu wertvollen intuitiven Erfahrungen und Erkenntnisssen, die den Mann erst zum „ganzen Menschen" machen.

Auch der Animus, der männliche Anteil in der Psyche der Frau, kann sich negativ und positiv äußern. Seltener als die Anima tritt er in erotischer Weise auf, sondern eher als Meinung, als felsenfeste Überzeugung, die keinerlei Widerspruch duldet, so wenig die scheinbar vernünftigen Argumente tatsächlich auf logischem Denken beruhen mögen. Solch eine sogenannte „Animusbesessenheit" läßt sich bei vielen Frauen an einem betont männlichen, übermäßig energischen Auftreten erkennen. Aber auch eine sehr weiblich und sanft wirkende Frau kann einen mit plötzlichem, undurchdringlichem Eigensinn, mit einer sturen Unansprechbarkeit überraschen. Da wird verbissen auf einer Meinung beharrt und die Wirklichkeit mit heimlichen, vernichtenden Urteilen zugepflastert. Die Vorstellung davon, wie ein bestimmter Mensch und die Welt sein *sollte*, verhindert jeden unmittelbaren Kontakt. Die von vielen Feministinnen verfochtene generelle Abwertung des Mannes ist eine Variante dieser weiblichen „Unerlöstheit".

„Animusbesessenheit" wird in Mythen oder Märchen dadurch veranschaulicht, daß ein König oder Zauberer oder böser Geist das Mädchen gefangenhält. Die Bewußtwerdung des Animus hingegen wird symbolisch dargestellt, indem ein durch bösen Zauber in ein Tier oder ein Monstrum verwandelter Mann von einer Frau erlöst wird, wie etwa im Märchen „Der Froschkönig" oder in „Die Schöne und das Tier".

Das bewußt gemachte, integrierte Animusprinzip äußert sich als positive männliche oder Yang-Eigenschaft der Frau: in Tatkraft, Mut und geistiger Klarheit.

Der männliche Aspekt in der weiblichen Psyche erscheint, so erklärt die Tiefenpsychologin, in vier Entwicklungsstufen:

„Zuerst als Symbol physischer Kraft, zum Beispiel als Sportheld. Auf der nächsten Stufe besitzt er dann auch Initiative und gerichtete Tatkraft, und auf der dritten Stufe wird er zum 'Wort' und projeziert sich deshalb oft auf geistige Größen, den Arzt, den Pfarrer, den Professor. Auf der vierten Stufe verkörpert er dann den 'Sinn' und wird zum Vermittler schöpferischer und religiöser innerer Erfahrungen, durch die das Leben einen individuellen Sinn findet. Er gibt dann der Frau eine geistige Festigkeit, die ihr an sich weiches Wesen ausgleicht. Er kann sie dann auch mit dem geistigen Zeitgeschehen verbinden, wobei Frauen oft neuen schöpferischen Ideen gegenüber aufgeschlossener sein können als die Männer, weshalb sie von jeher als zukunftsweisende Mittlerinnen zur Welt des Geistes verwendet wurden. Der schöpferische Mut zur Wahrheit wagt es, neue Ideen auszusprechen, welche den Mann zu neuen Unternehmungen anzuregen vermögen. Oft haben in der Geschichte Frauen neue geistige Inhalte früher in ihrem Wert erkannt als die gefühlsmäßig konservativeren Männer."

In den Matriarchaten war, so muß man annehmen, der männliche Bewußtseinsaspekt unterentwickelt — seine negative Seite natürlich ebenso wie seine positive. Diesen nur mütterlichen Kulturen waren Erfindungsgeist, analytischer Verstand und die Inspiration durch die Idee weitgehend fremd. Der Zusammenprall mit kulturell meist niedrigerstehenden patriarchalen Jäger- und Hirtenvölkern löste eine Art geistiger Pubertät der Menschheit aus, die möglicherweise nun ihrem Ende und dem Übergang zu einem echten Erwachsensein zustrebt. Wenn wir die Begriffe patriarchal und matriarchal, wie hier geschehen, als psychologische Bezeichnungen benützen, so ist die Ablösung des matriarchalen, primären Bewußtseins durch das patriarchale als ein Stück notwendige Entwicklung zu betrachten. Die spezifische Abspaltungstendenz des nur männlichen Bewußtseins macht auch verständlich, weshalb der Fluß einer natürlichen Weiterentwicklung so gehemmt verlief und, anstatt zu einer Integration der beiden Bewußtseinsaspekte zu führen, in die Sackgasse einer patriarchalen Fanatisierung geriet, — einer Fanatisierung, die nirgendwo deutlicher zu erkennen ist als im besessenen Wettrüsten der Weltmächte.

Für die moderne, zur Entwicklung drängende Frau ist die Situation allerdings zwiespältiger. Sie ist im patriarchalen dualistischen Bewußtsein aufgewachsen und hat gelernt zu denken, daß ein Mann *nur* ein Mann ist und eine Frau *nur* eine Frau. Der erste Kurzschluß war, daß die Frau nun Mann sein wollte; unsere Sprache offenbart deutlich genug, daß „Mann" gleich „Mensch" ist, denn wenn verallgemeinert wird, wenn „alle Menschen" gemeint sind, heißt es eben: „man" sagt, „man" will, „man" tut. Wenn Frau sagte, wollte, tat, war dies also nur möglich, so meinte sie, wenn sie Mann wurde. Und obwohl die weibliche Hosenmode längst eine Selbstverständlichkeit ist, kann man am Männer-Stammtisch immer noch hören, zuhause habe „die Frau die Hosen an".

Wenn Frau aber nicht Mann wurde — und viele Jahrhunderte lang kamen die Frauen gar nicht auf solch eine Idee —, so mußte sie, gemäß patriarchal-dualistischem Denken, nur Frau bleiben und ihre Er-Gänzung im Manne suchen, damit dabei etwas scheinbar Ganzes herauskam. Das ist die Idee der patriarchalen Ehe, gesetzlich zementiert und kirchlich sanktioniert. Psychologisch gesehen ist sie jedoch eine höchst bedenkliche Sache, wie Neumann ausführt:

„Die patriarchale Ehe ist eine Kollektivlösung, in der sich Männliches und Weibliches in einem gegenseitigen Aufeinandergestütztsein derart verbinden, daß sie zu einer Symbiose gelangen, welche das Rückgrat der patriarchalen Kultur bildet. Diese symbiotische Struktur bildet die Grundlage der Familie in der patriarchalen Kultur. (...) Bei dieser Kollektivlösung, die immerhin wohl ursprünglich für eine relativ große Anzahl von Menschen tragbar war, geraten aber alle diejenigen Teile der individuell 'zweideutigen' Natur des Menschen, die diesem geforderten Idealtyp nicht entsprechen, in Verdrängung oder werden unterdrückt. Wenn jedoch die Entwicklung einer großen Zahl von Menschen zur Individualisierung so weit fortgeschritten ist, daß sich *die Zweideutigkeit der ursprünglichen menschlichen Natur* nicht mehr zugunsten eines archetypischen Kollektivideals unterdrücken läßt, dann kommt es zur Krise der Patriarchatsehe und der Patriarchatskultur."

Damit ist das moderne Erscheinungsbild unserer spätpatriarchalen Gesellschaft deutlich gezeichnet. Die Familie ist ja noch immer offiziell die heilige Kuh, und die sogenannte Familienpolitik wird fürchterlich wichtig genommen, in einer Weise, die patriarchale Ideale stützen soll, aber wenig Notiz nimmt von einer Realität, die längst über diese Normen hinausgewachsen ist. Die rapide anwachsende Zahl berufstätiger und alleinerziehender Mütter bleibt von der Gesetzgebung der Patriarchen nach Möglichkeit unberücksichtigt — Mutterschaftsgeld kürzen, Steuerfreibeträge für Kinder extrem niedrig halten, arbeitenden Müttern bei Erkrankung ihrer Kinder möglichst wenig bezahlte Beurlaubung gewähren — all dies sind typische Maßnahmen, um die gute alte Symbiose weiterhin zu erzwingen.

Denn der Kulturkanon hält immer noch an der verinnerlichten Rollenverteilung fest, auch wenn sie unter modernen Lebensbedingungen gar nicht mehr bruchlos funktionieren *kann*. Aber eine kaputte, auseinanderbrechende Symbiose, sprich: Ehescheidung, kann heute noch als Karrierehindernis gelten, und auch der sozial „kleinere" Mann bezieht einen Großteil seiner moralischen Sicherheit aus dem Image eines nach außen hin intakten Familienlebens. Doch erweist sich die Welt der „heilen Familie" mehr und mehr als Pappmasché-Welt, als Potemkinsches Dorf. Die Psychoanalytikerin Margarete Mitscherlich gab in einem Interview zu bedenken:

„Männer vereinsamen wirklich häufig im Kreis ihrer Familie, gerade weil sie nicht genügend von Mutter und Vater, von weiblichen und männlichen Personen erzogen wurden, sondern weil sie so früh zu einer Desidentifikation mit weiblichen Verhaltensweisen wie Einfühlung, wie Mit-anderen-sprechen-können, wie Trost-geben-können, wie Geduldig-sein-können entwickelt haben. Männer, die das nicht können, die ihre Gefühlswelt so ängstlich verdrängen mußten, um ja Männer zu sein, mit denen kann man ja eigentlich nicht reden. Die wollen ja auch gar nicht zuhören, denen ist ja alles peinlich, wenn es um Gefühle und Probleme geht, und um Konflikte der Infragestellung ihrer Rolle."

Es ist also ganz folgerichtig, daß zunächst die Frauen mit ihrem bewußter erlebten Leidensdruck diejenigen sind, welche sich gegen die mißratenen patriarchalen Kulturwerte zur Wehr setzen — Noras, die aus dem Puppenheim ausbrechen, sich scheiden lassen oder die Ehe ganz verweigern, die Last auf sich nehmen, ihre Kinder allein aufzuziehen und die Mittel dafür selbst zu verdienen, oder einfach nur den heimlichen, zermürbenden Guerillakrieg zuhause führen und sich den wöchentlichen Volkshochschulabend, das Therapiewochenende oder gar ein spätes Studium oder eine Berufsausbildung mühselig erkämpfen. Doch kaum eine Ehe steht das durch.

Für die meisten patriarchal fixierten Ehemänner wird der Selbstfindungsprozeß der Ehefrau zur unerträglichen Belastung. Es genügt ja nicht, daß sie weiterhin ehewillig ist und nur ihre eigene Individualisierung durchzusetzen versucht. Wenn sie erst einmal damit angefangen hat, kann sie unmöglich mehr die Frau sein, die der durchschnittliche Mann als Gattin braucht. Denn für ihn ist seine Frau viel mehr Träger einer Projektion als individueller Mensch. So schreibt etwa die Soziologin Brigitta Kreß in ihrem Buch *Der neue Mann*, in dem sie „weiblichere" Männer fordert:

„Auch die Funktion eines Ehemannes und Partners in einer Zweierbeziehung leidet unter der einseitigen Konditionierung des Mannes zum sachbezogenen Arbeitstier. Der Umgang mit Menschen wurde in seiner traditionellen Erziehung nie als Gegenstand einer Spiel- oder Lernsituation angeboten. Puppen kannte er höchstens von seiner Schwester, und die wenigen Stofftiere verloren bald ihre Attraktivität im Vergleich zu dem Superangebot an Rennautos und Eisenbahnen. Die einzige personenbezogene Beziehung war die zur Mutter, welche durch ihre Ausschließlichkeit zur psychopathologischen Verklammerung überstrapaziert wurde. Jede spätere Frauenbeziehung mußte sich mit diesem 'Erbe' auseinandersetzen. Bis zur mittleren Lebensaltersphase hat sich dann die monogame Partnerbeziehung meist zu einem psychischen Teufelskreis für den Mann entwickkelt: Einerseits will er seine Frau wie seine Mutter, denn dann ist sie nicht nur seine Beschützerin und Vertraute, der einzige Mensch, bei dem er schwach und klein sein darf, sondern auch die Frau seines Vaters, die er sich, dank seiner Stärke, zu eigen machen konnte. Andererseits will er sie völlig anders als seine Mutter, was ihm das Gefühl der Überlegenheit, der Autonomie und der Männlichkeit gibt, denn sie ist von ihm aus einem fremdem 'Territorium' erobert worden. Seinen Vater aber hat er dank seiner Schwäche nicht besiegen können. Das Objekt Frau ist bei diesen antagonistischen männlichen Stabilisierungsprozessen meist austauschbar."

Jahrhundertelang haben sich die Frauen mit dieser Austauschbarkeit, mit einem vor-individuellen Zustand identifiziert, Grund genug für den Mann, sie vom Standpunkt seiner anders gearteten Psychostruktur her für grundsätzlich unfähig zur Bewußtseinsentwicklung, für dumm und unterlegen zu halten.

Nun ist der männliche Bewußtseinsaspekt primär am Ich, der weibliche jedoch am Du orientiert. Bei der einseitigen Verteilung der beiden Aspekte, wie sie der patriarchalen Struktur entspricht, ist — grob gesagt — der Mann nur am Ich und die Frau nur am Du interessiert. ,,Das Leben des Mannes ist die Welt, das Leben der Frau ist der Mann", lautet ein treffender patriarchaler Spruch.

Die Frau in ihrer natürlichen Beziehungsbereitschaft wird also von einem Partner enttäuscht, der seinerseits nicht ebenfalls Beziehung aufnimmt; der bewußtseinsbefruchtende Austausch kann nicht zustande kommen. Sie wird zwar geheiratet, weil er sie persönlich liebt, wie sie glaubt; die erlösende Situation der Beziehung zum ergänzenden männlichen Du scheint sich anzubahnen — aber dann geht es nicht mehr weiter. Die griechische Sage von Jason und Medea symbolisiert dieses Geschehen. Jason erlöst Medea vom Drachen, dem Repräsentanten der Eingebundenheit in das Unbewußte, aber dann, als er die Beziehung zu Medea individuell entwickeln soll, verläßt er sie. Im Mythos wird Medea zur furchtbaren Mutter und ermordet ihre Kinder — übersetzt: sie regrediert auf ein niedrigeres Bewußtseinsniveau und tötet ihre eigenen, neu erwachenden psychischen Fähigkeiten. Das ehemals nette, vielversprechende Mädchen verdummt in der Ehe, verliert seine Echtheit und Vitalität, wird zur ,,klatschsüchtigen Vettel", zur ,,streitsüchtigen Megäre", zur ,,grauen Maus", zum ,,sentimentalen Jammerlappen", zur ,,eitlen Gesellschaftshyäne", zur ,,betulichen Glucke" oder zur ,,bigotten Kuh" — lauter geläufige Bezeichnungen für die traurigen Spielarten dieses geistigen Absterbens.

Eine andere Variante beschreibt die Sage von Theseus und Ariadne. Theseus nimmt Ariadne mit nach Naxos, nachdem sie ihm geholfen hat, aus dem Labyrinth des Minotaurus zu entkommen. Dann aber verläßt er sie, überläßt sie feige dem Gott Dionysos, dem Gott der Bewußtseinserweiterung, der Verkörperung des überpersönlichen männlichen Prinzips. Hier wird die Frau nicht Opfer ihrer Enttäuschung, sie regrediert nicht, sondern macht sich psychisch unabhängig und nimmt Verbindung mit ihrem eigenen Animus auf. Damit deutet die Sage symbolisch den Prozeß an, der heute Wirklichkeit zu werden beginnt. Die Möglichkeiten, die der modernen Frau durch den sich verändernden Kulturkanon und durch damit verbundene neue Gesetze und Moralvorstellungen gegeben sind, verdankt sie nur bis zu einem gewissen Grad eigener Aktivität. Denn die weibliche Revolution ist selbst wiederum das Produkt einer umfassenden Veränderung, die das industrielle Zeitalter eingeleitet hat.

Erst in der Moderne ist die Gefahr patriarchaler Einseitigkeit in ihrem ganzen Ausmaß sichtbar geworden und hat jene Erschütterung im kollektiven Bewußtsein erzeugt, die zur Überwindung des trägen Festhaltens am Althergebrachten nötig ist.

Die Veränderung des weiblichen Selbstverständnisses ist also Teil einer gesamtgesellschaftlichen Umwälzung, einer sich anbahnenden allgemeinen „Umwertung der Werte", die unumgänglich geworden ist angesichts der Übermilitarisierung und ökologischer Katastrophensignale, dem sichtbarsten Niederschlag einer Art kollektiver Geisteskrankheit der patriarchalen Gesellschaft.

Die Bundestagsabgeordnete der Grünen, Waltraud Schoppe, sagte in einem Interview:

„Es gibt keine Trennung von Frauen- und anderen Themen. Ich glaube, daß Kriegsvorbereitung und Aggressivität in der Gesellschaft sehr eng zusammenhängen. Das Thema Kriegsvorbereitung hat also auch etwas mit Frauen zu tun. Krieg ist Aggression. Solange wir Waffen haben in dieser Gesellschaft, haben gerade die Verantwortlichen immer die aggressive Lösung im Kopf. Die ganze Abrüstungsgeschichte ist deshalb auch ein Frauenthema. Ich meine, es genügt heute nicht mehr, Feministin zu sein, indem wir gegen die Unterdrückung der Frau kämpfen. Frauen haben die Möglichkeit, Leben zu schenken, daher sind sie, glaube ich, sehr viel vorsichtiger mit allem, was Leben bedeutet."

Alle Überlegungen laufen darauf hinaus, daß die *Frauen*frage ganz offensichtlich auch eine *Männer*frage ist, und das zeigt sich nirgends deutlicher als in Partnerbeziehungen, die keine Überlebenschance haben, wenn nicht *beide* Beteiligte anerkennen, daß der unvermeidliche psychische Konflikt durchlitten und der Übergang zu einer neuen Entwicklungsstufe mit dem Einsatz der ganzen Persönlichkeit geleistet werden muß. Erich Neumann stößt Menschen mit überkommenen Vorstellungen gewaltig vor den Kopf, indem er in diesem Zusammenhang dem Begriff „Treue" eine ganz ungewohnte Definition gibt:

„Die 'Treue' ist gerade für die Psychologie der Frau ein zentrales Problem, denn allzu oft ist sie nicht der Exponent einer lebendigen Bezogenheit zum Partner, sondern hindert nur als Ausdruck der psychischen Trägheit den entwicklungsnotwendigen Fortschritt zu einer neuen Lebensphase. Dann kann Treuebruch ein notwendiges Symptom des Heldenkampfes sein, in dem ein ungültig gewordenes Tabu zerbrochen werden muß. Umgekehrt ist dann 'Treue' gerade die Haltung, welche das Schicksalsnotwendige tut, auch wenn es einem traditionellen Kanon überlieferter Werte nicht entspricht. In diesem Fall ist die Treue zur Individuation, das heißt dem eigenen Schicksal und der notwendigen eigenen Entwicklung, bedeutsamer als die Treue einer vorindividuellen Haltung."

Dies ist wohl das entscheidende Merkmal der neuen Frauen, daß sie um diese Treue zu sich selbst ringen und dabei zunehmend bereit sind, große Schwierigkeiten mit in Kauf zu nehmen. Die Rache des Mannes ist ihnen dabei zunächst noch sicher. Benachteiligende Steuergesetze, niedrigere Lohntarife für weibliche Arbeitskräfte, finanzielle Drückebergerei seitens der Ex-Familienväter, sexuelle Belästigung am Arbeitsplatz und auf der Straße — und zugleich stets schnell zur Hand das wohlfeile Argument: Die sind doch selber schuld, wenn sie sich in die Nesseln setzen! Dennoch scheint die Repression eher als Ansporn denn als Hindernis zu wirken. Denn sie stachelt gerade die männlichen, zu integrierenden Eigenschaften bei der Frau an — Initiative, Mut, kämpferischen Geist. Ihr weibliches Bewußtsein kann sie davor bewahren — und bewahrt sie in vielen Fällen tatsächlich — in ideologischen Wahn auszuweichen, anstatt sich mit ihren eigenen Problemen zu konfrontieren. Die Situation ist unangenehm, aber auch günstig, da keine Frau darauf hoffen kann, daß

die Befreiung von außen kommt; so muß sie die Kraft entwik-
keln, sich selbst zu befreien.

Die Sackgasse des extremen, aggressiven Feminismus haben
viele Frauen, die einmal hineingeraten sind, heute schon überwunden. Sie haben bereits erkannt, daß nicht der Mann ihr
Feind ist, sondern das Erbe ihrer Erziehung — falsche Identifikation, nicht zuletzt von Müttern und Großmüttern aufok-
troyiert, Schuldgefühle, widerspruchslos akzeptierte Tabus.
Nicht den Mann muß sie ändern — das geht auch gar nicht —,
sondern an sich selbst muß sie arbeiten. Eine junge Frau sagt
in Maxie Wanders Buch *Guten Morgen, du Schöne,* einer Sammlung von Frauen-Selbstdarstellungen:

„Ich könnte es ja auch so wie gewisse Frauenrechtlerinnen machen, die wie die Wilden schießen, weil man es ihnen erlaubt
hat; die über ihre Männer schimpfen, weil sie ihnen den Ab-
wasch nicht abnehmen oder die Scheißwindeln von den Kindern. Sie rennen Amok, die kommen nie zu einer Verständigung
mit ihrem Mann. Man muß lernen, die kleineren Veränderungen
beim anderen wahrzunehmen, und sich vor allem selber ändern.
Ohne Liebe bleiben diese ganzen Emanzipationsversuche ein
Krampf."

Eine andere Frau, Physikerin, die immer „ihren Mann stand",
immer „auf Vordermann" war, beschreibt ihre Bewußtseinskri-
se, als ihr der Spaß an diesem glatten, männlich identifizierten
Leben plötzlich verging:

„Warum hat man eines Tages keine Lust mehr, so weiterzule-
ben wie bisher? Das weiß man nicht so ohne weiteres, das muß
man erst herausfinden. (...)
Ich denke darüber nach, daß man verstehen muß, traurig zu
sein. Das habe ich noch nie verstanden, das habe ich immer weg-
gedrängt. Irgendwie kommt mir jetzt die Erkenntnis, etwas
Wichtiges versäumt zu haben. (...) Wenn alles läuft, wie man es
plant, wenn man irrsinnig kämpft, weil es mal nicht so läuft,
wenn man Nuancen nicht mehr beachtet und einfach zu vieles
ausklammert, dann verarmt man mit der Zeit, etwas Großes ver-
strömt, und plötzlich weiß man, man hat viel zu hastig gelebt."

Diffus die eine, differenzierter die andere, spüren beide Frauen,
daß das Heil nicht in der Einverleibung männlicher Vorstellun-

gen und Psycho-Muster liegen kann, daß eine Entfaltung ihrer individuellen Qualität nur möglich ist, wenn beide Aspekte der Psyche berücksichtigt werden. Ahnungsvoll wird erfahren, daß es um die Ganzheit geht, um die *gleichzeitige* Entwicklung von Herz und Geist — von Intuition und Intelligenz.

Man braucht keine Frau zu sein, um festzustellen, daß wir — als Ganzes der Gesellschaft und in unterschiedlichem Maße als jedes einzelne Mitglied — unter einem extremen Mangel an Intuition und einer aus diesem Grund degenerierten Verstandesaktivität leiden. Bisher waren es in erster Linie die Frauen, die diesen Zustand als leidensvoll erfuhren. Doch nun erfährt auch ein Teil der jungen Männer-Generation das Unheil schmerzvoll am eigenen Leibe: jene, die nicht mehr in schlichtem, unerschütterlichem patriarchalem Selbstverständnis aufwuchsen, aber auch noch keine Alternative angeboten bekamen und nun, in einer diffusen Identifikationslosigkeit, weder einseitig Mann noch ganzheitlich Mensch sein können. Sie verhalten sich infantil, würden auch gerne Kindlein bleiben, und nähren einen Traum vom paradiesisch barfüßigen Leben ohne Steuererklärung und Rasierwasser.

Diese Art von gegenkultureller Verwahrlosung ist bei den Frauen weit seltener anzutreffen. Ihr Widerstand ist, wenn nicht männlich identifiziert wie etwa bei extremen Feministinnen a là „Rote Zora", einer militanten Frauenaktionsgruppe, die Molotowcocktails für ein Mittel der Bewußtseinserweiterung hält — ihr Widerstand ist eher vom Gespür für das Notwendige, von der gewissen „weiblichen Intuition" gelenkt. Vornehmlich Frauen, und zwar Frauen jeden Alters, alternative und bürgerliche, wenden sich jenen neuen und alten Therapie- und Schulungswegen zu, die eine Verbindung mit dem seelischen Innenraum, mit Gefühl und Intuition anstreben, wie Atemtherapie, Eutonie, Yoga, Tai Chi oder gar Meditation. All dies sind Methoden, welche vor allem die Yin-Kraft, die weiblichen Qualitäten des Zulassens, des Wartens und des Reifens nähren.

Im Buddhismus, dem integrationsbewußtesten unter den religiösen Systemen dieser Welt, wird mit Studium (das heißt Studium der Psychologie und Philosophie) und mit Meditation (das heißt Praxis des inneren Öffnens) die ausgeglichene Entwicklung beider Aspekte, des männlichen und des weiblichen, des intellektuellen und des intuitiven, methodisch gefördert. In unserer einseitig patriarchalen, wissenschaftshörigen Kultur erscheint solch ein Ausgleich jedoch geradezu suspekt, und leicht wird zum „Spinner" abgestempelt, wer sich um eine ausgleichende Entfaltung seiner Yin-Kräfte bemüht. Und solange diese Bemühungen ein Schattendasein im Abseits gesellschaftlicher Anerkennung führen, sind sie derselben Gefahr wie alles Weibliche oder Yin-hafte ausgesetzt: nämlich sich zu verzerren. Das geschieht entweder durch Abspaltung in Einseitigkeit — also: „Fühlen ist gut, Denken ist schlecht" — oder durch Liebedienerei gegenüber der Wissenschaft. Ersteres ist zum Beispiel bei vielen Sekten der Fall, die Irrationalität verherrlichen und die Ratio verdammen, am deutlichsten ausgedrückt im Slogan des indischen Sektenführers Bhagwan Rajneesh: „Werft euren Kopf weg!" Die andere Zerrform findet sich hingegen in der Pseudowissenschaftlichkeit der Scientology-Sekte oder im Versuch der „Gesellschaft für Transzendentale Meditation" sich durch akademische Beweisführung für die materialistisch nutzbare, weil leistungssteigernde und produktionsfördernde Wirkung der TM-Meditation anzubiedern.

Wir müssen uns weit in die Vergangenheit unserer Kultur zurücktasten, um noch Ansätze zu einer Vision von menschlicher Ganzheit zu finden. In der mittelalterlichen Alchemie, der „magischen Wissenschaft", existierte noch das Wissen um die Zweipoligkeit der Psyche, symbolisch ausgedrückt durch König und Königin. In der Bilderserie des *Rosarium Philosophorum* ist die Entwicklung zur integralen Ganzheit des männlichen und weiblichen Bewußtseinsaspekts in zehn Bildern dargestellt. König und Königin stehen zunächst einander gegenüber, verbunden durch die Berührung der linken Hände — Symbol für den noch unbewußten Charakter der psychischen Ausgangslage. Im weiteren Verlauf stehen sie einander nackt gegenüber, deutlicher in ihrer Gegengeschlechtlichkeit und zugleich mit jeweils beiden Händen durch das vereinigende Symbol zweier Blütenzweige verbunden. Dem folgt ein gemeinsames „Eintauchen im Bade", was so viel bedeutet wie bewußtes Eintauchen in die Wasser des Unbewußten, also ein Eintauchen in die Tiefe unserer Motivationen, die unsere Denk- und Gefühlsmuster bedingen. Hierbei wird auch das Animus- beziehungsweise Anima-Prinzip wahrgenommen, und folgerichtig zeigt das nächste Bild die „Conjunctio", die sexuelle Vereinigung von König und Königin. Dem folgt das Bild „Der Tod". Es stirbt die alte Identität, wenn die psychische Zweipoligkeit bewußt gemacht wird und die Interpretation sich anbahnt. Nun liegen König und Königin, zu einem zweiköpfigen Hermaphroditus — Hermes und Aphrodite —, zu einem zwiegeschlechtlichen Wesen verschmolzen, im Sarg. Das ist eine Dunkelheit, eine Verlustsituation, die jeder durchleben muß auf dem Weg zur Entfaltung der Ganzheit. Angst und Panik kennzeichnen den Übergang von der alten zur neuen Identität, doch dem folgt die „Reinigung", bildhaft dargestellt als fallender Tau. Es ist bezeichnend, daß das griechische Wort „psychros" soviel wie „kühl" und das Wort „psychein" sowohl „beseelen" als auch „abkühlen" bedeutet. Das Bild des kühlen Taus deutet die Feuchtigkeit an, die Wachstum bewirkt, und auch die Kühle des Morgens, der den neuen Tag ankündigt. Das letzte Bild hat den Titel „Die Wiederkehr der Seele": Sie hüpft in der Gestalt eines Kindes aus den Wolken hernieder in das hermaphroditische Wesen — Symbol der Inspiration und seelischen Erneuerung. Sei der Betrachter nun männlichen oder weiblichen Geschlechts — der Ablauf des Prozesses ist für beide vom Augenblick des Eintauchens an derselbe. Zuvor mag man sich noch auf der Seite der Königin oder des Königs sehen; danach jedoch gibt es primär nur noch den Menschen.

Anais Nin hat in ihrer Text-Sammlung *Die neue Empfindsamkeit* Frauen und Männer beschrieben, die diese Erkenntnis in der Paarbeziehung umzusetzen versuchten. Was sie beschreibt, klingt wie Utopia:

„Keiner dominierte. Jeder tat, was er am besten konnte; sie teilten sich in die Arbeit — selbstverständlich und ohne das Bedürfnis zu haben, Rollen oder Grenzen festzulegen. Ihr charakteristischer Zug war die Sanftmut. Es gab keinen Herrn des Hauses. Es war nicht nötig, geltend zu machen, wer das Einkommen heimbringt. Sie hatten die feine Kunst des Schwingens gelernt, die menschlich ist. Weder die Stärke noch die Schwäche sind feste Eigenschaften. Wir alle haben unsere starken und unsere schwachen Tage. Sie hatten Rhythmus, Geschmeidigkeit, Relativierung gelernt. Jeder steuerte Wissen und besondere Erkenntnisse bei. Es gibt keinen Krieg der Geschlechter bei diesen Paaren."

Man sollte meinen, da sei die Welt nun wirklich in Ordnung. Aber so einfach scheint es nicht zu sein. Die Frauen selbst tun sich oft schwer, der Situation, die sie erträumten, in der Realität auch tatsächlich gerecht zu werden. Noch ist die Beziehung dem Mann gegenüber von Ambivalenz geprägt, vom anachronistischen Vater- bis Gottvater-Bild durchdrungen, von idealisierungssüchtigen Erwartungen unterminiert. Die neue Freiheit erweist sich oft nicht nur als Annehmlichkeit, sondern zumeist vielmehr als Herausforderung, als Last. So beobachtete Anais Nin:

„Bei einigen dieser jungen Frauen entwickelte sich aber eine neue Angst. Es war, als hätten sie sich, nachdem sie so lange unter der direkten oder indirekten Herrschaft der Männer gelebt hatten, die den Stil, das Muster, die Pflichten ihres Lebens bestimmte, daran gewöhnt. Und nun, da diese Herrschaft weg war, da sie frei waren, Entscheidungen zu treffen, beweglich zu sein, ihre Wünsche auszusprechen, ihr eigenes Leben zu führen — da fühlten sie sich wie Boote ohne Ruder. Ich sah Fragen in ihren Augen. Wurde Empfindsamkeit als zu sanft, Nachsichtigkeit als Schwäche betrachtet? Sie vermißten die Autorität — genau das, was sie versucht hatten zu überwinden. (...)
Keine Macht, keine Diktatoren. Seltsam. Es war neu. Es war Neuland. Man kann nicht Unabhängigkeit *und* Abhängigkeit haben. Man kann sie gleichmäßig abwechseln lassen, dann können beide wachsen, ungehemmt, ohne Hindernisse. Der empfindsame Mann kennt die Bedürfnisse der Frau. Er ist bestrebt, sie leben zu lassen. Aber die Frauen erkennen manchmal nicht, daß das, was sie vermissen, gerade dasjenige ist, das die Entfaltung der Frau, die Erprobung ihrer Begabungen, ihre Bewegungsfreiheit und ihre Entwicklung verhindert hat; vielleicht, weil dem empfindsamen Mann die Aggressivität des Macho-Mannes fehlt."

Ein weiteres, schwer zu überwindendes Problem liegt darin, daß wir uns allzusehr daran gewöhnt haben zu glauben, die Geschlechter-Konflikte seien vor allem interpersonal zu lösen, also in Auseinandersetzungen und Diskussionen, im gegenseitigen „Abklären". Selten sind diese endlosen, unter großem inneren Druck geführten Gespräche wirklich fruchtbar, weil da ja immer Standpunkte vertreten und Rechtfertigungen gesucht werden, und selbst eine momentane verbale Übereinstimmung ist zumeist in der nächsten realen Situation, in der sie sich bewähren sollte, wieder dahin. Die tatsächliche Verwandlung kann nur in der eigenen inneren Arbeit stattfinden. Das alchimistische Werk bezeichnet diesen Prozeß als „Tod" und „Reinigung". Einen „dunklen Zustand der Desorientierung" oder „Inflation des Unbewußten" nannte C.G. Jung diesen Übergangszustand, der immer zutiefst schmerzhaft und beunruhigend ist, weil tief verankerte Vorstellungen und Gefühlsmuster — das, was wir als unser Ego bezeichnen — in Frage gestellt und aufgegeben werden müssen. Das ist etwas, das jeder für sich allein leisten muß, und je mehr ein anderer mit hineingezogen wird, desto größer ist die Gefahr, in Projektionen und Identifikationen hängenzubleiben. Die Verführung ist groß, die Qual des eigenen inneren Aufruhrs dem anderen anzulasten und ihn dafür büßen zu lassen — und dieses Spiel treiben Frauen mit ihren Partnern ebenso wie Männer mit ihren Partnerinnen.

Entwicklungsprozesse sind in sich konflikthaft, aber sich ihnen zu widersetzen ist letztlich viel kränkender — das heißt: krank-machend im direkten Sinn des Wortes —, als mit ihnen mitzugehen. Daß kein Zurückweichen noch Stehenbleiben hilft, wenn die „psychische Geburt" erst einmal begonnen hat, daran läßt C.G. Jung nicht den kleinsten Zweifel:

„Die Instinkte im Menschen sind nicht harmonisch aufeinander abgestimmt, sondern drängen sich gegenseitig gewalttätig in die Ecke. Nach der optimistischen Auffassung der Alten hat aber dieser Kampf nicht den Charakter eines chaotischen Gewühls, sondern strebt nach höherer Ordnung. So bedeutet der Zusammenstoß mit Anima und Animus einen Konflikt und eine schwer beantwortbare Frage, die uns die Natur selbst hinstellt. Tut man dieses oder jenes, beide Male ist die Natur gekränkt und muß leiden, sozusagen bis zum Tode. (...) Aus diesem Grunde ist das christliche Symbol des Crucifixus vorbildhaft und eine 'ewige' Wahrheit. Es gibt mittelalterliche Bilder, welche darstellen, wie Christus von seinen eigenen Tugenden ans Kreuz geschlagen wird. Anderen Menschen besorgen dasselbe ihre Untugenden. Wer immer sich auf dem Wege zur Ganzheit befindet, kann jener eigentümlichen Suspension, welche die Kreuzigung darstellt, nicht entgehen. Denn er wird unfehlbar dem begegnen, was ihn *durchkreuzt*, nämlich erstens dem, was er nicht sein möchte, zweitens dem, was nicht *er* sondern der andere ist, und drittens dem, was sein psychisches Nicht-Ich, nämlich das kollektive Unbewußte ist."

Alle Religionen bestätigen diese Gesetzmäßigkeit mit ihren Mythen und Initiationsriten, und die religiöse Praxis hatte ursprünglich immer den Zweck, (mehr oder minder geschicktes) methodisches Rüstzeug zu geben für den schwierigen und ohne jede Anleitung und Disziplin auch gefährlichen Entwicklungsweg.

Auffallend ist, daß es in den verschiedenen religiösen Systemen zwar eine Fülle von ganzheitlichen mythischen Vorbildern für den männlichen spirituellen Weg gibt, an denen sie sich orientieren können – wie Jesus, Buddha, Krishna oder berühmte Heilige, Yogis, Weise usw. – nicht aber für Frauen. Große geistige Lehrer waren rund um den Globus fast immer Männer, und der weibliche Weg verlief stets im männlichen Schlagschatten. In der christlichen Dreifaltigkeit fehlt das weibliche Element ebenso wie in der klerikalen Hierarchie. Im Islam wurde der Frau schlichtweg die Seele abgesprochen, und im Buddhismus wurden ihre spirituellen Fähigkeiten grundsätzlich als denen des Mannes unterlegen betrachtet.

Den Mangel an ganzheitlichen weiblichen Vorbildern beschreibt die buddhistische Autorin Tsültrim Allione in ihrem Kommentar zur Sammlung von Biographien großer spiritueller Frauen im tibetischen Buddhismus als ein bedeutsames und folgenschweres Sympton:

„Das Entscheidende ist, daß Frauen in patriarchalen Systemen bewiesen haben, daß ihre spirituellen Bedürfnisse und Fähigkeiten ebenso groß sind wie die der Männer, wenn nicht gar noch größer; dabei waren sie jedoch an religiöse Systeme gebunden, die von Männern geschaffen wurden und auf männliche Bedürfnisse zugeschnitten waren. Wenn die Frauen auch Mittel und Wege fanden, um diese Situation irgendwie zu unterlaufen, so mangelte es ihnen doch immer an Modellgeschichten über weibliche Erfahrungen, mit denen sie ihre eigenen Erfahrungen hätten vergleichen können. Man könnte vielleicht einwenden, daß die Unterschiede zwischen Mann und Frau auf dem Weg der geistigen Entwicklung transzendiert werden, aber wir müssen dennoch anerkennen, daß unsere Erfahrungen weitgehend von den Geschichten, die wir hören, beeinflußt werden. Wir versuchen stets, unsere eigene Erfahrung zu den Geschichten anderer in Beziehung zu setzen und korrigieren deshalb unsere Wahrnehmung dahingehend, daß sie ihnen entspricht. (...) Um als Frauen entwicklungsfähige Wege zur Befreiung zu finden, brauchen wir die Inspiration durch andere Frauen, die mit Erfolg auf ihre eigenen (spezifisch weiblichen) Energien vertrauten, ohne sich auf ihr Geschlecht zu fixieren, und die durch diese Integrität die vollkommene Befreiung erlangten."

Aus all dem mag hervorgehen, daß man einerseits die Tatsache eines „Frauenproblems" respektieren muß, andererseits jedoch auch nicht vergessen sollte, daß es letztlich ein allgemein menschliches Problem ist, das nicht von einer Seite allein gelöst werden kann. Die Unterscheidung ist notwendig, darf jedoch nicht separatistischen Tendenzen Vorschub leisten. Für beide Geschlechter gilt, daß jeder die Verantwortung für sich selbst übernehmen muß, und damit natürlich auch die Verantwortung für die Auswirkung, die sein Sein und Handeln auf andere hat. Auf Messers Schneide verläuft der Weg zwischen Angst vor Veränderung und rücksichtsloser, militanter Emanzipation. Wirklich „neu" darf man wohl nur jene Frauen (und Männer) nennen, die den integralen Weg einschlagen, indem sie ihre Intelligenz und ihr Mitgefühl, ihre dynamischen und ihre empfangenden Kräfte kennenlernen und schulen und in ein echtes, fruchtbares Gleichgewicht bringen.

IV

Die neuen Männer

So selbstverständlich heute vom Phänomen der Frauenbewegung die Rede ist, so wenig ist von einer „Männerbewegung" zu hören. Damit ist allerdings nicht gesagt, daß sich bei den Männern überhaupt nichts rührt. Nur bewegt es sich wohl schwerfälliger, scheint der anregende Leidensdruck geringer, die Kompensationspalette reichhaltiger zu sein als bei den Frauen. Während die Tendenz, aus dem Verpuppungsstadium alter Rollenfixierungen herauszuwachsen, bereits Frauen aller Schichten ergriffen hat, ist sie bei den Männern bisher fast nur im Abseits der alternativen Gegenkultur zu beobachten — und vielleicht noch bei manchen ganz jungen, die von ihren emanzipierten Müttern gelernt haben, die traditionellen Muster in Frage zu stellen.

Viel größer ist freilich der Anteil derer, die gerade angesichts der Frauenbewegung sich verhärten und erklären, sie wollten „diesen Unfug nicht mitmachen", der die von Gott oder sonstwem gewollte Ordnung störe, und immer noch munter nachbeten, was Nietzsche vor hundert Jahren mit patriarchalem Zynismus über die damals beginnende Emanzipation der Frauen zu sagen hatte:

„Es ist Dummheit in dieser Bewegung, eine beinahe maskulinische Dummheit (...) dem Glauben des Mannes an ein im Weibe verhülltes, grundverschiedenes Ideal, an irgendein Ewig- und

Notwendig-Weibliches mit tugendhafter Dreistigkeit entgegenzu-
arbeiten, dem Manne es nachdrücklich und geschwätzig ausre-
den, daß das Weib gleich einem zarteren, wunderlich wilden und
oft angenehmen Haustiere erhalten, versorgt, geschützt, ge-
schont werden müsse; (...) Was bedeutet dies alles, wenn nicht
eine Abbröckelung der weiblichen Instinkte, eine Entweibli-
chung. Freilich, es gibt genug Frauenfreunde und Weibsverder-
ber unter den gelehrten Eseln männlichen Geschlechts, die dem
Weibe anraten, sich dergestalt zu entweiblichen und alle Dumm-
heiten mitzumachen, an denen der 'Mann', die europäische
'Mannhaftigkeit' krankt, die das Weib bis zur 'allgemeinen Bildung', wohl gar zum Zeitunglesen und Politisieren herunterbrin-
gen möchte.''

Der Glaube des Mannes an seine scheinbar naturgegebene patriarchale Wesensart ist letztlich von der Bestätigung durch die
Frau abhängig. Nur im Vergleich mit ihr, die jahrtausendelang
das patriarchale Credo verinnerlicht hat, erlangt sein Selbstverständnis einige Sicherheit. Deshalb sind die Diffamierungen und
Abgrenzungsmanöver gegenüber dem weiblichen Veränderungs-
und Entwicklungswillen ein verständlicher Ausdruck heftigen
Bedrohtseins, und die Bedrohung erscheint unterschwellig um
so größer, je mehr die Persönlichkeit des Mannes auf das Nur-
Männliche reduziert ist.

Zwei Faktoren sind es, die heute das traditionelle männliche
Selbstbild erschüttern; einerseits die Weigerung einer wachsen-
den Anzahl von Frauen, das Patriarchat durch ihr schweigendes
Einverständnis weiterhin zu stützen, und andererseits der Um-
stand, daß die Männer selbst unter der ins Extrem getriebenen
patriarchalen Gesellschaftsstruktur zu leiden beginnen. Die beiden Faktoren hängen eng zusammen; denn die Ursache dieses
heimlichen Leidens definiert zu haben, ist wohl zum großen
Teil das Verdienst der Frauenbewegung.

Das findet auch von männlicher Seite gelegentlich Bestätigung. Im Männerkalender 1976 (aus dem alternativen Mann-o-
Mann-Verlag) ist zum Beispiel nachzulesen:

„Wenn wir uns sexuell verhalten, und nicht nur dann, verhalten
wir uns in geschlechtsspezifischen Rollen. Dies problematisiert
zu haben, verdanken wir der Frauenbewegung. Der Grund liegt
darin, daß Frauen unter männlichem Verhalten am meisten lei-

den. Frauen und Männer müssen sich außerdem klarmachen, daß sie sich mit ihren Rollen selbst Schaden zufügen: die Frau, wenn sie bereit ist, den Macker-Forderungen zu genügen, der Mann, wenn er auf seine Gefühle verzichten muß. Tatsächlich ist es für den Macker anstrengend, ständig so aufzutreten, daß kein Gras mehr wächst."

„Was der neue Mann von heute wirklich will" so lautet der Untertitel des Buches *Der neue Mann*, mit dem Brigitta Kreß einen Überblick über die aktuellen Veränderungen der Männerrollen in Beziehung, Familie und Beruf zu geben versucht. Schaut man sich das Fazit an, zu dem die Autorin kommt, so gewinnt man den Eindruck, daß die Männer ebenso, wie sie in ihrer Patriarchenrolle von der Unterstützung durch die Frau abhängig waren, auch zu ihrer Emanzipation die Frauen brauchen — jedenfalls weit mehr als umgekehrt. Denn die emanzipatorische Solidarität unter den Männern ist unendlich viel geringer als unter den Frauen — wohl deshalb, weil der Gegner der feministischen Frauen der Mann war und teilweise noch ist, der Gegner des emanzipatorischen Mannes jedoch vor allem die anderen Männer sind. Brigitta Kreß resümiert:

„Sie drohen an ihrer Rollenkrawatte zu ersticken, die sie sich gegenseitig zuziehen. Die Untersuchungen zum Geschlechtsrollenverhalten haben nämlich übereinstimmend gezeigt, daß sich die Männer gegenseitig am härtesten auf die Einhaltung des Rollenschemas kontrollieren; erst in zweiter Linie fühlen sie sich von Frauen dazu veranlaßt. Gegenseitiger Spott und Demütigung sind unter Männern die gängige Disziplinarstrafe bei Rollenabweichung. Es ist leicht, die eigenen 'Schwachheiten' am anderen Mann zu verhöhnen, um sich selbst in ein besseres Licht zu rücken, aber es ist auch ein durchsichtiger Selbstbetrug, der immer auch einen Betrogenen zurückläßt.
Eine wachsende Anzahl Männer begreift, wie über-lebensnotwendig es ist, sich der Quelle ihrer Persönlichkeit zu nähern. Zu viele aber fürchten sich noch voreinander. Aus diesem Grunde findet auch die Mehrzahl der männlichen Selbstfindungsversuche in aller Verschwiegenheit statt, im privatesten Beziehungs- und Familienbereich. So erziehen zum Beispiel die 'neuen Väter' ihre Kinder zu selbstbewußten, flexiblen Persönlichkeiten, sind jedoch nur selten bereit, ihre Einstellung auch nach außen, das heißt gegenüber anderen Männern zu vertreten, und die

meisten Männergruppen scheuen noch immer das Licht der Öffentlichkeit."

Das erklärt auch, weshalb veröffentlichte Selbstdarstellungen von Männern — im Gegensatz zu solchen von Frauen — überaus selten sind. Das Problem wird hinter vorgehaltener Hand beflüstert oder gar nur im eigenen Kopf gewälzt, wo es in der Sterilität festgelegter privater Denkmuster hängenbleibt und kaum mehr bewirkt als dumpfe Frustration und saure Ablehnung dem unlebbaren Leben gegenüber. Das sind die Männer, die weitgehend unsere Kulturszene prägen, die großen Einsamen, die sich mit arrogant stilisiertem Rockergehabe oder mit abgrenzender Unnahbarkeit, mit Pokerface und beißender Welt- und Menschenverachtung ihr Fetzchen Lebensgefühl zu retten versu- und von denen der Journalist Diedrich Diedrichsen im „Spiegel" schrieb:

„Wortkarge, gequälte Männer, denen irgendwas zu schaffen macht. Die das große Elend umtreibt. Kein konkretes Elend, wie zu wenig Sex, sondern das große Elend: Die Krise, das Nichtwissen, die Gottlosigkeit, die Sinnlosigkeit. Daß wir alle sterben müssen."

In der Mitte der siebziger Jahre gab es, parallel zu den Höhepunkten der Frauenbewegung, einen kleinen Boom der Männeremanzipation, wenn auch nur in der alternativen Szene. In den *Berliner Schwarzen Protokollen* wurden 1975 zum Beispiel „Gedanken zur Unterdrückung des Mannes" veröffentlicht, die jenen Trend deutlich machen, der entwicklungssüchtige Männer in alle möglichen neuen Therapien und manchmal bis ins indische Freiheitsutopia Poona trieb:

„Männer sind unterdrückt. Alle Männer erfahren es, aber wenige *fühlen* es wirklich, und noch weniger gestehen sie es sich oder anderen ein. Die Unterdrückung der Männer wird aufrechterhalten durch die Isolierung voneinander. Als Arbeiter, Fachleute, Geschäftsmänner werden wir in konkurrierende politische, soziale und ökonomische Systeme gestopft, deren Natur unsere Trennung voneinander verstärkt. Um diese Isolierung und die daraus resultierende Unterdrückung zu überwinden, müssen wir unsere soziale Programmierung begreifen und gegen das handeln, was wir nicht wollen, indem wir neue Existenzformen in unser tägliches Leben bringen. Männer werden dazu erzogen, sich von ihren Gefühlen zu trennen. Ihnen wird beigebracht, daß für Gefühle keine Notwendigkeit besteht, daß sie nur dem effektiven und erfolgreichen Handeln im Wege stehen. Das Image des 'richtigen' Mannes ist, daß er alles ertragen kann, daß er keine Schmerzen spürt. Der 'richtige' Mann gelangt immer an die Spitze, er gewinnt immer. Er ist groß und stark und muskulös. Er ist nicht emotional, er regt sich nicht auf. Er hat sich immer unter Kontrolle. Männern wird beigebracht, mit ihrer Umgebung aus einer fast ausschließlich intellektuellen, verstandesmäßigen Perspektive zu verkehren. Diese Perspektive ignoriert Gefühle und fürchtet Emotionen. Unser Training der Geschlechterrolle sieht ab nicht nur von *unseren* Gefühlen, sondern auch von denen anderer. Wir müssen aufhören, unsere ganze Kraft und Bestimmung verbalen Botschaften zu widmen, die uns in rationale Gefängniszellen sperren. Es geht nicht darum, die angehäuften Fähigkeiten, gut zu denken, aufzugeben, nein, wir müssen anfangen, Verantwortung zu übernehmen für die Gefühle, die in unserem ganzen Körper existieren.''

Dies in die Tat umzusetzen, ist gewiß nicht leicht. Es mag verständlich sein, wenn sich manche Männer angesichts der Schwierigkeiten in die entlastende Ausrede flüchten, sie wären ja sowieso lieber eine Frau, und die Frauen seien grundsätzlich die heimlichen Stärkeren und überhaupt viel besser dran. Denn, so argumentieren sie — vielleicht nicht ganz zu Unrecht — es sei leichter, denken zu lernen anstatt fühlen zu lernen. So sehr könne Dummheit das Gefühl nie kaputtmachen, wie Gefühllosikeit den Verstand zu verzerren vermag. So wollen unter den jungen Patriarchatsverweigerern viele das Denken schon gar nicht mehr lernen, denn der maskuline Verstand, das lesen sie am Weltgeschehen ab, scheint wenig Gutes, aber dafür um so mehr Zerstörung zu bringen. All dies eifrige Denken, das zu aggressiven mörderischen und selbstmörderischen Ideologien und Technologien geführt hat, erweist sich nun als Zeitbombe, die ihrem Ende entgegenticket. Wieviel vertrauenerweckender ist da der Mutterschoß femininer Nur-Gefühligkeit, und wieviel Rechtfertigung bietet die Fünf-vor-zwölf-Stimmung für den kindlichen Trotz der Aussteiger. Und hat sich der maskuline Denkzwang über die Jahrhunderte hinweg zu einer Bibliothekensprengenden Sintflut aufgeschaukelt, so tritt nach dem Entweder-Oder-Prinzip jetzt an die Stelle dieses Extrems oft die Sprachlosigkeit der neuen Sensiblen im uniformen Vollbart- und Latzhosenlook, die sich hinter vagen Wortmonolithen wie „sich gut oder schlecht fühlen" oder „gute oder schlechte Energie haben" verschanzen. Man muß sie schon suchen wie die berühmte Stecknadel im Heuhaufen, die gedruckten Bekenntnisse der neuen Männer. Eine der raren authentischen Äußerungen von Männern über sich selbst und über ihre Beziehungen zu anderen Männern ist das Buch *Männerbilder*. Einer der sechs Autoren — welcher, das bleibt verborgen — schreibt sich mit mutiger Offenheit von der Seele, wie hart ihm das Ringen um ein verändertes männliches Selbstverständnis wird:

„Ich wäre viel lieber eine Frau geworden. Hinter der Rolle 'Frau' — dachte ich — ist etwas, das noch viel kostbarer ist als das, was hinter der Rolle 'Mann' ist. Ich wollte kein Mann sein und konnte doch nicht Frau sein. (...) Ich kämpfte mich durch den Verhau 'starker Mann — schwacher Mann', und allmählich begann mir zu dämmern, daß die Worte auswechselbar sind und die Wertung umkehrbar ist, und daß das Problem gar nicht darin liegt, ein Mann zu sein. Die Ferne von sich selbst, die 'Mann' heißt und die sich in ganz verschiedenen Masken zeigt, fängt viel weiter vorn als beim Djangoschritt an. (...) Als Mann bist du eine Hälfte, die sich in die andere so einklinckt, daß du vergißt, wer du bist. Du fängst an zu saugen und zu schmatzen in dem Sumpf, der 'Beziehung' heißt. (...) Es ist nicht nur so, daß die Frauen angeblich durch die Männer vollwertige Menschen werden. Es läuft auch in die andere Richtung, wenngleich versteckter. Das Selbstbewußtsein des patriarchalischen Mannes hängt davon ab, wieviel Bewunderung und Anerkennung seiner Schwänzlichkeit ihm von 'seiner' Frau zuteil wird. Ihm ist alles, was ihn als Menschen ausmacht, reduziert auf die potentielle Steifheit seines Schwanzes. Und der muß dann ständig bewundert werden, nicht mehr als Teil, sondern als Zeichen, das für alles andere nicht mehr Vorhandene steht."

Der Autor zählt auf, wo er sich an sich selbst wundstößt: an politischen und wissenschaftlichen Theorien, die sich als brüchige Krücken erweisen; an Lebens- und Denkgewohnheiten, die als Gefängnis empfunden werden; an Tränen, an der Wut auf den Vater, an den Schwierigkeiten mit den Männern seiner Männergruppe, an der Entziehungskur vom Liebesbeziehungsclinch, an den Prügel- und Ohnmachtserinnerungen aus der Kindheit ...

„Angesichts dessen, was wir als Männlichkeit gelernt haben, wird in dieser Gesellschaft schon immer kastriert. Welcher Mann kann schon – dahingestellt, ob es erstrebenswert ist oder nicht – in unabhängiger Stärke und Willenskraft handeln? Als kleiner Junge habe ich mit Leidenschaft Bücher von großen Männern verschlungen, habe gelesen von aufrechten Helden, die ganze Völker befreiten und zu Herrschern wurden, und wenn ich mal was machte, womit ich mich selbst ein winzig kleines Stückchen zur Freiheit zu führen versuchte, kriegte ich Prügel. Unsere Träume von der Selbstherrlichwerdung scheitern permanent an der Realität eben der Gesellschaft.

Wie krank die extreme Patriarchatsgesellschaft ist, beweisen nicht nur zwei Weltkriege und drohender Atomtod, sondern auch unzählige Details unseres Alltagslebens. Die eiskalte Aggression der elektronischen Vergewaltigung des einzelnen durch staatliche Datenerfassung und einer computerhaft menschenfernen Rechtssprechung tarnt sich durch Abstraktion; faßbarer wird das Dilemma jedoch in der erschütternden Selbstmordrate bei Kindern und Jugendlichen, in den langsamen Suiziden durch Drogensucht, im Zerstörungswahn jugendlicher Rockerhorden, in der rapide anwachsenen Zahl der schwer Streß-Geschädigten; und prügelnde Familienväter, die ihre Ohnmachtsgefühle an den erreichbaren Schwächeren, ihren Frauen und Kindern abreagieren, sind – zumindest in den unteren Schichten – allzu häufig tägliche Realität. Brigitta Kreß sagt dazu:

„Bei diesen Männern ist die ursprüngliche Schutzfunktion, welche die männliche Aggressivität gegenüber der eigenen, schutzbedürftigen Gruppe einmal innehatte, in ihr totales Gegenteil umgeschlagen. Die eigene Gruppe wird angegriffen und zu zerstören versucht, und damit wird auch die eigene Existenz zerstört, der eigene Lebenssinn. Wenn dieses Verhalten bei einer Gruppe von Affen im Zoo zu beobachten wäre, hätten die Wärter die Männchen längst isoliert oder eingeschläfert. Bei jeder anderen Tierart auf freier Wildbahn läßt ein derartig abnormes Verhalten denn auch auf äußerste Verwirrung und Dekadenz schließen. Nur in der menschlichen Gesellschaft werden solche

Männer — auch zu ihrem eigenen Schutz — nicht selektiert. Kaum jemand wagt es, sie als pathologisch zu bezeichnen."

Um zu verstehen, wie es so weit kommen konnte, genügt es nicht, den Blick auf äußere Phänomene — wie entfremdete Arbeitsprozesse oder Isolation in der Kleinfamilie — zu richten, denn diese sind selbst wiederum durch eine lange Kulturentwicklung bedingt. Den Prozeß, der das Abendland bis zu der Situation geführt hat, in der es sich heute befindet, beschreibt Erich Neumann in seinem Werk *Ursprungsgeschichte des Bewußtseins* als eine „fortschreitende Emanzipation des Menschen von der Natur und des Bewußtseins vom Unbewußten". Im Großen gesehen führte die Kulturentwicklung von der Identifikation mit dem Unbewußten in der mutterrechtlichen Gesellschaft zur Identifikation mit dem Ichbewußtsein in der vaterrechtlichen Gesellschaft, vergleichbar mit der individuellen Entwicklung des Kindes, dessen Bewußtsein noch amorph-ganzheitlich ist, zum Erwachsenen mit seinem differenzierten Ich. Die Trennung von „unbewußter" und „bewußter" Ebene ist ebenso in der Menschheitsentwicklung wie in der eines jeden Individuums ein unumgänglicher Differenzierungsprozeß, aber sie trägt die Gefahr in sich, zu Überdifferenzierung und Einseitigkeit zu führen — und eben dies ist ja geschehen! Anstatt die Füße auf der Erde und den Kopf im Himmel zu haben, wie eine alte chinesische Metapher den geistig gesunden Menschen beschreibt, wurde unsere Kultur vom patriarchalen Geist-Prinzip überwältigt und hat sozusagen von der Erde abgehoben, mit der Folge eines Realitäts- und Instinktverlustes, der uns in bedenkliche Nähe einer endgültigen Himmelfahrt gebracht hat.

Nicht das Geist-Prinzip, nicht das spezifisch Männliche an sich ist destruktiv, wie manche Feministinnen glauben machen wollen, sondern die einseitige Verzerrung, in der die Werte zu Unwerten werden: Festigkeit zu Ichkrampf, Eigenständigkeit des Bewußtseins zu Absperrung von tieferen Bewußtseinsbereichen, Selbstverantwortung zu Selbstüberschätzung. Das hypertrophierte Ich der patriarchalen Kultur ist besonders gefährdet. Nicht nur das Heer der als pathologisch eingestuften Neurotiker und Psychotiker kündet davon, sondern auch die verbreitete zwanghafte Tendenz, entweder sich in die Vermassung zu flüchten und ameisengleich in einem Kollektiv-Ich Schutz zu suchen, oder sich einzelgängerisch als der Große Einsame im eigenen Eisblock einzufrieren. In dieser ausgelieferten Ameisen- oder Nashornmentalität hat das eigene Bewußtsein keine Chance mehr, sich gegen die abstrakten Dämonen verselbständigter Inhalte zur Wehr zu setzen. Man wird gewissermaßen „besessen", oder, wie die Tiefenpsychologie das nennt, geistig „inflationiert". Neumann beschreibt das so:

„Irgendwelche Dominanten bestimmen die Persönlichkeit, die nur dem Namen nach noch eine solche ist. Die groteske Tatsach, daß Mörder, Räuber, Unterdrücker, Diebe, Fälscher, Erpresser und Betrüger in einer Tarnung, die von jedem einzelnen durchschaut wird, das Kollektivleben beherrschen, ist charakteristisch. Ihre Skrupellosigkeit und die Gerissenheit ist anerkannt und bewundert. (...) Die Verherrlichung der Bestie (...) herrscht überall da, wo Einseitigkeit, Durchschlagskraft und Problemlosigkeit gepriesen, das heißt aber die komplizierenden Entwicklungsergebnisse der Menschheitsgeschichte zugunsten einer tierischen Raubtierfähigkeit aufgegeben werden. Man sehe sich einmal die faktischen Erziehungsideale des Abendlands daraufhin an. (...) Aber nicht nur Macht, Geld und Liebe, auch Religion, Kunst und Politik als ausschließlich bestimmende Größen, Parteien, Nationen, Sekten und Bewegungen, alle 'ergreifen' sie den Einzelnen als Masse und desintegrieren die Individuen."

Die Kulturlast läßt sich nicht einfach so von den Schultern schütteln, selbst wenn einer eingesehen hat, daß es unbedingt nötig ist, aus dem patriarchalen Traum aufzuwachen. Der Held im Mythos hat, will er sein Erlösungswerk vollbringen, immer Großes und Schweres durchzustehen, sein Weg führt stets durch Gefahr und Leid. Der Heldenweg steht symbolisch für den Weg vom nur potentiellen zum wahren Menschen. Im Märchen ist der Held oft in größere psychologische Nähe gerückt; da ist er, anstatt ein Herakles oder Siegfried, oft ein ganz einfacher Mensch, der das große Werk vollendet. So zum Beispiel in dem Märchen „Die verzauberte Prinzessin", von dessen Held Peter die Jungianerin Verena Kast sagt, daß er für eine neue männliche Generation steht. Denn mit der verzauberten Prinzessin erlöst Peter seinen eigenen „verzauberten" weiblichen Seelenanteil, der – denn es ist ja ein patriarchalisches Märchen — abgespalten, Geist-besessen, aus dem Bewußtsein verdrängt ist und im psychischen Schattenbereich Böses brütet.

In diesem Märchen verläßt Peter seinen Vater, „weil es ihm zuhause nicht mehr gefällt", wie es heißt, und als erstes trifft er auf einen Gehängten, den er von dem wenigen Geld, das er besitzt, beerdigen läßt. Dafür schließt sich ihm der Geist des Toten unerkannt als hilfreicher Weggefährte an. Peter hat sich also vom Vater, von der patriarchalen Erziehung emanzipiert, läßt deren Welt- und Wertvorstellungen hinter sich, indem er sich freundlich etwas Geächtetem, angeblich Minderwertigem, Armem zuwendet — das bedeutet, kollektiv gesehen, den vom System ausgesparten Seiten des Lebens, im psychischen Drama den eigenen unbekannten Teilen, den wertvollen wie den gefährlichen, die in der analytischen Psychologie „Schatten" genannt werden. Solch ein freundlicher Umgang mit sich selbst ist lohnend — und im Märchen steht denn auch der Geist des Gehängten Peter mit ganz außergewöhnlichen Fähigkeiten bei.

Peter kommt mit seinem Gefährten in eine mit schwarzem Trauerflor verhängte Stadt und an den Königshof, wo es eine angeblich „liebe und gute" Prinzessin gibt, die zumeist still und in sich gekehrt ist, aber manchmal von fürchterlicher Raserei „übermannt" wird. Wer sie entzaubern und erringen will, muß drei Rätsel lösen, die sie stellt, andernfalls ist der Unglückliche des Todes. Neun Männer hat die Prinzessin auf dem Gewissen, und ganz traurig ist sie, daß auch Peter auf dem Wagnis besteht. Doch das hindert sie nicht, des nachts zum Berggeist zu fliegen, dem sie hörig ist (und der an den mörderischen Aktionen, zu denen er sie anstiftet, sein heilloses Vergnügen hat), um das Rätsel von ihm zu empfangen. Peter, von seinem Gefährten mit Flügeln ausgerüstet, folgt ihr unerkannt und prügelt sie dabei, wie ihm aufgetragen wurde, fürchterlich mit einer eisernen Rute, wenn ihm auch, wie es im Märchen heißt, „das Herz dabei blutete". Die Prinzessin aber hält es für ein Hagelwetter. So kann Peter natürlich das Rätsel lösen, worüber die Prinzessin alles andere als glücklich ist. In der zweiten Nacht läuft alles wie in der ersten, und in der dritten Nacht schlägt Peter dem Berggeist den Kopf ab. So gewinnt Peter die Prinzessin zur Frau. Verena Kast, die dieses Märchen in dem Sammelband *Das Böse im*

Märchen gedeutet hat, sieht darin eine Geschichte, die zugleich den Hinweis auf die Art der notwendigen Erlösung aus der destruktiven Gespaltenheit enthält. Sie schreibt:

„Eine weibliche Seite zu haben, die Rätsel aufgibt und köpft, wenn man sie nicht errät, ist recht schwierig. Sie will erlöst werden und *nicht* erlöst werden. Es ist ein Zustand des In-sich-selber-Kreisens, bald leidend, bald tobend, aber keineswegs kann da ein fruchtbares Leben geführt werden. Es gilt, den Berggeist dahinter zu sehen und ihn schließlich zu eliminieren. Dazu gehört aber, daß man seiner weiblichen Seite erst einmal folgt in ihren Ausflügen, daß man hinsieht − kritisch hinsieht, aber *mitgeht*. Das Schlagen mit der Rute kann bedeuten, daß man diese Ausflüge nicht einfach duldet, sondern dabei die Prinzessin in sich selber gleichzeitig auch schlägt, also kritisch ist gegen sich selber. (...) Den Dämon in sich selber zu sehen, ihm den Kopf abzuhauen, wenn die Zeit gekommen ist, sich diese Destruktivität, die Freude am Quälen eines Tages einfach *nicht mehr zu erlauben*: das scheint die Lösung zu sein. Das war aber nur dadurch möglich, daß ein Stück dieses Berggeistes, quasi das, was menschenähnlicher an ihm war − gemeint ist der Geist des Toten, auch ein Aspekt des Geistprinzips, aber weniger dämonisch überhöht − von Peter integriert werden konnte."

Auch für den modernen Peter gilt, wie im Märchen, daß es ihm zuhause nicht mehr gefällt − das heißt, daß er sein Leben, wie er es zu führen gelernt hat, in Frage stellt. Das ist in der Hippie-Bewegung und in der alternativen Gegenkultur deutlich der Fall gewesen: Söhne zogen in Landkommunen, anstatt den väterlichen Betrieb zu übernehmen, sie gingen freie Beziehungen ein und verweigerten die Norm der patriarchalen Ehe, sie boykottierten den sakrosankten Anzug- und Krawatten-Zwang, sie setzten der Autoritätsideologie eine Ideologie der Antiautorität entgegen und der rigiden Ordnung die Unordnung. Das war allerdings nur ein halber Schritt; denn was man bekämpft, bestätigt man zugleich. Daß Peter für die ordnungsgemäße Beerdigung des Gehängten seinen Besitz hingibt, beweist durch die Versöhnlichkeit der Geste eine gewisse Reife, die ihm die Freiheit gibt, nicht am erworbenen Eigenen, am Ego festzuhalten. Dieses „Eigene", das wir als Wesentlichstes zu besitzen meinen, ist unsere Vorstellung von uns selbst. Verhalten wir uns „daneben", neben diese Vorstellung, so müssen viele Rechtfertigungen herbeigeholt werden, die es listenreich ermöglichen, das Unerwünschte zu kostümieren und zu frisieren, bis es wieder in den Rahmen dieser Vorstellung paßt. Zugleich erscheinen diese „schattigen" Eigenschaften bei anderen als besonders grell, und man erkennt sie ja gerade deshalb so deutlich und schnell, weil sie im eigenen Wesen so mächtig sind. Die Erfahrung lehrt, daß wir vor allem beim eigenen Geschlecht kritisch auf der Lauer liegen, und so erscheint dieser Balken, der unerkannt im eigenen Auge existiert, in seiner symbolhaften Gestalt auch in Träumen, Mythen und Märchen als gleichgeschlechtlich.

Nun hätte Peter sich nicht um den Gehängten gekümmert, wenn ihn der Anblick nicht betroffen gemacht hätte. Wer auf seiner Lebenswanderung nicht aufschaut, den macht nichts betroffen. Bezeichnenderweise ist es oft die Konfrontation mit dem Tod, zumal eines nahestehenden Menschen, oder der „kleine Tod" in Form des Endes einer bestimmten Lebenssituation, der das Aufwachen bewirkt. Und wie Peter im Dorf wartete, bis die Bestattung vollzogen war, so muß auch der individuelle Geist erst einmal zur Ruhe kommen und seinen Aufruhr zu Grabe tragen, sich lösen von Vorstellungen über seine Schlechtigkeit, von seinen Schuldgefühlen, von dem ganzen verzweifelten Kampf gegen sich selbst. Dazu bedarf es der Ruhe und der Achtsamkeit. Dann kann ein echtes Gefühl dafür entstehen, daß das Leben ein offener Raum ist, in dem wir uns bewegen, in dem wir sogar tanzen können, und daß Enge und Bedrängnis nichts anderes sind als ein beharrliches Festhalten an schlechter Laune und psychischer Faulheit. Peters Begegnung mit seinem jenseitigen Weggefährten ist symbolischer Ausdruck dafür, daß er Freundschaft mit sich selbst geschlossen hat, mit anderen Worten: für seine so befreite grundlegende geistige Gesundheit.

Insofern ist Peters Geschichte natürlich nicht *nur* eine männliche Geschichte, sondern auch eine allgemein menschliche. Den Akzent spezifisch männlicher Psychologie bekommt sie, als Peter an den Königshof kommt, womit auch gekennzeichnet ist, daß es jetzt um sein Zentrum geht, also um die Integration seiner ausgesperrten weiblichen Wesenshälfte.

Wie gefährlich die Gefühlsabspaltung sein kann, beweist die seltsame Prinzessin, die meist friedlich und harmlos erscheint, aber auch ungezügelt rasen und morden kann. Es sind schließlich auch scheinbar „ganz normale" Männer, die im Krieg Frauen und Kinder töten, Gaskammern bedienen, mörderische Chemieabfälle ins ökologische System jagen oder zu wissenschaftlichen Zwecken Tiere auf entsetzlichste Weise foltern und töten. Sexuelle Aggression, emotionale Lähmung, auch die erotische Infantilität von Peepshow- und Striptease-Konsumenten oder die triviale Besessenheit des sprichwörtlichen „Weiberhelden" sind typische Folgen der inneren Spaltung, die dem männlichen Kind in der extremen patriarchalen Gesellschaft durch gefühlstötende Erziehungsmuster und Leitbilder mit auf den Lebensweg gegeben wird.

Peters Elternhaus bot vermutlich die typische Situation des Nur-Mann-Vaters und der Nur-Frau-Mutter mit dem klassischen Wechselbad von väterlicher Kälte und Strenge und dem Schwitzkasten unkontrollierter mütterlicher Emotionalität. Deswegen gefiel es ihm zuhause nicht mehr; aber das ist nicht die Regel. Er hätte sich ja auch, wie so viele, mit dem Vater — als Verlängerung der Gesellschaft — identifizieren und ein tumber Tor von Mann werden oder sich auf die Seite der Mutter schlagen und zum lebenslänglichen Muttersöhnchen und Traumichnicht werden können. Stattdessen stellt er das Selbstverständliche in Frage, mutet sich eine aufmerksame Beziehung zu den eigenen Gedanken und Gefühlen zu, läßt sich nicht gängeln von der öffentlichen Meinung und gewinnt auf diese Weise genügend Kraft, um sich seinem inneren Leiden, der Erfahrung von Trauer, Angst, Bedrohtsein und Aggression zu stellen, sie auszuhalten, mit ihr zu arbeiten.

Der Gehängte war allerdings nicht der ganze „Schatten" sondern nur ein relativ zugänglicher Teil davon. Der größere, weitaus gefährlichere Teil sitzt als Berggeist noch im Dunkeln, und wen wundert es da, daß er gerade hinter der weiblichen Seite Peters steht. So muß nun Peter dem weiblichen Aspekt ins Dunkel der Nacht, in die Verborgenheit des Berges folgen, und er braucht Flügel dazu — einen „beflügelten", durch Intuition inspirierten Verstand, der sich auf keine andere Weise gewinnen läßt als durch Hinwendung nach innen. So kann man seinen tiefsitzenden Motivationen auf die Schliche kommen, kann erken-

nen, wie der eigene Geist arbeitet, wie das eigene Denken, Fühlen und Handeln zustandekommen.

Peters Prügelaktion, vom Kameraden ihm aufgetragen, zeigt
sowohl, daß er sich nicht mehr gestattet, sich einfach so gehen
zu lassen, seinen Impulsen und Launen nachzugeben, als auch,
daß er sich seiner Aggression bewußt wird. Verena Kast sieht einen subjektiven und einen objektiven Aspekt in dieser Szene:

,,Es steht dort, er mußte gehorchen, wenn ihm auch sein Herz
blutete. *Er* muß also aggressiv sein. Damit übernimmt er einen
Teil der Aggression — das scheint mir bei diesen Ruten wichtig
zu sein. Im Alltag könnte es bedeuten, daß man, wenn man den
destruktiven Sog im anderen spürt, auch aggressiv reagieren soll;
aber 'mitbegleitend'; nicht verachtend, sondern teilnehmend.
Dadurch nimmt man einerseits dem anderen Aggression ab, er
ist nicht allein böse, andererseits wird durch eine solche Reaktion in anderen auch ein Gefühl für die 'Berggeistwelt' entwik-
kelt, für das Destruktive darin.''

Schließlich schlägt Peter dem Dämon, nachdem er ihn erkannt
hat und ihm nahe genug gekommen ist, den Kopf ab, das heißt,
er durchschneidet den negativen Impuls, löst sich energisch aus
der Impulsgebundenheit. Diese Integrationsgeschichte zeigt, daß
der psychische Entwicklungsweg nur mit Wagemut, Zuversicht
und Energie zu meistern ist, — weit entfernt von der simplifizie-
renden ,,Licht-und-Liebe''-Illusion vieler Neo-Spiritueller. Es ist
anstrengende innere Arbeit, mit all der Mühe, aber auch begei-
sternden Inspiration des schöpferischen Prozesses. Wer dem auszuweichen versucht, lebt nicht.

Die Vollendung der Integration des weiblichen Prinzips wird
im Märchen noch mit einer besonderen Symbolik dargestellt.
Peter muß eine Wanne mit Wasser vor das Hochzeitsbett stellen,
denn die Prinzessin wird des nachts auf und davon wollen, wie
der Kamerad richtig prophezeiht. Da muß Peter wachsam sein
und die Prinzessin untertauchen, worauf sie als Rabe wieder erscheint, dann muß er sie nochmals untertauchen, worauf sie zur
Taube wird, und erst nach dem dritten Untertauchen ist sie endgültig erlöst. Ähnlich beschreibt ja auch das an früherer Stelle
zitierte mittelalterliche alchimistische Traktat *Rosarium philosophorum* Tod, Reinigung und Erneuerung als notwendige Sta-

dien der Integration. Peters weibliche Seite — der Bereich von Gefühl, Ahnung, Gestimmtheit, Gemüt, Intuition — ist nun zwar bewußt gemacht, aus dem Nichtwissen erlöst, aber die Lage ist noch nicht stabil; sie kann ihm wieder auskommen. Der Verlauf des Reinigungsprozesses macht mögliche Spielarten der Verzerrung deutlich: als Rabe, der für den übermächtigen, bösen Aspekt der intuitiven, über-rationalen Kräfte steht, und als Taube, die einseitige, abgrenzende Sanftmut und Friedfertigkeit verkörpert, höchstwahrscheinlich mit einem geheimen Potential an Aggression dahinter, — denn Tauben sind bei all ihrer Niedlichkeit recht aggressive Tierchen. Beide Identifikationsangebote muß Peter also zurückweisen, auch wenn sie — auf dieser Ebene des Bewußtseins als machtvolles Image von spirituueller Vollkommenheit im Gewand beeindruckender „Psychopower" oder heiligmäßiger Sanftheit — höchst verführerisch sein mögen.

Den Entwicklungsverlauf auf dem Weg des Mannes zum ganzen Menschen gerade anhand eines Märchens darzustellen, ist ein Versuch, hinüberzugreifen in die dem weiblichen Prinzip zugehörige Welt der Symbole, um so die Ebene des Intellekts mit der Ebene der Intuition in Verbindung zu bringen. Die „Theorie" — abgeleitet vom griechischen „theorós", dem „Zuschauenden" — sollte ja im eigentlichen Wortsinn nicht aus abstrakten Gedankenmanipulationen, sondern aus dem genauen, achtsamen Hinschauen entstehen, und wer wirklich unvoreingenommen „hinschaut" auf das, was ist, sieht mehr als seine eigenen begrenzten Vorstellungen. Er sieht eine vielfältige, vielschichtige Welt, deren Dimension der symbolische Ausdruck in seiner Vieldeutigkeit viel eher zu fassen vermag als die flache Abstraktion. Die patriarchale Bewußtseinsform ist ja vor allem von einer extremen Fixierung auf die rationale Ebene, auf Begrifflichkeit und Rationalität geprägt und damit ein idealer Nährboden für Wissenschaft, Technologie und Bürokratie, zugleich aber auch für einen ganz und gar flachen, eben „eindimensionalen" Bezug zum Leben. An der Spitze der Pyramide westlicher Denker ist das inzwischen kein Geheimnis mehr. Beklagte Anfang der sechziger Jahre noch der Philosoph Herbert Marcuse den *eindimensionalen Menschen* unserer Zeit und setzte — ohne große Zuversicht übrigens — auf politische und soziologische Umwälzungen, so fordern heute Vordenker wie etwa der amerikanische Historiker Morris Berman die Besinnung des Einzelnen auf seine Ganzheitlichkeit — seine innere Ganzheit und seine ganzheitliche Verbundenheit mit der Welt. Er beschreibt in seinem Buch *Die Wiederverzauberung der Welt*:

„Ich begann diese Untersuchung in dem Glauben, daß die Wurzeln unseres Dilemmas sozialer und ökonomischer Natur sind; als ich sie abgeschlossen hatte, war ich überzeugt, daß ich eine ganze erkenntnistheoretische Dimension ausgelassen hatte. Mit anderen Worten: ich begann zu spüren, daß etwas mit unserer gesamten Weltanschauung nicht stimmte. (...) Die Auffassung von der Natur, die im Westen bis zum Vorabend der wissenschaftlichen Revolution vorherrschend war, war die einer verzauberten Welt. Steine, Bäume, Flüsse und Wolken wurden alle als wundersam, als lebendig angesehen, und die Menschen fühlten sich in ihrer Umgebung zuhause. Kurz gesagt war der Kosmos ein Ort des sich *Zugehörigfühlens*. Ein Mitglied dieses Kosmos war kein entfremdeter Beobachter, sondern nahm direkt an dessen Schauspiel teil. Sein persönliches Schicksal war mit dem Kosmos verknüpft, und diese Beziehung gab seinem Leben Sinn. Diese Art von Bewußtsein — das ich in diesem Buch das ‚teilnehmende oder partizipierende Bewußtsein‘ nennen werde, — umfaßt die Verschmelzung oder Identifikation mit der eigenen Umgebung und verrät ein psychisches Ganzsein, das seit langem abhanden gekommen ist. Es stellt sich heraus, daß die Alchemie der letzte in sich geschlossene Ausdruck des teilnehmenden Bewußtseins im Westen gewesen ist."

„Holistik" nennt sich die neue Ganzheitstheorie, die sich, im Anschluß an die Existenzialphilosophie, mehr und mehr östlichem, vor allem buddhistischem Denken annähert. So zitiert Berman als einen Kronzeugen zum Beispiel den französischen Psychiater Jacques Lacan, der die Behauptung aufstellt, daß das Ich „ein paranoides Konstrukt" sei, begründet auf „die Logik der Opposition und der Identität des Selbst und des Anderen", und daß eine solche spezifisch westliche Logik Begrenzungen benötige, während „in Wahrheit Wahrnehmung, da sie analoger Natur ist, keinerlei Grenzen kennt." Wenn Ego und Charakterpanzer und „Sekundärprozeß" sich auflösen, meint Berman, kehren wir vielleicht zurück zur „Kultur der Großen Mutter", zu einer „kosmischen Anonymität"; etwas anderes kann der Historiker, der ja von Berufs wegen immer zurückschauen muß, sich nicht vorstellen. Es gibt aber andere, die das Entweder-Oder-Syndrom, dem Berman offenbar nicht zu entkommen vermag, hinter sich lassen, die nach vorn blicken, zu einer Synthese hin, einem mittleren Weg zwischen den Extremen, wie etwa Francisco Varela, der die Wissenschaft und damit überhaupt das männliche Prinzip — bei aller Kritik des Bestehenden — keineswegs zum Teufel schicken, sondern in tieferer, integraler Weise erlebt und angewandt sehen will. Varela sagte in einem Interview mit der Zeitschrift „Esotera":

„Aber sicherlich sollte da die Sensibilität, der Sinn, das Gefühl, die Tiefe sein, um das menschliche Sein zu erfahren, das ein ungeheures Mysterium birgt, und daß dieses Mysterium etwas ist, dem man nicht ausweichen kann, das man nicht unter den Teppich kehren kann. Doch die Geschichte der Wissenschaft zeigt, daß alle großen Wissenschaftler einen Bezug zum Geheimnisvollen, zu diesem Mysterium hatten. Einstein ist eines der bekanntesten Beispiele, und er wird in diesem Zusammenhang oft zitirt mit dem Ausspruch: 'Wer die Tiefe des Mysteriums nicht versteht, wird nie ein Wissenschaftler sein.' Da ist also etwas dran. Aber das Problem liegt nicht so sehr in der Wissenschaft selbst, als vielmehr in der Bürokratisierung wissenschaftlicher Forschung. Man hat einen Job von neun bis fünf, ist auf seinem Karriere- und Prestige-Trip und könnte genausogut ein Bankangestellter sein. Das ist keine wirkliche Wissenschaft. Wissenschaft ist auch Ehrfurcht und gespannte Erwartung beim Weiterforschen."

Als Männer und als Frauen mögen wir unseren Weg an verschiedenen Punkten der Peripherie beginnen, aber je mehr wir uns dem Zentrum nähern, desto mehr wird spürbar werden, daß das „Männerproblem" und das „Frauenproblem" nur zwei Spitzen eines einzigen Eisbergs sind und daß jeder Versuch einer festen Abgrenzung nur sinnlose Hindernisse schafft. Letztlich sind beide, Mann und Frau, vor die Aufgabe gestellt, ihre Schattenseiten kennenzulernen, sich selbst akzeptieren zu lernen und die Impulse von „Habenwollen" und „Nichthabenwollen" — von Begierde und Aggression — zu überwinden. Sonst werden wir immer gequälte, mißlaunige Gefangene bleiben hinter den Gitterstäben des „paranoiden Konstrukts" unseres Ego und nie erfahren, daß wir unserer innersten Natur nach wunderbare, strahlende, grenzenlose Wesen sind.

Es gibt kein Patentrezept für diesen Weg — kein psychologisches oder religiöses Leistungstraining, keine Diät, keine Therapie. Nur das geistige Stillhalten, das Erlernen von Achtsamkeit kann dabei helfen. Es ist ein Weg ohne präzises Ziel, oder, mit einer klassischen taoistischen Formulierung: „Der Weg *ist* das Ziel". Denn das Ergebnis überschreitet alle fixierbaren Zielvorstellungen. Es ist, wie Chögyam Trungpa sagt, eine „verrückte Weisheit", die den entfalteten Menschen charakterisiert:

„Verrückte Weisheit ist die grundlegende Folgerichtigkeit geistigen Gesundseins. Sie ist die transparente Sichtweise, die konventionelle Normen oder konventionelle Erwartungen durchschneidet."

Die verrückte Weisheit zählt keine Raketen und stellt keine Berechnungen eigener Vorteile an. Sie sagt nicht: „So bin ich eben", oder „das tut man und das tut man nicht", oder „das bin *ich* und jene sind die *anderen*". Die verrückte Weisheit entzieht aller Manipulation, allem Glauben und Meinen den Boden; sie bedeutet, ohne Rückhalt ganz wach und offen, furchtlos und mitfühlend mit jeder Situation unmittelbar in Berührung zu sein.

V

Erziehung und Selbsterziehung

Die buddhistische Psychologie ist sich mit der westlichen
darin einig, daß die Erziehung für die Bewußtseinsentwicklung eine dominierende Rolle spielt. Chögyam
Trungpa schreibt zum Beispiel im „Journal of Psychology", das
vom Naropa-Institut, einer von ihm gegründeten und buddhistisch inspirierten Universität in den USA, herausgegeben wird:

„Sowohl die westliche psychologische Tradition wie auch die
buddhistische Tradition betonen die Bedeutung der Erziehung
und der Umweltfaktoren in der Determinierung der psychologischen Entwicklung des Menschen. Wir können ganz klar sagen,
daß vom buddhistischen Standpunkt aus die grundlegenden psychologischen Probleme der Menschen von einer Vernachlässigung, beziehungsweise von Versäumnissen in ihrer frühen Jugend herrühren, oder von der Tatsache, daß ihre Umwelt nicht
in Ordnung war."

Stoßen wir hier nun in der Betrachtung der aktuellen abendländischen Situation auf einen Keil des Vorstosses in Richtung einer ernstzunehmenden Bewußtseinsentwicklung? Immerhin haben sich Eltern und Erzieher in der Geschichte des Abendlan-
des noch nie so viele Gedanken über Kindererziehung gemacht
wie heute. Da aber das, was dieses eifrige Nachdenken zu erzeugen pflegt, zunächst einmal immer Meinungen sind, kursieren
sowohl auf der populären wie auf der wissenschaftlichen Ebene

die unterschiedlichsten, ja zum Teil sogar völlig widersprüchlichen Meinungen darüber, was unter richtiger Erziehung zu verstehen sei.

Einst war es eine einheitliche Weltanschauung, von der die Erziehungsvorstellungen geprägt wurden. Heute, im Zeichen des Pluralismus, purzeln die Weltanschauungen nur so durcheinander. Anno 1620 wußte der Puritaner Robert Cleaver noch ganz genau, was ein Kind ist und was ihm frommt, und tat mit tiefer Überzeugung kund:

„Das Kind in der Wiege ist sowohl eigensinnig wie voller krankhafter Zustände. Wiewohl sein Körper klein ist, hat es doch ein sündhaftes Herz und neigt zum Bösen. Wenn man diese Funken größer werden läßt, breiten sie sich aus und brennen das ganze Haus nieder. Denn wir werden gewandelt und werden gut nicht durch Geburt, sondern durch Erziehung. Eltern müssen daher wachsam und vorausschauend sein. Sie müssen ihre Kinder bessern und scharf zurechtweisen für böse Worte und schlimme Taten. Zärtlichkeiten und Vertraulichkeit führen nur zu Verachtung und Respektlosigkeit bei Kindern."

Reste solcher Anschauung mögen noch heute in manchen Eltern- und Erzieherköpfen herumspuken — acht Jahrhunderte, nachdem der Minnesänger Walther von der Vogelweide schon zu der Erkenntnis gekommen war:

> „Uns macht man mit Ruten
> böser, als im Guten.
> Mehr als Peitschenschlag
> gutes Wort vermag."

Eine französische Anstandsfibel aus dem 17. Jahrhundert vermittelt Erziehung als eine Anwendung probater Rezepte, die keine Frage offenlassen. Über das Zubettbringen eines Kindes zum Beispiel gibt es genaueste Anweisungen:

„Wenn es (das Kind) sich leichtere Vergehen zuschulden hat kommen lassen, bestraft man es in scherzhafter Weise, indem man sich über es lustig macht oder eine leicht erträgliche Bestrafung vornimmt. Wenn es sich dazu hat hinreißen lassen, eine Handlung zu begehen, die einem Vergehen nahekommt, das heißt, wenn es Gotteslästerung oder eine Dieberei begangen hat, wenn es gelogen oder ein Schimpfwort geäußert hat, oder auch, wenn es in verbohrter und trotziger Weise ungehorsam gewesen ist, soll man ihm die Rute geben. Danach soll das Kind seinen Eltern und Erziehern Gute Nacht sagen und seine Geschäfte verrichten. Sobald es ausgezogen ist, legt es sich schlafen, ohne noch zu schwatzen, Geschichten oder unnützes Zeug zu erzählen. Es soll sich so zu Bette legen, daß es recht anständig darin liegt und ganz zugedeckt ist. Es soll weder auf dem Rücken noch auf dem Bauch schlafen, sondern auf der Seite."

Dem Höhepunkt der Kinderdressur folgte im 18. Jahrhundert wie mit einem Donnerschlag die Idee totaler Dressurverweigerung. Wurde bis dahin das Kind als grundsätzlich minderwertig und nur als unvollständiger Erwachsener betrachtet, so setzte Jean-Jacques Rousseau dieser Einstellung eine radikal konträre entgegen:

,,Die Natur will, daß Kinder Kinder seien, bevor sie Männer sind. Die Kindheit hat ihre eigene Art zu sehen, zu denken, zu empfinden. Nichts ist unvernünftiger, als unsere Art an dessen Stelle zu setzen. Ich könnte ebensogut verlangen, daß ein Kind zwei Meter hoch gewachsen sei, als daß es im zehnten Jahr Urteil besitze.''

Damit, daß offenbar nur männliche Kinder Interesse verdienten, wie aus seiner Formulierung hervorgeht, stieß er zwar noch ganz ins streng patriarchale Horn seiner Zeit, doch in allem anderen äußerte sich ein unerhörtes Freidenkertum. Aber so lange das nun schon her ist — die Auseinandersetzung ist bis heute noch nicht beendet, ob die Kindheit wirklich etwas ganz anderes sei als das Erwachsenenleben, oder ob man da keinen allzu großen Unterschied machen dürfe.

In diesem Meinungsstreit wird mit dramatischen Gebärden allzu gerne das Kind mit dem Bad ausgeschüttet — ob nun von psychoanalytischer Seite her der Eindruck erweckt wird, daß man ohne gründliche psychoanalytische Schulung mit Sicherheit alles falsch machen müsse, oder ob Verhaltenspsychologen Kinder ebenso wie die Erwachsenen primär als manipulierbare und *zu manipulierende* höhere Tiere betrachten.

Der amerikanische Antiautoritäts-Apostel John Holt versteigt sich in seinem Buch *Zum Teufel mit der Kindheit* so weit, das ohnehin nicht unbedingt realistische Credo der Demokratie von der totalen Gleichheit aller Menschen auch noch auf die Kinder auszudehnen. Er schreibt:

„Ich schlage vor, die Kindheit zu ersetzen, indem wir jedem jungen Menschen, gleich welchen Alters, alle Rechte, Privilegien, Pflichten und Verantwortlichkeiten erwachsener Bürger zugänglich machen, damit er sich ihrer bedienen kann, wenn er möchte."

Er rechnet dazu auch das Recht zu wählen, Geld zu verdienen, finanziell unabhängig zu sein, Verträge zu schließen, sein Lernen selbst zu lenken und zu verwalten und sein Zuhause selbst zu bestimmen.

Wesentlich verständiger und nachvollziehbarer klingt es bei dem Schweizer Erziehungsberater Hans Zulliger, in seinem Klassiker der Erziehungsliteratur:

„Je jünger ein Kind ist, desto tiefer steckt es noch in einer ganz anderen Denkstufe als die Erwachsenen, es denkt vor-logisch, es befindet sich in der animistisch-totemistisch-magischen Entwicklungsphase. Animistisch: es hält alles für beseelt. Totemistisch: es betrachtet die Tiere als Brüder und setzt sich ihnen gleich oder setzt andere Menschen seines Bekanntenkreises ihnen gleich. Das Kätzchen wird als Brüderchen empfunden, und ebenso das Kaninchen oder der junge Hund, sogar der Teddybär. Magisch: die Welt wird durch Zauber beherrscht, die Gedanken haben Allmacht, der Gedanke wird dem Sein, der Tat gleichgesetzt."

Zulliger bringt in seinem Buch *Schwierige Kinder* anschauliche Beispiele für die psychoanalytische Theorie. Er deckt auf, wie die Dramaturgie kindlicher Spiele und kindlicher Phantasien die Struktur des inneren Erlebens deutlich werden läßt.

„Was wir Erwachsenen beim Kinde als 'Spiel' ansehen, ist für dieses — auf einer besonderen Denkstufe — Wirklichkeit. Wenn Kinder bei der Behandlung mit Spielen den Kasperl-König totschlagen, so reagieren sie 'wirklich' ihre dem Vater gegenüber gehegten Totschlaggelüste ab. Sind sie schon so weit, dabei ein schlechtes Gewissen zu haben, delegieren sie ihre Wünsche an das Krokodil ab. Es, das brüderliche Tier, besorgt dann die Tötung, und der Kasperl, das heißt das spielende Kind, hat dabei keine Gewissensbisse, weil es seine 'schlimmen' Wünsche in einer anderen Figur, aus sich herausgenommen, objektiviert hat.

Uns Erwachsenen ist diese kindliche Sprache, die direkte Sprache des Unbewußten, fremd geworden, obgleich wir jede Nacht — in unseren Träumen — in ihr 'erleben'."

Auf verhaltenspsychologischer Seite wird dagegen auf solche Feinheiten kein Wert gelegt. Da herrscht ein mechanistisches Bild von der menschlichen Psyche vor, das in gar nicht seltenen Fällen so weit gehen kann, daß man ein bettnässendes Kind mit Elektroschocks behandelt, anstatt daß nachgefragt wird, weshalb es „nach unten weinen" muß, wie gütigere Menschen dieses Symptom umschreiben.

Im weltanschaulichen Lager außerhalb der wissenschaftlichen Lehrmeinungen konstelliert sich der Meinungsstreit ein bißchen anders. Da steht die konservative Meinung, man müsse ein Kind in der Weise erziehen, wie man aus einem ungeschlachten Felsblock eine Figur herausmeißelt, der Überzeugung gegenüber, daß Kinder sich selbst und gegenseitig erziehen könnten, wenn man sie nur ließe. Von letzteren mag sich heute noch mancher auf Rousseau berufen, welcher tönte:

„Alles ist gut, wie es hervorgeht aus den Händen des Urhebers aller Dinge. Alles entartet unter den Händen des Menschen. Er zwingt einen Baum, die Früchte eines anderen zu tragen, er vermischt und verwirrt Klima, Elemente und Jahreszeiten. Alles stellt er auf den Kopf, alles entstellt er, er liebt das Mißgestaltete, das Ungeheuerliche. Nichts will er so haben, wie es die Natur gemacht hat, nicht einmal den Menschen."

Allein nur durch Erfahrung, ganz ohne Strafen solle das Kind lernen, meinte Rousseau. Dabei stand er allerdings nicht an, in seinen Phantasien — niedergelegt in dem Roman *Emile* — das unbotmäßige Kind in einen dunklen Keller zu sperren, damit es so die hilfreiche Erfahrung mache, daß böses Tun böse Folgen habe. In der Praxis hat er es übrigens nie ausprobiert: seine eigenen Kinder gab er ins Findelhaus.

Was das Bild der modernen Erziehungssituation, möge in ihr einmal mehr John Cleaver, einmal mehr Rousseau nachklingen, vor allem prägt, ist Unsicherheit. Die Eltern und Erzieher wollen es zumeist ja gut machen, wollen die Kinder „richtig" erziehen und sind nicht selten verzweifelt oder lasten es gar den Kindern an, wenn ihr „gut gemeint" gar so schlecht trifft. Nun wäre Unsicherheit eigentlich gar keine so schlechte Voraussetzung. Unsicherheit könnte bedeuten, kein fertiges Rezept zu haben, keine festgelegten Vorstellungen, um Situationen kategorisch zu fixieren. Es könnte sich daraus Offenheit entwickeln, ein aufmerksames Eingehen auf die Situation, also echte Kommunikation. Aber es ist schwer, diese Unsicherheit auszuhalten, auf zementierte Bezugspunkte zu verzichten. Also werden Scheinsicherheiten aufgebaut und mehr oder weniger klare Theorien geschaffen, welche erzieherische Haltung man grundsätzlich einzunehmen habe, und auch, wie der Mensch aussehen soll, den man aus dem Kind „machen" will. Ein allgemeines Muster zeichnet sich ab: die gesunde Offenheit degeneriert zum Gefühl der Ohnmacht, das entweder bestätigt oder mit Machtgebärden verschleiert wird.

So ist es nicht verwunderlich, wenn ein Erziehungsbuch — es ist das 1972 erschienene Buch *Die Dummen und die Klugen* von Gisela Stelly — den köderhaften Untertitel trägt: „Kinder und was man aus ihnen machen kann". Darin sind viele Eltern-Aussagen gesammelt, darüber, wie sie strafen und weshalb sie strafen, was sie ihren Kindern unbedingt glauben beibringen zu müssen und zu welchen Menschen sie sie durch ihre Art von Erziehung „machen" wollen. Da sagt etwa eine Mutter von drei Kindern:

„Ich möchte sie zu ehrlichen, aufrichtigen, anständigen und ordentlichen Menschen erziehen, die immer wissen, was richtig ist und was falsch ist."

Ihr Mann, ein Lagerarbeiter, mildert diesen Anspruch ein wenig:

„Ich möchte, daß mein Sohn ein guter, christlich erzogener Mensch bleibt, der das Gute vom Bösen unterscheidet und immer tolerant bleibt, auch wenn es manchmal schwerfällt jedem Menschen gegenüber, mehr kann ich ja auch nicht."

114

Das wird nun allerdings für den Sohn — und die beiden anderen Kinder, Mädchen vermutlich, von denen der Vater nicht spricht — ein rechtes Dilemma werden, wenn die Weltbilder der Eltern verinnerlicht werden. Die Mutter geht davon aus, daß „man" weiß, was richtig und was falsch ist, daß sie es also selbst auch wissen muß. Von ihr werden die Kinder kaum lernen können, sich jener Unsicherheit zu stellen, die allein imstande ist, den Geist zu öffnen; und dazu die vom Vater geforderte Toleranz: wird sie als einverleibtes Muster nicht den Dünkel vertuschen müssen, daß man selbst der gute Mensch sei und der tolerierte andere eben der schlechtere?

Elterliche Erziehungsziele sind im allgemeinen von dem Idealbild geprägt, mit dem sie sich identifizieren oder von dem sie glauben, daß zwar sie selbst es nicht mehr erreichen können, wohl aber stellvertretend ihre Kinder. So sagt eine andere Mutter:

„Was ich ihnen mitgeben möchte, sind vernünftige Benimmregeln, soweit ich es geben kann. Vernünftige Eßsitten in erster Linie. Also das ist das Schlimmste für mich, wenn einer am Tisch sitzt und schlürft und die Ellbogen nach Möglichkeit aufstützt. (...) Eben eine vernünftige Allgemeinbildung, das ist für mich A und O. Und Freiheit, daß sie sich frei unterhalten können, keine Hemmungen haben und doch wissen, wie weit sie zu gehen haben. Diese Unterschiede, wenn sie das lernen und mitkriegen, weil mir das eben so bitter gefehlt hat. Und auch noch heute fehlt."

Und eine dritte Mutter sagt:

„Ich möchte, daß sie freie, selbständige Menschen werden, die ihre Ideen durchsetzen, wenn es sein muß, auch gegen andere, ihrem Stil treu sind."

Wie sehr die Vorstellungen von „frei und selbständig" in Wirklichkeit oft mit „angepaßt und normentreu" gleichzusetzen sind, zeigt sich spätestens dann, wenn die Kinder groß sind und vielleicht Lebenswege einschlagen, die ins elterliche Bild nicht hineinpassen. Sei es, daß sie — nach Ansicht der Eltern — zu früh oder zu spät heiraten, daß sie Künstlerberufe wählen anstatt was Solides oder sich andere als der Eltern religiöse oder politische Anschauungen zu eigen machen.

Wachere Eltern, die nicht von vornherein meinen, genau zu wissen, was „richtig" und was „falsch" ist, suchen nun vielleicht Rat in der Fülle der Erziehungsliteratur. Die Widersprüche, auf die sie dabei stoßen, sind zwar manchmal grotesk, machen es ihnen jedoch leichter, nicht auf eine einzelne Meinung herein-zufallen. Widersprüche lassen sich manchmal sogar in ein und demselben Buch entdecken, so etwa in dem Sammelband *Die Befreiung des Kindes*, in dem verschiedene Autoren, allen voran die große Vaterfigur der Antiautoritären, der Summerhill-Experimentator A.S. Neill, ihre Vorstellungen über liberale Erziehung ausbreiten. Meister Neill sagt zum Beispiel den Eltern:

„Die erste Regel für Eltern sollte sein: ich werde mein Kind nicht nach meinem Ebenbild formen. Ich bin nicht gut genug, nicht weise genug, um meinem Kind zu sagen, wie es leben soll."

Eine andere Autorin, Sheila Berg, schreibt hingegen:

„Eltern sollen nicht meinen, sie seien Nullen. Gute Eltern müssen sogar gelegentlich ihre Kinder etwas lehren. Freiheit ist kein luftleerer Raum, kein Morast von Haltlosigkeit und Unschlüssigkeit. Freiheit ist das Vorhandensein von Alternativen, unter denen man wählen kann. Eltern, die dem Kind Werte vorenthalten, fördern den Nihilismus im Namen der Freiheit, die sie mißbrauchen."

Die Erziehungsliteratur basiert hauptsächlich auf Erfahrungen mit kindlichem Fehlverhalten. Psychologen, Psychoanalytiker und Erziehungsberater kommen zu ihren Meinungen über „richtige" Erziehung durch die Konfrontation mit Produkten offensichlich falscher Erziehung. Hat es einer mit neurotischen Symptomen der Verwahrlosung zu tun, ist sein naheliegender Gedanke, äußerste Behütung zu fordern, wie etwa der „Klassiker" Otto Speck, der sich unter anderem mit den alleingelassenen, in Kinderkrippen, Kindertagesstätten und Kinderhorten „abgestellten" Kindern erwerbstätiger Mütter befaßte. Was da an Fallberichten gesammelt wurde, ist in der Tat erschütternd. Solchermaßen an grellen Situationen orientiert, fühlte er sich auch zu einem grellen Gegenkonzept gedrängt. Er kam zu dem Schluß, daß Mütter grundsätzlich nicht erwerbstätig sein dürften, daß auch der Kindergarten von Übel sei, und er behauptete:

„daß jede Entfernung des Kindes von der Mutter, insbesondere vor dem siebten Lebensjahr, die Entfaltung und Entwicklung des Kindes aufhält."

Wer in der Literaturkiste wühlt, findet schnell ganz gegenteilige Aussagen. So heißt es beim Erziehungsberater Zulliger, dem die künstliche, neurotisierende Atmosphäre der Kleinstfamilie vorschwebte:

„In anderer Beziehung hat man, besonders in den Städten, für die durch die heute geltenden Arbeitsbedingungen zerstörten familialen Erziehungsverhältnisse einen fast vollwertigen Ersatz geschaffen. Denken wir an die Kinderhorte und -heime. Dort sind kindliche Altersklassen beisammen. Die fehlenden Geschwister innerhalb der Ein- und Zweikinderfamilie werden durch andere ungefähr gleichaltrige Kinder ersetzt. Gemeinsame Mahlzeiten, gemeinsame Spiele, gemeinsames Arbeiten erreichen für die Erziehung und Charakterbildung der Kleinkinder das, was ehedem die patriarchalische Familie leisten konnte. Mehrere Pflegerinnen, meist besonders geschulte Erziehungspersonen, betreuen die Zöglinge, und wenn an diesen Anstalten etwas auszusetzen ist, dann ist es das Fehlen von männlichen Erwachsenen."

Arme Eltern, die bei „Experten" Rat suchen!

Entweder geraten sie in die Netze irgendwelcher Erziehungsideologie, die ihnen scheinbar Sicherheit verspricht, oder sie kehren reumütig zu dem zurück, was sie ihr „richtiges Gefühl" nennen, und hoffen, daß schon alles recht laufen möge, wenn sie sich nur ganz viel Mühe geben und es ganz gut meinen.

Nun, es läuft keineswegs alles recht. Es läuft schlecht. Kaum jemand spricht das Wort „Erziehung" aus, ohne bedeutungsvolle Kummerfalten zu produzieren. Die junge Null-Bock-Generation macht deutlich, daß der neue Wind in den Kinderstuben der späten sechziger und beginnenden siebziger Jahre so wunderbar nicht gewesen sein kann. Die mehr Konservativen, dadurch bestätigt, müssen dennoch feststellen, daß auch ihre Erziehungskonzepte nicht zu den erwünschten Resultaten führten. Die Sündenbock-Zielscheiben, auf die der allgemeine Unwille nun schießt, um Schuldgefühle zu entlasten, sind „Berufstätigkeit der Mütter", „Reizüberflutung durch das Fernsehen" und die berühmt-berüchtigte „Restfamilie". Nun steht es gewiß außer Zweifel, daß durch arbeitende Mütter für die Kinder neue und manchmal auch problematische Situationen entstehen, daß das Schablonenleben aus zweiter Hand vor der Fernsehkiste für das Bewußtsein der Kinder — ebenso wie für das Bewußtsein der Erwachsenen — bedenklich ist, und daß die isolierte Familiensituation in einer verdateten Gesellschaft einiges Nachdenken herausfordert. Wollte man die Verantwortung jedoch einfach an diese Gegebenheiten delegieren, so wäre das nicht anders, als würde man dem Stein, über den man gestolpert ist, die Schuld am gebrochenen Bein geben, und nicht der eigenen Unaufmerksamkeit.

Äußere Bedingungen werden sich nur in sehr kleinen Schritten ändern lassen, und vor allem nur langsam. Aber eines könnte jeder von uns tun: unsere Zuflucht nicht mehr zu Rechtfertigungen welcher Art auch immer nehmen, sondern anerkennen, welche Notwendigkeiten erfüllt werden müssen. Diese Notwendigkeiten haben für den Einzelnen immer einen unmittelbaren Charakter: der junge Vater, der nicht angemessen für ein Kind sorgt, das er gezeugt hat, kann sich an seinen aktuellen Beitrag für eine „bessere Welt" erinnern; die Mutter, die den Fernseher allzu gern zum automatischen Kindermädchen erhebt, kann aufwachen. Der Kinderlose, für den Kinder bisher Störfaktoren mit menschlichen Namen waren, kann die Augen öffnen und versuchen, Kinder als Menschen wahrzunehmen und zu respektieren, — und so weiter.

Unsere gescheiten Theoretiker neigen allerdings dazu, sich in den Extremen moralischer Überforderung oder aber kollektiver Entlastung aufzuhalten. So fordert etwa der Adlerianer Rudolf Dreikurs von den Eltern strategische Verhaltensweisen, hinter denen sich ein gottväterlicher Moralzeigefinger erhebt: „Du sollst die Geduld nicht verlieren! Du sollst dich nicht ärgern! Du sollst nicht streiten! Du sollst eine harmonische Familienatmosphäre schaffen!" Wörtlich liest sich das in dem Buch *Eltern und Kinder — Freunde oder Feinde?* wie folgt:

„Man darf seine Geduld nicht verlieren! Kein Nörgeln! So schwer es auch fallen kann, man muß lernen, das Kind kühl zu beobachten, auch wenn es uns herausfordert. Je nach Gelegenheit kann man einfach den Dingen ihren Lauf lassen. Wenn es uns hauptsächlich um unser persönliches Prestige zu tun ist, wird man natürlich zu alter Taktik zurückkehren. Unsere Verhaltensweise ist also eine negative: Wir müssen eine falsche Taktik vermeiden. Konflikte mit unserem Kind verhindern das Wachstum des Zusammengehörigkeitsgefühls und schädigen die Eltern-Kind-Beziehung. Darüber hinaus ist jeder Streit mit einem Kind sinn- und zwecklos. Harmonie ist die einzige Grundlage sozialer Erziehung. Wie verdrießlich, eigensinnig oder ungehorsam ein Kind auch sein mag, *wir* können immer ruhig und freundlich bleiben. Das ist ein Grundsatz, den alle Eltern annehmen *müssen*.“

Dieser Autor geht gar so weit, in seine Erziehungs-Gebote den Humor als erforderliche Erziehungsmethode miteinzubeziehen. Er sagt:

Unglücklicherweise wird eine der erfolgreichsten Methoden, eine Situation zu entgiften, nur selten angewandt. Es ist der Humor.“

Und etwas später heißt es:

„Und doch sollte Humor nie fehlen, wenn wir mit Kindern zu tun haben. Wer Humor besitzt, hat es viel leichter.“

Nun ja, wer eine Waschmaschine besitzt, hat es auch viel leichter. Nur daß sich Humor eben nicht im Kaufhaus erstehen läßt.

Den mit solchen Binsenweisheiten abgefertigten Eltern bleibt nichts anderes übrig, als Schuldgefühle zu entwickeln, wenn sie solch hohe Gebote nicht einzuhalten vermögen. Niemand erklärt ihnen, wie sie es lernen sollen, so edel, hilfreich und gut zu sein, wie hier vorausgesetzt wird, und es wird zum Glaubensakt, diese Elternrolle, in der alle Negativität abgedrängt, ver-drängt ist, als alleinseligmachend gutzuheißen. Was den Eltern, die es auf diese Weise recht machen wollen, bestenfalls gelingt, ist, ein künstliches Mildklima voll erzieherischer Kochbuchrezepte herzustellen, ein synthetisches „Gutsein“ mit einem Herz aus Papier.

Das Gegenstück zu den wohlfeilen Pädagogenrezepten präsentiert der Sozialpsychologe Alexander Mitscherlich in seinem Buch *Auf dem Weg zur vaterlosen Gesellschaft*. Darin legt er den Schluß nahe, daß der Einzelne gar nicht die Möglichkeit habe, aus eigener Kraft in die bestehende Situation einzugreifen:

„Ein echter circulus vitiosus hat sich entwickelt. Das in die spezialisierte Produktion, an Massenarbeitsplätzen verbannte Individuum, das zu einem Ort der Bekanntheit, nach einem Zuhause drängt, an dem es sich in seinen Ichstrebungen, in seinen Konflikten und Hoffnungen wie in seinen Triebwünschen anerkannt und angenommen fühlen darf, auch auf die ebenso persönlichen Bedürfnisse der Partner tritt und mit ihnen umgehen kann — dieses Individuum wird offensichtlich im Raum seiner Intimbeziehungen nicht gehalten, sondern wieder zurück an die Plätze massenhaften Genusses gedrängt. Die große Erkenntnisaufgabe setzt aber erst ein, wenn wir solches Verhalten nicht moralisch abtun und uns in dem Irrtum wiegen, wenn er nur wollte, wenn er nur interessierter wäre (oder wie der Vorwurf sonst lauten mag), dann könnte der Einzelne schon ein beschauliches und inhaltsreiches Leben führen. (...) Wie die Primärgruppen sich nun einmal unter den Teilungen von Arbeit, Verantwortung und Macht entwickelt haben, ist die Fähigkeit zu einem differenzierten intellektuellen und emotionalen Kontakt, zur Entfaltung einer zärtlichen oder angeregten Atmosphäre verkümmert."

Wie man bei dem Individualpsychologen vergebens nach Hinweisen sucht, wie seine hohen Forderungen existentiell zu verwirklichen seien, so findet man auch bei Mitscherlich keine direkte Aussage darüber, wie der Einzelne sich vom Opfer der gesellschaftlichen Mißstände zum selbstverantwortlichen und die Umstände ändernden Menschen entwickeln könnte. Eher entmutigt er mit lapidaren Behauptungen wie folgender:

„Die Vater- und Mutterlosigkeit der Kindheit aber, welche die nämlichen gesellschaftlichen Prozesse verfügen, kann nichts heilen."

Aus all den hier vorgestellten Meinungen läßt sich ein grundlegendes Fazit ziehen: Ihre Widersprüchlichkeit macht deutlich, daß wir keiner glauben dürfen. Wir können sogar so weit gehen festzustellen, daß es da überhaupt nichts zu glauben gibt.

Wir sind „Opfer der Gesellschaft", solange wir an so etwas wie „Opfer der Gesellschaft" glauben. Wir wenden „falsche Methoden" an, so lange wir daran glauben, daß es richtige und falsche *Methoden* in der Erziehung, in der Kommunikation gibt. Wir werden uns mit Schuldgefühlen quälen, weil wir daran glauben, schlechte Eltern zu sein, und Arroganz und Stumpfheit nähren, weil wir glauben, gute Eltern zu sein – solange wir davon überzeugt sind, daß es fixe Verhaltensmuster und Maßstäbe gibt, mit denen das bemessen werden kann. Es spielt nicht einmal eine gar so bedeutsame Rolle, ob wir an das Erziehungsprinzip „Strenge" oder an das Erziehungsprinzip „Liebe" glauben. In jedem Fall arbeiten wir mit einer Schablone, und Schablonen lassen lebendige Erfahrung nicht zu. Das Prinzip Strenge kaschiert das Bedürfnis des Erziehers, seine Aggressionen auszuleben – anstatt sie auszu*halten* –, und das Prinzip Liebe bietet eine Erzieherrolle an, in der die unbewußte Angst vor aggressiven Impulsen bis zur Erpressung und Lähmung des kindlichen Lebenswillens gehen kann. Dann bleibt dem Kind nichts anderes übrig, als sich dem heimlichen Zwang und dem einseitigen Nachahmungsgebot unterzuordnen. Es wird in diesem Fall entweder seine mißachtete aggressive Energie an anderer Stelle und meist in unverhältnismäßiger Form freilassen, oder es wird lernen, seine Gefühle zu unterdrücken und an psychischer Empfindungsfähigkeit verarmen. Viele Eltern unter jenen, die es besonders gut meinen, erschrecken zutiefst vor der kindlichen Aggressivität. Es klingen ihnen die Harmonieforderungen der Erziehungsliteratur in den Ohren, und von Eltern und Erziehung wurden sie mit der Vorstellung vollgepumt, daß „lieb" sein *gut* sei und wütend sein *böse*.

Die Psychoanalytikerin Alice Miller handelt in ihrem Buch *Am Anfang war Erziehung* vor allem das Problem der unterdrückten Gefühle und deren zum Teil katastrophale Auswirkungen ab, und sie sagt zum Thema „Haß"

„Für jemanden, der täglich mit Manifestationen der *unbewußten* psychischen Realität konfrontiert wird und der immer wieder erfährt, welche schwerwiegenden Folgen das Übersehen dieser Realität hat, wird die Einteilung der Menschen in gute und böse, in liebende und hassende nicht mehr selbstverständlich sein. Er weiß, daß die moralisierenden Begriffe weniger geeignet sind, die Wahrheit aufzudecken, als sie zu verschleiern. Der Haß ist ein normales, menschliches Gefühl, und ein *Gefühl* hat noch niemanden umgebracht. (...) Ein Mensch, der von Anfang an das Glück hatte, auf Enttäuschungen mit Wut reagieren zu dürfen, wird empathische Eltern verinnerlichen und nachher mit allen seinen Gefühlen, auch mit Haß, ohne Analyse umgehen können. Ob es solche Menschen schon gibt, weiß ich nicht, ich bin ihnen nie begegnet. Was ich oft gesehen habe, sind Menschen, die tatsächlich das Gefühl des Hassens *nicht kannten*, ihren Haß aber auf andere delegiert haben, ohne es überhaupt zu wissen, zu wollen oder zu merken. Sie entwickelten unter Umständen eine schwere Zwangsneurose mit destruktiven Vorstellungen, oder, falls dies nicht geschah, hatten ihre Kinder eine solche Neurose. (...) Nicht der *erlebte*, sondern der mit Hilfe von Ideologien abgewehrte und *aufgestaute Haß* führt zu Tätlichkeiten und zur Zerstörung. Jedes *erlebte* Gefühl macht mit der Zeit einem anderen Platz, und auch der größte *bewußte* Vaterhaß wird einen Menschen nicht dazu treiben, einen anderen Menschen deshalb umzubringen."

Während der Psychoanalytiker Hans Zulliger, wie aus seinem Buch *Schwierige Kinder* hervorgeht, vor allem auf intelligentes und einfühlsames Vorgehen baut und alle Theoretiker mit der Behauptung in Frage stellt, daß es in der Erziehung keine Rezepte geben dürfe, geht seine Kollegin Alice Miller so weit zu postulieren, daß sie von Pädagogik, von systematischer Erziehung, überhaupt nichts hält. Sie sagt:

„Meine antipädagogische Haltung wendet sich nicht gegen eine bestimmte Art von Erziehung, sonden gegen Erziehung überhaupt, auch gegen die antiautoritäre. Das heißt aber nicht, daß das Kind ganz wild aufwachsen kann. Was es für seine Entfaltung braucht, ist der Respekt seiner Bezugsperson, die Toleranz für seine Gefühle, die Sensibilität für seine Bedürfnisse und Kränkungen, die Echtheit seiner Eltern, deren eigene Freiheit — und nicht erzieherische Überlegungen — dem Kind natürliche Grenzen setzt."

Von „eigener Echtheit" und „eigener Freiheit" der Eltern ist hier die Rede — das scheint doch ein unmißverständlicher Hinweis zu sein, daß der Kindererziehung voraus — oder Hand in Hand mit ihr — die Selbsterziehung der Eltern gehen muß, denn es wäre wohl unsinnig, sich auf diese grundlegende elterliche Qualität als auf eine schicksalsgegebene Zufälligkeit zu verlassen. Echtheit und Freiheit fordert Alice Miller von den Eltern, und das ist immerhin keine moralische Forderung. Mit Echtheit ist wohl die Unmittelbarkeit des Gefühls gemeint, oder mit anderen Worten: ein offenes Herz. Und unter eigener Freiheit ist ein freier Geist zu verstehen, ein klarer, kritischer, selbstkritischer, von emotionalen Impulsen nicht überschwemmter Intellekt. Das aber sind die Voraussetzung für jede wahre Beziehung — Beziehung zu sich selbst, zu Kindern, zu Erwachsenen. Alice Millers Thesen für ein angemessenes erzieherisches Verhalten ließen sich ebensogut auch auf Beziehungen zwischen Erwachsenen anwenden:

1. Achtung vor dem Kind.
2. Respekt für seine Rechte.
3. Toleranz für seine Gefühle.
4. Bereitschaft, aus seinem Verhalten zu lernen.

Doch gerade Kindern gegenüber scheint diese respektvolle und lernbereite Haltung am wenigsten üblich zu sein. So ohnmächtig und überfordert sich Eltern und Erzieher in ihrer Erzieherrolle fühlen mögen, so unbedenklich wird das Kind mit der Anmaßung des Mächtigen gedemütigt. John Holt berichtet:

„Eine Bekannte erzählte mir, daß sie neulich im Fernsehen einen interessanten Sketch gesehen habe — eine Parodie auf das Verhalten, das so viele Eltern ihren Kindern gegenüber an den Tag legen, aber Erwachsenen gegenüber niemals zeigen würden. In diesem Sketch hatte eine Familie ein anderes Ehepaar zum Abendessen eingeladen und bediente die völlig konsternierten Gäste mit solchen Aussprüche wie: ‘Geh gefälligst von meinem Stuhl runter. Den ganzen Tag schufte ich mich kaputt, und wenn ich dann abends nach Hause komme, ist auch noch mein Lieblingsstuhl besetzt!’ Und: ‘Wie oft soll ich dir noch sagen, daß du dir vor dem Essen deine verdammten Pfoten waschen sollst!’ und dergleichen Beschimpfungen und Beleidigungen mehr.“

Um einem Kind ein Gefühl für seinen eigenen Wert vermitteln zu können, müssen Eltern von ihrem eigenen Wert überzeugt sein. Um einem Kind das Rüstzeug mitgeben zu können, so daß es mit seinen Aggressionen und Ängsten umzugehen vermag, müssen Eltern selbst gelernt haben, sich mit ihren Aggressionen und Ängsten offen zu konfrontieren und mit ihnen zu arbeiten. So bleibt nur noch die Frage, *wie* sie das lernen sollen. Die Psychoanalytiker, die sich ja in erster Linie mit Fragen der Selbstveränderung befassen, glauben an das Wundermittel der Psychoanalyse. Aber trotz der Qualitäten dieses Mittels ist an dieser Meinung einiges auszusetzen. Es ist sehr, sehr teuer; die wenigsten können sich solch einen Luxus leisten. Die Fähigkeit des behandelnden Analytikers ist nicht gewährleistet. Es gibt ganz gute Analytiker — solche, die einigermaßen mitfühlend und intelligent mit ihren Klienten umgehen, aber es gibt auch schlechte Analytiker, deren psychische Reife keineswegs ausreicht für ihren verantwortungsvollen Beruf. Und vor allem: sie können im besten Falle ihrem Klienten nur den Boden für seine eigene innere Arbeit bereiten, ihm so weit auf die Beine helfen, daß er anfangen kann, mit seinem eigenen Erfahrungsmaterial zu arbeiten — eine Arbeit, die ein Leben lang andauern muß.

Vielleicht aber könnten wir uns selbst auf unsere Beine stellen. Vielleicht könnten wir uns darauf berufen, daß wir grundsätzlich eine gute Basis haben, Herz und Geist, und daß diese Basis auch in unseren Kindern ist. Erziehung — Kindererziehung und Selbsterziehung — muß nicht im Sinne von „ziehen und zerren" mißverstanden werden. Immerhin sagen wir auch: wir „ziehen" Blumen im Garten, oder wir „ziehen" Tomaten und Radieschen. Niemand kommt auf die Idee, an den kleinen Pflanzen wortwörtlich zu ziehen und zu zerren, die ja auf diese Weise nicht etwa zum Wachstum angeregt, sondern ausgerissen und zerstört würden.

Das „Wachsenlassen" heißt dabei nicht, sich vor Auseinandersetzung zu drücken, sondern eine Atmosphäre von Akzeptanz und grundlegender Wärme, aber auch von Ehrlichkeit und Furchtlosigkeit zu schaffen. Zumal mit größeren Kindern muß es auch Kämpfe geben. Heranwachsende Kinder suchen und finden die schwachen Stellen ihrer Eltern, und die Eltern werden es ihrerseits manchmal nicht vermeiden können, sich zu wehren und dabei vielleicht auch verletzend zu sein. Aber solche Gefechte sind grundsätzlich nichts Schlimmes. Sie können wie ein reinigendes Gewitter sein, solange sie auf eine unmittelbare Situation bezogen bleiben. Wenn Eltern sich in einer aufrichtigen Weise mit ihren Kindern auseinandersetzen, ohne Selbstrechtfertigungen, ohne Drohungen, ohne den Versuch, Angst zu erzeugen, wird auch das Kind in solch einer „sauberen" Weise kämpfen lernen.

Aufrichtigkeit besteht allerdings nicht darin, blindlings alles auszuspucken, was einem in den Sinn kommt. Sie beginnt im Umgang mit uns selbst. Wir können zuschauen, wie unser Geist funktioniert, wie Emotionen entstehen und wieder vergehen. Woher kommen sie, wohin gehen sie? Sie scheinen keine Substanz zu haben. Wenn wir nicht mit Beurteilungen, Rechtfertigungen, Etikettierungen von richtig und falsch eingreifen, verschwinden sie einfach wieder. Wir können beobachten, wie sich bestimmte innere Gewohnheitsmuster ständig wiederholen.

Wenn Anna abends im Bett brüllt, weil ihre Mutter weggehen will, kann Annas Mutter beobachten, wie sie Schuldgefühle bekommt. Sie ist Zeuge eines inneren Dialogs, der etwa so verläuft:

„Bin ich selbstsüchtig, wenn ich mein Kind jetzt verlasse? Es leidet darunter. Aber ich lasse es ja nicht wirklich allein: der große Bruder ist da, Anna braucht keine Angst zu haben. Sie will mich erpressen. Auch ich habe das Recht, etwas für mich zu tun! Immer soll ich nur für die anderen da sein! Andererseits kann ich mein Kind nicht leiden sehen, es tut mir weh. Soll ich also doch dableiben? Wenn ich jetzt nachgebe, habe ich wieder an Terrain verloren, dann wird es das nächste Mal noch schwerer werden. Dieses blöde kleine Miststück! Jetzt beschimpfe ich auch noch mein Kind, ich bin eine schlechte Mutter ..." Und so weiter.

Dieser Aufruhr der Ambivalenz macht Annas Mutter wütend. Sie möchte nicht wütend sein, die eigene Wut tut ihr weh. Und der Schmerz verdoppelt sich, weil sie über ihre eigene Wut wütend ist. So wird ihre Wut auf Anna noch viel größer. Sie hat den Impuls, das Kind anzuschreien und einige Passagen aus ihrem inneren Dialog miteinzusetzen, um einen Teil ihrer eigenen

Negativität, die sie nicht mag, nicht *aushält*, auf Anna abzuwälzen. Anna übernimmt das unausweichliche Angebot an Schuldgefühlen und wird ihrerseits ebenfalls noch zorniger und verzweifelter. Es könnte zu Schlägen kommen. Die Mutter würde wütend und mit schlechtem Gewissen weggehen, das Kind wütend und mit schlechtem Gewissen einschlafen.

Es könnte aber auch sein, daß Annas Mutter aufmerksam genug ist, um nicht vom Strudel ihres inneren Dialoges mitgerissen zu werden. Sie würde zur Situation zurückkehren, wie sie ist. Dann kann sie Anna erklären, daß sie auf jeden Fall weggehen muß, und daß Anna sich selbst weh tut, wenn sie sich so sehr dagegen wehrt. Sie sagt ihr, daß es nicht sinnvoll ist, sich selbst so weh zu tun, und daß das Ganze die Aufregung nicht wert ist. Und die Mutter wird es ertragen, daß Anna noch weiterheult, daß sie ihrer Enttäuschung Ausdruck gibt.

In diesem Fall wehrt sich Annas Mutter nicht gegen die Situation, die für beide schmerzlich ist. Wenn sie ihre Wut ausagiert oder schuldbewußt nachgibt und dableibt, so bedeutet das eine wie das andere, daß sie die Situation nicht aushält. Annas Mutter braucht nicht von sich zu verlangen, daß die aggressiven Impulse nicht aufkommen. Auch von ihrem Kind braucht sie das nicht zu verlangen. Aber sie kann sich und dem Kind klarmachen, daß es nicht nötig ist, das Opfer dieser Impulse zu werden.

Wer sich grundsätzlich auf diese Haltung der Aufmerksamkeit und Aufrichtigkeit eingelassen hat, wird in die befreiende Lage versetzt, den eigenen Argumenten nicht mehr bedingungslos Glauben zu schenken. Es gibt nicht mehr die Ausrede: ,,Ich bin eben kein guter Mensch, deswegen kann ich nicht anders'', und auch der Einwand zieht nicht mehr: ,,Wenn dies und das anders wäre — mein Partner, meine Kinder, meine Lebenssituation, ja dann ...'' Es wird vielmehr deutlich, daß die Selbsterziehung ein immerwährender, nie zu Ende kommender Lernprozeß ist, daß es nicht um Resultate, sondern um den Prozeß selbst geht. Etiketten von der Art, wie gut oder wie schlecht man es wieder einmal gemacht habe, dieses Gefühl von Macht und Ohnmacht, und die Voreingenommenheit, man werde es das nächstemal wieder gut oder schlecht machen, werden belanglos.

Diese Haltung der Aufmerksamkeit macht es vor allem möglich, die kleinen Details des Lebens wahrzunehmen. Es wird interessanter, reichhaltiger, eher wie die frische Luft der Neugier als der zähe Brei von Mühe und Pflicht.

Alte Orientierungsmuster aufzugeben ist nicht unbedingt ein Vergnügen. Es kann viel Schmerz und Traurigkeit damit verbunden sein. Alice Miller beschreibt das eindrücklich im Zusammenhang mit einer Szene, in der ein Kind seinen Gefühlen über eine Enttäuschung Luft macht und den Schritt auf diese Weise offensichtlich schnell überwindet. Jemand, der dies mit einiger Offenheit beobachtet, so schreibt sie, wird sich vielleicht fragen:

„Könnte es sein, daß die vielen Opfer nicht nötig gewesen wären? Wut und Schmerz können offenbar so schnell vergehen, wenn man sie zugelassen hat. Könnte es sein, daß man gegen Neid und Haß gar nicht lebenslang hätte kämpfen müssen? Könnte es sein, daß die Unterdrückung der Gefühle, die beherrschte, ruhige 'Ausgeglichenheit', die man sich so mühsam zugelegt hat und auf die man so stolz ist, im Grunde eine traurige Verarmung und nicht ein 'kultureller Wert' ist, obwohl man bisher gewohnt war, es so zu sehen?"

Solche Einsichten tun ohne Zweifel weh. Aber lassen wir diesen Schmerz zu, so stellen wir fest, daß wir nicht daran sterben. Vielmehr öffnet er Herz und Verstand — wobei unter „Herz" der gefühlsmäßige und intuitive Aspekt unserer Erfahrung zu verstehen ist und unter „Verstand" der intellektuelle, begriffliche Aspekt. Einsicht, die nur auf intellektueller Ebene stattfindet, ist ebenso nutzlos, ebensowenig lebendig anwendbar, wie ein Gefühl, das nicht mit dem Verstand klar erfaßt wird. Wer an das Erziehungsmittel „Strenge" glaubt, hat mit Sicherheit wenig Beziehung zu seinen Gefühlen, und wer das Erziehungsmittel „Liebe" hochhält, hat im allgemeinen Angst vor der demaskierenden Schärfe des Intellekts, vor dem alle Verdrängungen und Sentimentalitäten offenbar werden.

Ein Beispiel für das Wechselbad von Glaubenssätzen, in das Eltern geraten können, wenn ihre Erkenntnis in Anfängen stekkenbleibt und nicht von Achtsamkeit unterstützt wird, sind die verwirrenden Erziehungsmethoden, denen Kinder häufig im Namen der antiautoritären oder liberalen Erziehung ausgesetzt werden. Noch einmal sei die erfrischende Pädagogik-Gegnerin Alice Miller zitiert:

„In einem mir bekannten Fall wurde ein trauriges Kind dazu ermutigt, ein Glas kaputtzuschlagen, in einem Moment, in dem es am liebsten auf den Schoß der Mutter geklettert wäre. Wenn sich Kinder dauernd so mißverstanden und *manipuliert* fühlen, bricht eine echte Ratlosigkeit und begründete Aggressivität durch."

Achtsamkeit macht es möglich, solche taktischen Ideen, die einem einfallen mögen, in Frage zu stellen, und der Situation, in der sich das Kind befindet, mehr Raum zu lassen. Der Einsatz angelesener Strategien ist nicht besser als ein blindes Ausagieren emotionaler Impulse. Das heißt nicht, daß es der Weisheit letzter Schluß sei, keinerlei Bücher über Erziehung zu lesen. Es ist sehr inspirierend, etwa Fallberichte über schwierige Kinder zu studieren und die verschiedenen Meinungen der Experten kennenzulernen. Man muß ihnen ja nicht unbedingt glauben. Es stärkt die Kritikfähigkeit, anhand fremden Meinens das eigene Potential an Meinungsbildung aufzudecken, und eigenes Haften an Vorstellungsmustern kann deutlicher gesehen werden. Es ist wie in einem Gespräch: man kann dabei zu manchem Aha-Erlebnis kommen, ohne daß beim Gegenüber päpstliche Unfehlbarkeit vorausgesetzt wird.

In jenem Buch, das viele Eltern und Kinder zu Wort kommen läßt — über Erziehungsideale, über Aufklärung, über Strafmaßnahmen und gesellschaftliche Vorstellungen —, in *Die Dummen und die Klugen*, findet sich zum Beispiel als Schlußbemerkung ein zwar kurzer, aber für den aufnahmebereiten Leser anregender Hinweis. Da heißt es:

„Man kann vieles lernen, auch auswendig. Aber etwas Neues lernen ist wohl eine Anstrengung, die vielen ihr Leben lang nicht gelingen will. Denn um Neues zu lernen, um nicht in den vorgefertigten Bahnen abzuschnurren, muß der Einzelne zunächst sich selbst kennenlernen. So lange er immer wieder gleich reagiert, solange er nicht selbst jene unsichtbaren Ketten von eingeübten, immer wieder gleichen Denk- und Verhaltensweisen sprengt, wird er ohne sein Zutun in diese oder jene Richtung geschoben. Deshalb sollten sich die Eltern selbst beobachten. (...)

Als Übung sollten Mütter und Väter einmal versuchen, immer das Gegenteil von dem zu denken und zu tun, was sie eigentlich denken und tun würden. Dabei würden sie viel lernen. Und je häufiger sie ihre eingelaufenen Bahnen verlassen, desto mehr Beobachtungen werden sie machen, nicht nur an ihren Kindern. Sie werden an Grenzen stoßen, die sie vorher nicht wahrgenommen haben, und vielleicht auf die Idee kommen, sie fortzuräumen."

Nun, es reicht allerdings nicht aus, hin und wieder mal das Gegenteil zu denken und zu tun, wenn es uns gelingen soll, die Grenzen zu verschieben oder gar fortzuräumen. Es reicht nicht aus, wenn wir unsere erzieherischen Fähigkeiten nur in erzieherischen Situationen entwickeln wollen. Diese Abgrenzungen sind willkürlich. Wie sollen wir Geduld mit unseren Kindern haben, wenn nicht grundsätzlich ein Gefühl für Geduld da ist, das sich auch in allen anderen Lebenssituationen bewährt? Ebenso können Kinder keinen Sinn für natürliche Disziplin, für „Form" in ihrem Leben entwickeln, wenn Mutter oder Vater ihr Leben lang dahinschlampen oder psychische Unordnung mit künstlichen Ordnungszwängen abzudecken suchen.

Eine buddhistische Meditationslehrerin und Mutter von vier Kindern, Diana Mukpo, faßt das Zusammenspiel von Erziehung und Selbsterziehung folgendermaßen zusammen:

„Ich denke, daß Kindererziehung einfach auf den Nenner zu bringen ist, daß wir mit unserer eigenen Unruhe und Hektik arbeiten. Ob wir unsere Kinder stillen, ihnen Anleitung geben oder sie disziplinieren, immer ist es die Verringerung unserer inneren Unruhe, die uns in Verbindung mit unserer grundlegenden geistigen Gesundheit bringt und es uns ermöglicht zu erkennen, wie wir mit unserem Kind in eben diesem Augenblick in der angemessenen Weise umgehen wollen.

Was Disziplin betrifft, so müssen wir uns fragen, wie wir unsere Kinder in einer Weise disziplinieren können, die nicht aggressiv ist. Ich möchte gleich vorausschicken, daß Disziplin wichtig ist. Ich denke, es ist mehr Aggressivität darin, wenn wir unsere Kinder nicht disziplinieren, als wenn wir sie führen und ihnen Orientierung geben, so daß sie menschliche Wesen mit Anstand und Selbstachtung sein können.

Wir geben ein Beispiel, indem wir selbst achtsam sind — in unserer Beziehung zum Ehepartner, in unserer Beziehung zur

Welt, und indem wir unser Zuhause zu einem erfreulichen Lebensraum für unsere Kinder machen. Auf diese Weise lehren wir sie, uns zu respektieren. Andererseits sollten auch wir selbst Achtung für unsere Kinder zeigen, indem wir zartfühlend sind und uns in einer Weise um sie kümmern, die ihnen ein Gefühl für ihre eigene Würde gibt.

Ich denke, daß die Orientierung zur Entwicklung von Anständigkeit, von gesittetem Menschsein, die wir unseren Kindern von Anfang an geben sollten, von großer Wichtigkeit sind. Viele Jugendliche rebellieren allerdings dagegen. Jugendliche sind sehr klug. Abgesehen von ihren eigenen Schwierigkeiten mit dem Erwachsenwerden, scheinen sie doch fähig zu sein, die Neurosen ihrer Eltern recht gut zu durchschauen. Daraus können sehr zweischneidige Situationen entstehen. Aber ich denke wirklich, daß unsere Kinder, was auch immer in ihren Teenagerjahren passieren mag, schließlich zu dem Anstand und der geistigen Gesundheit zurückfinden werden, die wir ihnen in ihren frühen Jahren vermittelt haben.''

So scheint mir der beste Rat, den man Eltern geben kann, der zu sein, sie mögen beginnen — jetzt, in diesem Augenblick — sich ihrer guten Grundlagen zu erinnern: des Verstandes, der unterscheiden kann, und des Herzens, das verbinden kann. Stillhalten — äußeres Stillhalten und dadurch bedingte gesteigerte Aufmerksamkeit — macht dies möglich. Wir sind so sehr daran gewöhnt, uns in jedem wachen Augenblick zu beschäftigen, mit Arbeiten, Hobbies, Überlegungen, Gesprächen, Fernsehen, daß wir das Gefühl für Muße verloren haben. Der Gedanke an beschäftigungsloses Alleinsein — Meditation — kann geradezu Panik auslösen. Dennoch gibt es keinen anderen Weg zu uns selbst und zu anderen.

Vor mehr als zweieinhalbtausend Jahren hat der chinesische Weise Lao Tse diese Erkenntnis im *Tao te King*, dem ,,Buch von Sinn und Leben'', ausgesprochen:

> ,,Wer das Nichthandeln übt,
> sich mit Beschäftigungslosigkeit beschäftigt,
> Geschmack findet an dem, was nicht schmeckt:
> der sieht das Große im Kleinen und das Viele im
>   Wenigen.
> Er vergilt Groll durch LEBEN.

Plane das Schwierige da, wo es noch leicht ist!
Tue das Große da, wo es noch klein ist!
Alles Schwere auf Erden beginnt stets als Leichtes.
Alles Große auf Erden beginnt stets als Kleines."

VI

Die Herausforderung der Freundschaft

Fürwahr, die Sonne scheinen mir jene aus der Welt zu nehmen, die die Freundschaft aus dem Leben nehmen" — so sprach vor zweitausend Jahren der römische Staatsmann und Philosoph Marcus Tullius Cicero. Lebte er noch, so würde er wohl nicht mehr allzuviel von dieser Sonne entdekken, denn es scheint kaum ein unaktuelleres Thema zu geben als eben dieses. Das Wort „Freundschaft" wird zwar noch gebraucht, und fast jeder behauptet ohne große Überlegung, Freunde zu haben. Aber bei näherem Hinsehen handelt es sich meistens nur um Interessengemeinschaften dieser oder jener Art, im besten Fall um eine Art Handel: bist du nett zu mir, bin ich nett zu dir! Mancher ist vorsichtig genug, lieber von „Bekannten" anstatt von „Freunden" zu sprechen, was wiederum so weit gehen kann, daß selbst ein Liebespartner, den man ja im üblichen Sprachgebrauch — nicht unbedingt zutreffend — auch „Freund" oder „Freundin" nennt, als „Bekannter" oder „Bekannte" bezeichnet wird.

Nach einer Orientierung in der Literatur, einst Lieferant überzeugender Vorbilder, sucht man vergebens. Statt dessen findet man ausführliche Beschreibungen von Einsamkeit, Isolation und Kommunikationsunfähigkeit, von Menschen, die — wie zum Beispiel die Hauptfigur in George Simenons Roman *Die Schwestern* — „alles" haben, nur eines nicht: menschliche Beziehungen. Simenons negativer Held, der Jungverleger Alain Poitaud, ist einer dieser „Armen im Herzen". Er zerbricht an einem persönlichen Schicksalsschlag, weil er nie gelernt hat, Beziehung aufzunehmen. Der Autor erzählt von ihm:

„Er setzte sich ans Steuer und gab Gas. Aber wohin sollte er fahren? Er kannte Gott und die Welt, nannte Hunderte von Leuten 'mein Hase'. Er war ein arrivierter Mann, der viel Geld verdiente. (...)

Mit wem hätte er jetzt offen sprechen können? Aber verlangte es ihn überhaupt, offen zu sprechen, verlangte es ihn wirklich, zu verstehen?

Er kehrte in die Rue Marignan — 'in sein Büro' — zurück, weil er es brauchte, von Menschen umgeben zu sein, die von ihm abhingen. Von dem, was er seinen Klüngel nannte. (...) Er hatte immer Kumpane, wie er sie nannte, oder seine Mitarbeiter um sich haben müssen. Allein wurde er unruhig — eine vage, morbide Unruhe. Er fühlte sich nicht in Sicherheit, und darum hatte er, obwohl er betrunken war, in der Nacht zuvor ein Mädchen mit nach Hause genommen. Was würde er heute abend tun? Und morgen?"

Alains Frau, ebenso wie er im Gefängnis ihrer Isolation, hat ihre Schwester erschossen. Er muß feststellen, daß er in all den Jahren ihrer Ehe nichts von ihr, von ihrem inneren Leben kennengelernt hatte, nie etwas davon wissen wollte. Es wird ihm plötzlich deutlich, daß er nie von irgendjemandem etwas hat wissen wollen. Und er nimmt als selbstverständlich an, daß auch die anderen nichts von ihm wissen wollen. Alle Kontakte waren stets unverbindlich: mit der Ehefrau, den Mitarbeitern, mit Barkeepern, mit Gelegenheitsgeliebten. Er brauchte Menschen als Statisten auf seiner Bühne, und als solche waren sie austauschbar und ohne individuelle Bedeutung.

Er hat nie darüber nachgedacht. Erst der schicksalhafte Einbruch in die dumpfe Routine seiner Gewohnheiten reißt ihn aus dem Dämmerschlaf seiner Ignoranz.

„Er hatte keinen Durst. Wenn er dennoch in eine ihm unbekannte Bar ging, dann um seinen Gewohnheiten nicht allzu untreu zu werden. Er musterte die anderen, die dort saßen und tranken, und fragte sich, ob sie die gleichen Probleme hätten. Nicht ganz die gleichen. Aber im tiefen Inneren waren die Menschen gar nicht so sehr voneinander verschieden. Auch andere stierten ins Leere. Was sahen sie? Was suchten sie?"

Alain liegt der Gedanke fern, jemanden danach zu fragen. Er hat niemals jemanden nach etwas Persönlichem gefragt, ebensowenig wie er jemals etwas von sich selbst preisgegeben hat. Sein Erwachen ist ein Erwachen zum Bewußtsein seiner tiefen Angst, die dieser Haltung zugrunde liegt. Und bevor er den letzten Schritt der Flucht, den Schritt in den selbstgewählten Tod unternimmt, faßt der Autor das Scheitern in einem Satz zusammen: „Er hatte immer Angst gehabt."

Und er hatte es, wie so viele, nie wahrhaben wollen. Nicht jeder wird so brutal wie Alain aus dem Karnickelbau seiner Beziehungsängste gejagt, und nicht jeder bringt sich deshalb um. Doch ähnliche Geschichten spielen sich in Mengen ab, wenn auch weniger dramatisch; da werden kleinere, unauffälligere Tode gestorben, psychische, während der Körper weiterlebt und nach außen hin alles in Ordnung zu sein scheint.

Man könnte sagen, Alain starb am Mangel an Freundschaft. Er konnte niemandes Freund sein, nicht der eines anderen und auch nicht sein eigener. Etwas, wozu man keine Beziehung hat, wirft man weg, wenn man nichts mehr damit anzufangen weiß — und sei es das eigene Leben.

Einst als einer der höchsten menschlichen Werte gepriesen, steht Freundschaft — und das bedeutet die Fähigkeit zu einer Vereinigung jenseits von materieller, sexueller oder ideeller Interessengemeinschaft — heute nicht mehr hoch im Kurs.

Statt dessen gilt als bestes Prunkstück moderner Mitmenschlichkeit die „Solidarität" — was heißt, gemeinsam am selben Strick zu ziehen, anstatt daß jeder nur persönliche Knoten knüpft. Nun haftet dem Begriff Solidarität allerdings ein Geruch von Solidarität *gegen* etwas an, also von einem Zusammenschluß gegen etwas Feindliches. Und es ist ein alter Hut, daß nichts so einig macht wie ein gemeinsamer Feind oder ein gemeinsames Feindbild. Ganz so kraß sieht das der Psychoanalytiker Horst Eberhard Richter in seinem Buch *Lernziel Solidarität* allerdings nicht. Zumindest gilt hier nur der als unerträglich empfundene Mißstand einer mangelnden Qualität des

Lebens als der Feind, der zur Solidarisierung auffordert. Richter sieht das so:

„Man sucht wieder einen Weg nach innen. Man sucht nach Befreiung vom Zwang zu hektischer Leistungsaktivität, zu permanenter Gefühlsunterdrückung, zu expansiver Rivalität als Prinzip. Man sehnt sich umgekehrt danach, seine verdrängten Gefühle wiederzuerwecken und in eine möglichst breite Kommunikation mit anderen einzubringen. Integration in Gruppen und Solidarität sind wesentliche Ziele. Man will Isolation überwinden, wo immer man dieser ausgesetzt ist: am Arbeitsplatz, innerhalb der Familie, aber zugleich zusammen mit der Arbeitsgruppe und der Familie gegenüber der übrigen Gesellschaft. Man sucht nach Selbstverwirklichung in kleinen Gruppen, aber man will diese kleinen Gruppen wiederum nach außen geöffnet sehen. Und man will sich speziell mit denen solidarisieren, denen gegenüber man sich unnatürlicherweise polarisiert fühlt, also mit dem anderen Geschlecht, mit abgegrenzten Minderheiten und Randgruppen."

Hier ist also noch lange nicht von freundschaftlichen Beziehungen die Rede, sondern eigentlich nur von der groben Voraussetzung zum „Leben und Lebenlassen". Freundschaft geht wesentlich weiter, weiter auch als der vielgepriesene „Teamgeist", dessen Kultivierung den Individualitätswahn der vergangenen Jahrzehnte abgelöst hat. Es ist zum Beispiel keineswegs unüblich, selbst Ehen derart zu loben, daß man die Partner als ein „gutes Team" bezeichnet. Um jedoch ein gutes Team zu bilden, braucht keiner viel Verständnis für den anderen aufzubringen. Es bedarf lediglich einer gemeinsamen Einigung über die Art und Weise, wie bestimmte Aufgaben bewältigt werden sollen. Im Team kann man einander gründlich fremd bleiben. Je mehr das Persönliche weggeschlossen wird, desto besser funktioniert die Maschine „Team".

Vielleicht sollte man die Würdigung der Freundschaft eher in der Rubrik „Liebe" suchen. Aber selbst Erich Fromm führt sie in seiner *Kunst des Liebens* nicht auf. Er nennt zwar die „Nächstenliebe", die „Mutterliebe", die „erotische Liebe", die Selbstliebe" und sogar die „Gottesliebe"; die „Freundesliebe" hingegen, wie man sie im Altertum noch nannte, ist nicht zu entdecken. Nach Fromm ist „die Liebe zu *einer* geliebten Person und die Liebe zum Nächsten nicht voneinander zu trennen". Im Kapitel über die Nächstenliebe heißt es:

„Die Liebe, die allen Arten der Liebe zugrunde liegt, ist die Nächstenliebe. Damit meine ich das Gefühl der Verantwortlichkeit, der Fürsorge, des Respekts und des Wissens gegenüber allen anderen menschlichen Wesen, also den Wunsch, das Leben des anderen zu fördern. (...) In der Nächstenliebe liegt das Erlebnis der Vereinigung mit allen Menschen, das Erlebnis der menschlichen Solidarität und der menschlichen Einheit. Die Menschenliebe beruht auf dem Wissen, daß wir alle eins sind."

Und einen Absatz weiter heißt es:

„Die Liebe zu den Hilflosen, den Armen und Fremden ist die Grundlage der Nächstenliebe. Es ist nichts besonderes, sein eigenes Fleisch und Blut zu lieben. Jedes Tier liebt seine Jungen und sorgt für sie. Der Hilflose liebt seinen Herrn, weil sein Leben von ihm abhängt; das Kind liebt die Eltern, weil es sie braucht. Erst in der Liebe zu jenen, die meinen Zwecken nicht dienen können, beginnt die Liebe sich zu entfalten."

So recht befriedigend ist diese Interpretation nicht, zumal das Element der Freundschaft tatsächlich keinen Platz darin hat. Wenn man von der Annahme ausgeht: entweder liebt man alle oder keinen, so ist das wohl allzu radikal. Dem menschlichen Maß entsprechender wäre es, von der Möglichkeit einer grundsätzlichen Offenheit zu sprechen, die niemanden völlig ausklammert; aber die graduellen Unterschiede an Zuneigung und Verbundenheit sind dennoch sehr unterschiedlich —, jedenfalls, so lange wir die Ego-Gebundenheit nicht vollkommen überwunden haben. Gewiß ist die Fähigkeit zur Freundschaft nicht von der Gesamtheit der Beziehungsfähigkeit zu trennen. Freundschaft ist vielmehr der Bereich, wo sich ein Potential an Freund-lichkeit manifestieren und wo es kultiviert werden kann, so daß das Gelernte schließlich zum Teil der ganzen Persönlichkeit wird. Mit anderen Worten: die Freundschaft bietet eine besonders gute Gelegenheit, die eigene Freund-lichkeit zu erproben und zu schulen.

Vor allem ist das Ganze ein Prozeß. Freundschaften werden nicht von einem Tag auf den anderen geschlossen, sondern sie wachsen heran. Und niemand kann sagen, wann dieses Wachstum zu Ende sein wird: irgendwann hat man das Gefühl, daß die Freundschaft nicht mehr im Entstehen begriffen, sondern wirklich existent ist. Man hat zu einer Möglichkeit „ja" gesagt und die Möglichkeit in die Wirklichkeit gebracht. Aber die Sache wird weiterhin in Bewegung bleiben: die Freundschaft wird Veränderungen ihrer Struktur erfahren, entsprechend der geistigen Weiterentwicklung der Freunde. Wie die Redewendung besagt, müssen Freundschaften *gepflegt* werden. Sie sind Geschenk und Herausforderung zugleich.

Aber so wird das gewöhnlich nicht gesehen. Freunde *hat* man eben, und gemeinhin bedient man sich ihrer, wenn man sie braucht, und möchte in Ruhe gelassen werden, wenn man sie nicht braucht. Je nach persönlichem Stil werden bestimmte Verhaltensweisen erwartet. Die Oberflächlichkeit, mit der solche Bekanntschaften behandelt werden, macht sie ziemlich wertlos und austauschbar. Schon Cicero ließ seinen Laelius des Scipio Klage berichten:

„ (...) daß die Menschen in allen anderen Dingen sorgfältiger seien. Wieviel Ziegen und Schafe er habe, könne jeder sagen; Wieviel Freunde, könne keiner angeben; und beim Erwerb jener Dinge wendeten sie Sorgfalt an, bei der Auswahl von Freunden aber seien sie nachlässig und wüßten keine bestimmten Merkmale und Kennzeichen, an denen sie die erkennen könnten, die zu Freundschaft geeignet seien."

Dieser Mangel an Sorgfalt in der Auswahl und Pflege von Freundschaften führt notwendigerweise in innere Vereinsamung. Verbindungen, die sich nur auf gesellschaftliche Bedingtheit stützen, erreichen ohne mutigen persönlichen Einsatz keine tiefere menschliche Qualität. Wer Freundschaftlichkeit nie geübt hat, wird zum Beispiel auch mit seinen erwachsenen Kindern, wenn das physische Abhängigkeitsverhältnis beendet ist, schwerlich eine befriedigende Beziehung aufbauen können. Auch Ehen sind ohne das Element der Freundschaftlichkeit zum offenen oder geheimen Scheitern verdammt oder vertrocknen zu langweiligen Symbiosen. Elternschaft und Ehe schützen nicht vor innerer Isolation.

Wenn über Isolation und Vereinsamung des modernen Menschen geklagt wird, so macht man im allgemeinen äußere Umstände dafür verantwortlich: Entfremung im Arbeitsprozeß, Kleinfamilie, Vermassung in den Städten, Verarmung der Kommunikation durch das Fernsehen u.s.w.: doch ist das alles nur *Ausdruck* einer Geisteshaltung, nicht ihre Ursache. Es hat sich deutlich genug gezeigt, daß in der alternativen Szene, in der alle möglichen „neuen Modelle" ausprobiert wurden, wie Kommuneleben, Ausweichen aufs Land, nicht-entfremdete Arbeit, Verbannung des Fernsehers, nicht unbedingt automatisch jene psychische „Erwärmung" stattfand, welche allein die Menschen füreinander öffnet und freundschaftsfähig werden läßt.

Cicero ließ keinen Zweifel daran, was ihm als wichtigste Voraussetzung nicht nur für die Fähigkeit, Freundschaften zu schließen, sondern für eine achtenswerte menschliche Existenz überhaupt erschien:

„Denn welcher Unterschied ist noch, nimmst du des Gemüts Bewegung weg, ich sage nicht zwischen einem Tier und einem Menschen, sondern zwischen einem Menschen und einem Klotz oder Felsen oder sonst einem Ding dieser Art? Man darf nämlich nicht auf jene Leute hören, die die Tugend hart und wie aus Eisen wollen: sie ist vielmehr wie in vieler Hinsicht so auch in der Freundschaft weich und geschmeidig, so daß man durch das Wohlergehen des Freundes sich gleichsam erleichtert, durch sein Mißgeschick jedoch beengt fühlt."

Was Cicero „des Gemüts Bewegung" nennt, läßt sich in unserem modernen Sprachgebrauch nur umständlich beschreiben. Gemeint ist damit ein fühlendes, vor allem ein mitfühlendes Herz, die Fähigkeit, sich von der Not des anderen anrühren zu lassen, sich am Glück des anderen mitfreuen zu können, anstatt sich hinter einer Mauer von Ignoranz und Abwehr zu verbarrikadieren. Anstatt diese Empfindsamkeit des Herzens zu kultivieren, sind wir zu wahren Meistern der Gemütsverrohung geworden. Horrorvideos im Kinderzimmer, von niemandem vermißte Tote in einsamen Appartements, die Erbarmungslosigkeit der sogenannten „Massentierhaltung" sind nur die grelle sichtbare Spitze eines gewaltigen Eisbergs normaler, tagtäglicher Unmenschlichkeit. Gewiß fehlt es nicht an Stimmen, die solche Mißstände anprangern. Man kann auch nicht behaupten, daß nicht die meisten Menschen eine mehr oder minder eingestandene Sehnsucht nach inniger menschlicher Verbindung empfinden. Aber am Symptom läßt sich auch diese Krankheit nicht heilen.

Erich Fromm sieht das zentrale Problem darin, daß es den meisten zwar darum geht, geliebt zu werden, daß sich jedoch selten einmal jemand Gedanken darüber macht, ob er selbst denn überhaupt lieben könne. Er schreibt:

„Demnach heißt für sie das Problem: Werde ich geliebt — wie kann ich liebenswert sein? Um zu diesem Ziel zu gelangen, schlagen sie verschiedene Wege ein. Der eine, der besonders von Männern verfolgt wird, ist der Versuch, so erfolgreich, so mächtig und so reich zu sein, wie es der soziale Spielraum der eigenen Position nur zuläßt. Ein anderer, mehr von Frauen begangen, ist der Versuch, möglichst attraktiv zu wirken, was sich durch Körperpflege, Kleidung u.s.w. erreichen läßt. Andere Möglichkeiten, die zu diesem Zweck sowohl von Männern als auch von Frauen angewendet werden, sind nette Manieren, interessante Unterhaltungen, Hilfsbereitschaft, Bescheidenheit und Zurückhaltung. (...) Tatsache ist, daß das, was die meisten Menschen unserer Gesellschaft unter 'liebenswert' verstehen, im wesentlichen nur eine Mischung von zwei Tendenzen ist: populär zu sein und Sexappeal zu haben."

Sich selbst derart als Ware zu betrachten, beinhaltet natürlich auch, im anderen ein Objekt zu sehen — im besten Fall ein begehrenswertes Objekt. Objektdenken äußert sich auch darin, mal mit diesem, mal mit jenem temporär „gut Freund" zu sein, je nachdem, wie gefällig und angenehm sich der betreffende Mensch gerade darstellen mag. Darin liegt eine Unverbindlichkeit, die freundschaftliche Beziehungen mit dem Maßstab der Zufälligkeit und der vordergründigen Annehmlichkeit mißt. Auch dieses Umstandes war sich Cicero bewußt, und er schrieb deshalb:

„Es stellt sich aber nun die reichlich heikle Frage, ob nicht bisweilen neue Freunde, die unsere Freundschaft wert sind, alten vorzuziehen seien — so wir wir betagten Pferden junge vorzuziehen pflegen. Ein menschenunwürdiges Bedenken! Denn in der Freundschaft darf nicht wie in anderen Dingen Sättigung eintreten: gerade die ältesten Freundschaften müssen — wie die Weine, die ihr Alter aushalten — auch die angenehmsten sein, und wahr ist jenes Sprichwort, daß man viele Scheffel Salzes miteinander essen müsse, damit die Aufgabe der Freundschaft erfüllt würde."

Instant-Freundschaften zum Schnellaufgießen gibt es nicht. Wir haben uns daran gewöhnt, daß alles schnell und bequem vor sich gehen muß. Der Fernseher hat nicht nur einen Knopf zum Wählen des Programms, sondern Fernbedienung, damit man nicht aufstehen muß, um umzuschalten. Die gefrorenen Pommes frittes sind schon vorgebraten, und den Schirm spannt man nicht mehr mit der Bewegung des Armes auf, sondern läßt das durch einen Knopfdruck besorgen. Diese Bequemlichkeitssucht hat ihre Entsprechung im Innern: anstatt lebendiger Kommunikation Leben aus zweiter Hand von der Mattscheibe; anstatt gründlicher Sammlung und Auswertung von Informationen der Konsum von Schlagzeilen; anstatt sich aufmerksam um die eigenen körperlichen und geistigen Vorgänge zu kümmern der Griff in den Medikamentenkasten. All das schürt Abstumpfung und geistige Trägheit. Und der untergründig schmerzende Mangel wird fleißig kompensiert durch Hab und Gut, Leistung und Erfolg. Es ist aufschlußreich, der etymologischen Bedeutung des Wortes ,,Freundschaft" nachzuspüren. Die indogermanische Wurzel *prai* bedeutet ,,schützen", ,,schonen", ,,gernhaben". Abgeleitet davon sind die althochdeutschen Wörter *friunt* − ,,Stammesgenosse", ,,Blutsverwandter", aber auch ,,persönlicher Vertrauter", und *friuntscaf* − ,,die Gesamtheit der Verwandten". Das mittelhochdeutsche *verant* weist jedoch nicht nur auf Blutsverwandtschaft hin, sondern beinhaltet gleichzeitig die Bedeutung von ,,zugewandt", von ,,innerer Hinwendung". Es hat sich also die Bedeutung des Wortes früh schon sowohl auf das Zusammenhalten im Familienclan als auch auf die geistigen ,,Verwandtschaften" bezogen, die solche Grenzen überwanden. Das ins mythische Altertum, also viele Jahrtausende in der Menschheitsgeschichte zurückreichende chinesische Weisheitsbuch *I Ging* beschreibt unter dem Orakelzeichen ,,Gemeinschaft mit Menschen" verschiedene Qualitätsabwandlungen freundschaftlicher Beziehungen. Zunächst einmal definiert der Urtext den eigentlichen Gehalt. Er sagt: ,,Gemeinschaft mit Menschen im Freien − Gelingen". ,,Im Freien" bedeutet, nicht durch Bande der Konvention oder bestimmter Interessen beengt zu sein, sondern ganz frei zu wählen. Die Hinweise auf mögliches Versagen sind eindeutig. Da heißt es zum Beispiel: ,,Gemeinschaft mit Menschen im Klan — Beschämung". Wo es sich klüngelt und abgrenzt und nur eigener Interessen wegen zusammenhält, kann keine echte Beziehung entstehen. Eine andere Variante wird so beschrieben: ,,Versteckt Waffen im Dickicht, steigt auf den hohen Hügel davor." Hier geht es um Hintergedanken dem anderen gegenüber, um Mißtrauen und geheime Gegnerschaft; vom hohen Hügel aus versucht man den anderen auszuspähen, um seine Schwächen zu entdecken und sie sich zunutze zu machen. Positiv dagegen ist das Bild: ,,Gemeinschaft mit Menschen im Tore". Da ist die Tür offen, man läßt den anderen ins Innere des eigenen Hauses, der eigenen Person schauen.

Diese uralten Texte haben nichts von ihrer Wahrheit verloren. Es hat sich im Laufe der Geschichte gezeigt, daß immer dort, wo das Prinzip des Zusammenhaltens einseitig auf vorgegebene gesellschaftliche Strukturen — auf Klan, Stamm oder Volksgemeinschaft — beschränkt wurde, eine Rattenmentalität entstand, die einen kulturellen Niedergang bewirkte. Größte Bereicherung der Kulturen gab es hingegen immer dann, wenn ,,Völkerfreundschaft" tatsächlich praktiziert wurde. Wie zum Beispiel in den deutschen Landen der vergangenen Jahrhunderte, als die vielen Gäste aus fremden Kulturen — und das waren im Verhältnis nicht weniger als heute — noch mit Interesse und Wohlwollen aufgenommen wurden und nichts von ,,Überfremdung" und ,,Ausländer raus" zu hören war.

Die Worte ,,Freundschaft" und ,,freundlich" hängen eng zusammen, und freund-lich ist, wer sich eben wie ein Freund verhält, sich aufrichtig für andere interessiert, die Türen von Herz und Geist für das Unvertraute öffnet. Dieses Element der Freundlichkeit hat allerdings in unserer abendländischen Kultur nie eine tragende Rolle gespielt, galt nie als besonders erstrebenswerte Qualität; und die Saat dessen, was wir nun in der Form von weltbedrohender Barbarei des Herzens ernten, reicht weit zurück.

C.G. Jung erzählt in seiner Autobiographie *Erinnerungen, Träume, Gedanken* von einer Belehrung, die er von einem

Häuptling der Pueblo-Indianer über die Gemütsverfassung der Abendländer erhielt und die tiefe Betroffenheit in ihm auslöste. Der Indianer sagte:

„'Sieh, wie grausam die Weißen aussehen. Ihre Lippen sind dünn, ihre Nasen spitz, ihre Gesichter sind von Falten gefurcht und verzerrt. Ihre Augen haben einen starren Blick, sie suchen immer etwas. Was suchen sie? Die Weißen wollen immer etwas, sie sind unruhig und rastlos. Wir wissen nicht, was sie wollen. Wir verstehen sie nicht. Wir glauben, daß sie verrückt sind.'

Ich fragte ihn, warum er denn meine, die Weißen seien alle verrückt.

Er entgegnete: 'Sie sagen, daß sie mit dem Kopf denken.'

'Aber natürlich. Wo denkst du denn?', fragte ich erstaunt.

'Wir immer hier', sagte er und deutete auf sein Herz.

Ich versank in tiefes Nachsinnen. Zum erstenmal in meinem Leben, so schien mir, hatte mir jemand ein Bild des wirklichen weißen Menschen gezeigt. (...) Dieser Indianer hatte unseren verwundbaren Fleck getroffen und etwas berührt, wofür wir blind sind. Ich fühlte, wie etwas Unbekanntes und doch innigst Vertrautes in mir aufstieg wie ein formloser Nebel. Und aus diesem Nebel löste sich Bild um Bild, zuerst römische Legionen wie sie in die Städte einbrechen, Julius Cäsars scharf geschnittene Züge. (...) Dann sah ich Augustinus, wie er das christliche Credo den Briten auf römischen Lanzenspitzen überreicht, und Karls des Großen rühmlichst bekannte Heidenbekehrungen; dann die plündernden und mordenden Scharen der Kreuzfahrerheere. (...) Sodann kamen Columbus, Cortez und die anderen Conquistadores, die mit Feuer, Schwert, Tortur und Christentum selbst diese entlegenen, friedlich in der Sonne , ihrem Vater, träumenden Pueblos erschreckten. (...) Alle die Adler und sonstigen Raubtiere, die unsere Wappenschilder zieren, schienen mir passende psychologische Exponenten unserer wahren Natur zu sein.“

Des Indianers Aussage über unsere verrückte Herzlosigkeit findet nicht nur auf kollektiver Ebene, sondern auch in den Details unseres Alltags zahllose Bestätigungen; und höchst bezeichnend scheint mir eben zu sein, daß Freundschaft, die nach Cicero edelste Art menschlicher Beziehung, regelrecht in Vergessenheit geraten ist. Höchstens Kinderpsychologen nehmen sich des Themas noch an: sie finden es bedenklich, wenn ein Kind keine Freunde hat. Aber Freundschaft ist keine Kindersache, wenn auch Erziehung zu Freundlichkeit nicht früh genug beginnen kann.

In der Bereitschaft, Freundschaften zu schließen und zu pflegen, äußert sich eine grundlegende geistige Gesundheit — nämlich nicht völlig im Ich-Panzer von Mißtrauen, Kalkül oder Stumpfheit eingeschlossen zu sein. Wie sieht hingegen unsere zur Genüge beklagte Wirklichkeit aus? Ruhelos, lieblos, einsam, isoliert, im Würgegriff von Süchten — Habsucht, Arbeitssucht, Sex-Sucht, Unterhaltungssucht, Medikamentensucht, Alkoholsucht —, Opfer von Depression und Lebensüberdruß. Wir sind tatsächlich verrückt!

Um Freundschaften zu schließen, müßten wir ausbrechen aus unserem scheinbare Sicherheit versprechenden Kokon aus fixen Vorstellungen, Werturteilen, Meinungen über uns selbst und andere. Da müßte die Festung geöffnet, Territorium preisgegeben werden. Ein Spruch aus dem altindischen Lehrtext *Pancatantra* sagt es unverblümt:

„Das sind die sechs Zeichen der Freundschaft: man gibt und man empfängt, man erzählt Geheimnisse und fragt nach solchen, man speist beim anderen und bittet diesen auch bei sich zu Tisch."

Dieser geforderte Austausch, zumal von Geheimnissen, ist eine heikle Sache. Geheimhalten möchte man ja nicht nur den Kontostand oder Eheprobleme, sondern vor allem das, was man an sich selbst nicht akzeptieren kann, all das, was mit der Fassade, die man der Welt bieten möchte, nicht übereinstimmt. Wenn man es schon vor sich selbst nicht völlig geheimhalten kann, soll es wenigstens niemand anderer wissen. Da aber ein unbefangenes, direktes Verhalten solche Einblicke möglich machen würde, wird jede Äußerung einer scharfen Kontrolle unterzogen. So wird jede Situation verzerrt, und der angestrengte Versuch, sich herauszuhalten, zieht nur das Netz der untergründigen Angst noch mehr zusammen. Horst Eberhard Richter spricht in diesem Zusammenhang sogar von einer grundsätzlichen „Unfähigkeit zum Dialog" und führt aus:

„Wie ist es möglich, daß Menschen selbst im privaten Wohnbereich, wo die Abhängigkeitsprobleme und der Konkurrenzdruck der hierarchischen Arbeitswelt zu entfallen scheinen, nicht miteinander reden können? Was hindert sie, ihrem Bedürfnis nach Kommunikation nachzugehen? (...)

Offenbar glaubt man, mit dem nicht fertigwerden zu können, was das offene Aussprechen zutage fördern würde. So ist es tiefe Angst, die jeden warnt, die schützende Ebene oberflächlicher Verbindlichkeit zu verlassen. Aber warum muß man denn so stark befürchten, den anderen entsetzlich zu erschrecken oder zu enttäuschen, wenn man sich tiefer offenbart? Und warum erwartet man umgekehrt vom Partner dasselbe? Obwohl man einander doch dringend in jenen tiefen Dimensionen zu spüren bekommen möchte, in denen so viele angestaute Gefühle und Sehnsüchte auf ihre Entfaltung warten?"

Richter ging der Frage gründlich nach und stellte als erstes fest, daß die Lage bei Frauen und Männern offenbar verschieden ist. Frauen sind im allgemeinen eher bereit als Männer, etwas von sich selbst preiszugeben, heimliche Gedanken und Gefühle zu offenbaren. Nach intimen Freunden befragt, wird übrigens so manche Frau von einer oder zwei „engen Freundinnen" berichten können. Männer hingegen werden zwar von einem möglichst großen Bekanntenkreis mit möglichst „interessanten" Leuten erzählen, oder von guten Kumpels für nächtliche Ausflüge, oder von schätzenswerten Partnern bei ihrer Arbeit, nicht aber von Freunden, „Busenfreunden", wie man das einst nannte, weil man solche, im direkten wie im bildhaften Sinn, „ans Herz nimmt". Soweit es sich um Richters Untersuchungen handelt, geht es noch nicht einmal um jenen nahen und innigen Kontakt, den man Freundschaft nennt, sondern um Berührung überhaupt, allein um die Fähigkeit, nur einigermaßen unverkrampft miteinander zu reden.

Richter beschreibt zum Beispiel eine typische Erfahrung, die er im Rahmen seiner therapeutischen Arbeit machte:

„In einer Experimentiergruppe, aus mehreren Paaren bestehend, fangen die Frauen an, sich gegenseitig von ihren Problemen zu erzählen. Sie ermutigen sich wechselseitig, allmählich immer tiefer in die Erörterung der Schwierigkeiten einzusteigen. Die Männer hören eine Zeitlang nur erstaunt und beklommen zu. Hin und wieder versuchen sie auch Ablenkungsmanöver. Typischerweise versuchen sie, die Probleme zu intellektualisieren und auf theoretische Formeln zu bringen, über die man stundenlang in einer scheinbaren Sachdiskussion streiten kann. In Wirklichkeit wollen sie nur aus Angst den Weg nach innen, die Aufdeckung der emotionellen Hintergründe, blockieren. Aber schließlich können sich die Frauen doch durchsetzen und darin fortfahren, von ihren Gefühlskonflikten zu reden. Am Ende beginnt es die Männer zu faszinieren, was die Frauen aus ihrer Innenwelt schildern. Und man merkt, daß sie gespannt darauf warten, wie es den Frauen bekommen wird, sich in dieser radikalen Weise zu öffnen. Es stellt sich nun heraus, daß die Frauen tatsächlich einander helfen können, jeweils die eigenen Probleme besser zu verstehen. Im Austausch gewinnen sie miteinander Klarheit über gemeinsame, aber auch über spezifisch individuelle Konflikte. Es kommt dazu, daß man sich gegenseitig auch ermutigt und kreative Anregungen geben kann. Das stimuliert allmählich die Männer, sich vorsichtig anzuhängen und auch etwas von sich zu zeigen, nachdem sie eine Zeitlang nur von oben her einige interpretatorische und beratende Hinweise gegeben hatten. Die Möglichkeit der Frauen, sich Erleichterung zu verschaffen, lockt die Männer auf das Eis, dessen Tragfähigkeit sie von sich aus nie auszuprobieren gewagt hätten.''

Der kleine Vorsprung, den die Frauen, was Beziehungsfähigkeit betrifft, von ihrer weiblichen Natur her haben, ist jedoch nicht überzubewerten. Auch für sie gilt, wenngleich vielleicht nicht im selben extremen Maß wie für die Männer, Richters Statement:

,,Die Kultivierung der Sphäre des Gemüts, die 'Gemütlichkeit', wurde zur Energieverschwendung beim Vorrang der reinen Leistungsorientiertheit.''

Das ,,Gemüt'', von dem der römische Philosoph wie der moderne Psychoanalytiker sprechen, hat nichts zu tun mit sentimentaler Rührseligkeit, karitativem Überschwang oder neurotischer Empfindlichkeit. Das mittelhochdeutsche Wort *gemüete* bezeichnete ursprünglich jenen Bereich des menschlichen Geistes, in dem die tiefen Gefühle und die intuitive Wahrnehmung angesiedelt sind, beziehungsweise Gefühl und Intuition selbst. Es entspricht der Qualität, die sinnbildlich ,,Herz'' genannt wird

— psychische Wärme, Sanftheit, Verletzlichkeit, Mitgefühl. Heute noch gebrauchte Redewendungen wie „ein Mensch mit Gemüt" oder „ein offenherziger Mensch" deuten auf eine gefühlsmäßige Empfänglichkeit hin, auf gelockerte Grenzen des Ego-Hoheitsgebiets. Das große Mißverständnis, solch eine gewachsene, mit allen Aspekten der Persönlichkeit verbundene echte „Offenherzigkeit" mit einer psychologischen Strategie zu verwechseln, scheint allerdings sehr verlockend zu sein. Es hat dem Menschenbild der „neuen Spiritualität" ebenso wie dem antiautoritären Erziehungsprinzip oder den christlichen Vorstellungen von einem „guten Menschen" ein psychologisches Bein gestellt. Jenes heimliche Kalkül nämlich, mit dem ein jeder sein Selbstwertgefühl gegen mögliche Angriffe zu schützen versucht, läßt sich durch keinen Trick ausschalten; es werden höchstens seine Formen modifiziert. Die Attitüde der Herzlichkeit und Freundlichkeit ist eine besonders raffinierte Maske, hinter der man sich sogar vor sich selbst ganz gut verstecken kann. Doch wirkt sie gleichzeitig als besonders massives Bollwerk gegen echte menschliche Nähe.

Im allgemeinen pflegen wir unsere Muster des Denkens, Fühlens und Verhaltens nicht zu hinterfragen. Erst wenn der Druck der Einsicht, daß etwas nicht stimmt, groß genug geworden ist, wenn sich alle Selbstrechtfertigungsversuche und Rationalisierungen als wirkungslos gegenüber der Realität erwiesen haben, gibt es ein gewisses Erwachen, das Richter folgendermaßen beschreibt:

„Man kann sich theoretisch vorstellen, daß man sich einfach nur so zeigen sollte, wie man ist. Man sollte die anderen, für die man sich interessiert, offen ansprechen. Man sollte sie einfach danach fragen, was man von ihnen wissen will. Und man sollte sagen, wie man auf sie gefühlsmäßig reagiert und wie man sich das Verhältnis zu ihnen wünscht. Aber all das kann man nicht. Man wagt nicht, etwas von sich anzubieten."

Statt dessen bietet man Theater an, eine Rolle, von der man glaubt, daß sie entweder den anderen für einen selbst einnimmt — das ist der verführerische Stil —, oder daß sie dem anderen am wenigsten Angriffsfläche gibt — das ist der ignorante Stil —, oder daß sie dem anderen von vornherein signalisiert, daß jeder

Angriff gefährlich wäre und daß mit einer überlegenen Verteidigungsmacht gerechnet werden muß — das ist der aggressive Stil. Richter zählt einige typische Berechnungen auf, die hierbei angestellt werden:

„Wie dicht darf ich an die anderen herangehen, um meine Kontaktwünsche zu befriedigen?
Wie fern muß ich mich halten, um nicht bedrängend zu wirken?
Wie offen darf ich widersprechen, um mich zu behaupten?
Wieviel muß ich widerspruchslos hinnehmen, um nicht aggressiv zu wirken?
Wieviel darf ich von meinem Leiden zeigen, um Hilfe zu bekommen?
Wieviel muß ich von meinem Leiden verschweigen, um die anderen nicht zu sehr zu belasten?
Wieviel darf ich von meinen persönlichen Schwächen zeigen, um die Last des Versteckspiels loszuwerden?
Wieviel muß ich von meinen persönlichen Schwächen verdecken, um mir unerträgliche Blamage zu ersparen?
Wieviel darf ich von meinen Einstellungen verraten, damit die anderen mich richtig kennenlernen?
Wieviel muß ich von meinen Einstellungen zurückhalten, um nicht zu provozierend auf andere mit abweichenden Einstellungen zu wirken?"

Solche, im Dämmer des Bewußtseins ablaufende Erwägungen zeigen vor allem, daß wir uns selbst nicht zu akzeptieren vermögen, wie wir sind. Und der Teufelskreis der Angst hat seine traurige Logik; ebensowenig wie wir uns selbst akzeptieren, akzeptieren wir die anderen. Wie sollten wir da von ihnen Besseres erwarten? Diese Negativerwartung ist das psychische Grundprogramm, auf das alle übrigen Programme der psychologischen Muster bezogen sind.

Nun geben wir uns so viel Mühe, ganz ausnehmend kluge Leute zu sein. Beim Geschäft mit dem Leben, mit dem Glück wollen wir uns nicht austricksen lassen, sondern möglichst gut wegkommen — und eben das ist das Problem! Wir sind *viel zu klug*, verlassen uns viel zu sehr auf unsere Berechnungen. Dadurch entsteht eine Einseitigkeit von zuviel Denken und zuwenig intuitivem Fühlen. Daß Herz und Verstand zusammenarbeiten müssen, um Freundschaft möglich zu machen, stellt der Römer Seneca in seinen lebensklugen *Briefen an Lucilius* dar:

„Du hast, wie du schreibst, deine Briefe einem Freunde zur Bestellung an mich übergeben. Sodann warnst du mich, ihm nicht alles dich Betreffende mitzuteilen, weil du das nicht einmal selbst zu tun pflegst. So hast du in einem und demselben Briefe gesagt und geleugnet, daß er dein Freund sei. (...) Doch, wenn du einen für deinen Freund hältst, dem du nicht ebensoviel vertraust wie dir selbst, so irrst du gewaltig und kennst das Wesen der wahren Freundschaft nicht. (...) Nach geschlossener Freundschaft muß man trauen, vor Abschluß der Freundschaft prüfen."

Dieses Zusammenspiel von zwei einander scheinbar ausschließender Faktoren — der Fähigkeit zur Kritik und der Fähigkeit zur Hingabe — ist, so stellte Seneca fest, äußerst selten. Umso häufiger erlebt man sie getrennt, wie er beschreibt:

„Einige erzählen allen ihnen in den Weg Kommenden, was nur den Freunden anzuvertrauen ist, und entladen sich alles dessen, was sie beschwert, in jedes Ohr; andere wiederum scheuen sogar die Mitwisserschaft derer, die ihnen die Teuersten sind, und drängen als Leute, die sogar sich selbst nicht vertrauen würden, wenn sie könnten, jedes Geheimnis tief in ihr Inneres zurück. Keines von beiden darf man tun."

Mit dieser Gegenüberstellung spricht Seneca bereits das grundlegende Muster abendländischer Denkungsart an: die Neigung zu extremem Dualismus, zum totalen Entweder-Oder, die in keiner anderen Kultur dieser Welt zu solcher Ausprägung kam und so verheerende Konsequenzen hatte. Die Tatsache, daß Dualität existiert, wurde zu extremen Vorstellungen verzerrt wie Hexe *oder* Heilige, Kapitalismus *oder* Kommunismus, Wissenschaft *oder* Religion, Prüderie *oder* sexuelle Zügellosigkeit, Intellektualismus *oder* Gefühlsduselei. Diese Tendenz, extreme Positionen einzunehmen, scheint unser Denken in jeder Hinsicht zu beeinflussen.

Gehen wir einmal davon aus, daß Menschen getrennte Wesen sind, die sich im Grunde ihres Herzens danach sehnen, diese Getrenntheit zu überwinden. Der dualistische Wahn führt nun dazu, daß man sich entweder auf die Seite der Getrenntheit stellt und diese für unüberwindlich hält, oder daß man an die totale Einheit glaubt und leugnet, daß es sich um durchaus verschiedene Leute handelt und daß man dieser Verschiedenheit gerecht werden muß. Zur ersteren Haltung bekennt sich zum Beispiel der Philosoph Ortege y Gasset. In seiner Schrift *Der Mensch und die Leute* heißt es:

„Diese Wesen, die anderen Menschen, lassen sich, eben weil sie solche sind und andere Leben leben, in ihrer Grundwirklichkeit nicht mit mir vergemeinschaften. Es gibt zwischen uns nur eine relative, mittelbare und stets problematische Gemeinsamkeit. Erstlich und letztlich, das heißt am Anfang und am Ende meiner Erfahrung mit ihm, ist der andere Mensch für mich das mir von Grund auf fremde Wesen, der radikal Außenstehende. Und wenn ich glaube, im Verlaufe unseres Umganges zu dem Schlusse kommen zu müssen, daß ein gut Teil seiner Welt mit der meinen übereinstimmt und daß wir mithin in einer gemeinsamen Welt leben, so wird diese Gemeinsamkeit der Lebensumgebung dennoch durchaus keine Bresche in unser beider Einsamkeit schlagen."

Während die modernen Philosophen meist nur dem Intellekt die Ehre geben und sich mit dessen unterscheidenden Funktionen identifizieren, neigen jene, die einer Religion oder einer neuen spirituellen Bewegung anhängen, gerne dazu, diese natürliche und sinnvolle Fähigkeit zur Unterscheidung ganz über Bord zu werfen und sich ausschließlich nur mit der verbindenden Funktion des Gefühls zu identifizieren.

Aber auch wer an einer schwärmerischen Einheitsprojektion festhält, wird an der Wirklichkeit scheitern. Der Einheitsglaube verführt uns dazu vorauszusetzen, der andere müsse genau so sein wie wir selbst. Stellt es sich heraus, daß er doch anders ist, so bricht alles zusammen; und vor allem sind wir in diesem Fall sicher, der andere sei schuld. Der mittlere Weg, der Herz und Geist, Gefühl und Intellekt miteinander verbindet, führt zu einer — zugegeben paradoxen — Erkenntnis: daß wir getrennt und verbunden zugleich sind, wie übrigens das Wort „Alleinsein" deutlich macht, das man in die drei Worte all-ein-sein trennen kann. Da sind zwei einander entgegengesetzte Bedeutungen in einem Wort vereinigt, wodurch ihre dualistische Festlegung offensichtlich relativiert und transzendiert wird.

Diese transzendierte Situation beschreibt Chögyam Trungpa folgendermaßen:

„Es muß weiterhin eine dualistische Beziehung bestehen bleiben. Daran ist überhaupt nicht Verkehrtes. Im Falle von Mitgefühl wird dieser Prozeß jedoch nicht zentral in einem Punkt vereinigt. Dualität in einem letztlich gültigen Sinn umfaßt nämlich Weisheit und Mitgefühl; diese beiden Gegenpole sind notwendig."

Weisheit und Mitgefühl sind die Produkte der Entfaltung des Denkens und des Fühlens, der reinen, ausgewogenen Funktion von Intellekt und Herz. Hermann Hesses Roman *Narziß und Goldmund*, der — außergewöhnlich genug — Freundschaft zum zentralen Thema hat, versucht an zwei Menschen die Annäherung der zwei Prinzipien darzustellen. Was im Roman extrem gezeichnet ist, hat in der Realität weniger scharfe Konturen; aber es deutet zum Beispiel die Redensart „Gegensätze ziehen sich an" auf eine psychologische Gesetzmäßigkeit hin. Tatsächlich kann man in Freundschaften ein gegenseitiges Sich-Ergänzen, oder besser noch: ein Aneinander-Lernen beobachten. Bei Hesse verkörpert Narziß die Geistseite, während Goldmund im wahrsten Sinn des Wortes ein „Gemütsmensch" ist.

„Eine wunderliche Freundschaft war es, welche zwischen Narziß und Goldmund begann; wenigen nur gefiel sie, und manchmal konnte es so scheinen, als mißfiele sie den beiden selbst. Narziß, der Denker, hatte es damit zunächst am schwersten. Ihm war alles Geist, auch die Liebe; es war ihm nicht gegeben, gedankenlos sich einer Anziehung anheimzugeben. Er war in dieser Freundschaft der führende Geist, und lange Zeit war er es allein, der Schicksal, Umfang und Sinn dieser Freundschaft bewußt erkannte. Lange Zeit blieb er einsam mitten im Lieben und wußte, daß der Freund ihm erst dann wirklich angehören werde, wenn er ihn zur Erkenntnis würde geführt haben."

Über Goldmund hingegen sagt der Autor:

„Schon im ersten Frühling dieser Freundschaft aber stieß er auf wunderliche Hemmnisse, auf unerwartete, rätselhafte Kälten, auf erschreckende Forderungen. Denn ihm lag es ferne, sich seinen Freund als Widerspiel und Gegenpol zu denken. Ihm schien, es bedürfe ja nur der Liebe, nur der aufrichtigen Hingabe, um aus zweien eins zu machen, um Unterschiede auszulöschen und Gegensätze zu überbrücken. Wie herb und sicher, wie klar und unerbittlich aber war dieser Narziß! Ihm schien ein harmloses Sichhingeben, ein dankbares gemeinsames Wandern im Lande der Freundschaft unbekannt und unerwünscht zu sein. Wege ohne Ziel, träumerisches Dahinwandeln schien er nicht zu kennen, nicht zu dulden.''

Narziß wird Mönch, unterwirft sich einem Leben äußerster körperlicher und geistiger Disziplin; Goldmund hingegen wird Künstler und fühlt sich zu einem triebhaften, ruhelosen Leben hingezogen. Sie verkörpern extreme Gegenpole, die Hesse in dieser Freundschaftsgeschichte zu versöhnen versucht. Obwohl beide darum ringen, sich dem anderen anzunähern, bleiben sie letztlich gebannt in das jeweilige Bild, das sie von sich selbst und vom anderen haben.

Was sich zwischen uns selbst und die Welt, zwischen uns selbst und die anderen stellt, sind stets unsere Voreingenommenheiten, unsere Meinungen. Wir haben ein Gedächtnis wie ein Elefant, lassen uns von Erfahrungen programmieren und werden dann zu Opfern unserer eigenen Programme. Wir tragen Schubladen voller Erinnerungen mit uns herum — daher kommt wohl auch der Begriff ,,nachtragend'' —, und alle Situationen werden mit den Maßstäben der ganz persönlichen Meinung gemessen.

Diese unbewußte Festlegung auf ein gespeichertes, aus Erinnerungen zusammengesetztes Bild prägt das Verhalten dem anderen gegenüber. Ganz besonders deutlich wird das in der Beziehung zwischen Eltern und heranwachsenden Kindern. Es fällt Eltern ungeheuer schwer, die Veränderung unmittelbar mitzuvollziehen; das gespeicherte Bild wird erst nach gewaltigem Druck von außen und ziemlich unfreiwillig losgelassen. Auf diese Weise kann natürlich keine Kommunikation zustandekommen, denn es wird keine Rücksicht auf die tatsächliche Situation genommen.

Obwohl wir tagtäglich feststellen könnten, wie verwirrt wir sind, wie sehr die inneren Instanzen, die unsere Erfahrungen etikettieren, die Maßstäbe für unsere Urteile liefern und die Verhaltensimpulse steuern, im Dunkeln liegen, glauben wir fest daran, uns selbst zu kennen. Aber das stimmt überhaupt nicht — wir haben lediglich ein Bild von uns selbst, ebenso, wie wir ein privates Bild von anderen Menschen haben. Das Grundproblem, auf das alle Beziehungsschwierigkeiten zurückzuführen sind, liegt darin, daß wir gar nicht bereit sind, uns selbst kennenzulernen. Das hat gute Gründe. Wir haben von klein auf gelernt, daß so vieles an uns schlecht und verdammenswert sei. Wir haben gelernt, so sein zu wollen, wie es von uns erwartet wird, und nicht sein zu wollen, was innerhalb der elterlichen und gesellschaftlichen Normen als „schlecht" gilt. Da diese Normen aber immer an Idealvorstellungen orientiert sind, anstatt an psychologischer Wirklichkeit, können sie gar nicht erfüllt werden. Also wird ein Selbstbild aus Rechtfertigungen geschaffen, die so gut wie möglich gegen jede tiefere Einsicht geschützt werden. Brechen sie dennoch einmal zusammen, so flammt Selbsthaß auf, gleichzeitig aber werden alle verfügbaren Rationalisierungen zuhilfe geholt, um den guten alten Zustand wiederherzustellen. So leben wir in einem ständigen Belagerungszustand uns selbst gegenüber, angstvoll auf der Lauer und dabei immer heimlich unzufrieden. Doch spielt sich das Ganze im Keller des Bewußtseins ab und darf in den oberen Stockwerken nicht bekannt werden. Die Trennung geht so weit, daß das Erscheinungsbild beim sogenannten „normalen", ordentlich angepaßten Menschen seinem tatsächlichen inneren Zustand entgegengesetzt ist: er wirkt mit sich selbst zufrieden, funktioniert gut, setzt sich durch und leidet vor allem nicht. Er gibt nicht einmal sich selbst gegenüber zu, daß er Tag und Nacht mit Maske und Verkleidung lebt.

Der erste Schritt des Erwachens besteht darin, sich der Erfahrung des untergründigen Schmerzes nicht mehr entziehen zu können oder freiwillig stillzuhalten und ihn zuzulassen. Zugleich steigt damit ein natürliches Bedürfnis nach der tröstenden Nähe eines Menschen auf. An diesem Punkt kann aus einer Bekanntschaft Freundschaft werden. Man teilt sich mit, die Fassade bröckelt; das Erschrecken darüber wird durch die Erleichterung des Sichöffnens wettgemacht. Einmal begonnen, wächst der Mut, eigene Blößen wahrzunehmen und aufzudecken, sich zu eigenen Unvollkommenheiten zu bekennen. Wie bedeutungsvoll dies im Sinne einer psychischen Hygiene ist, läßt sich den Ausführungen C.G. Jungs entnehmen, der damit übrigens die Forderung nach dem Austausch von Geheimnissen im altindischen *Pancantantra* bestätigt. In *Seelenprobleme der Gegenwart* ist nachzulesen:

„So fördernd ein mit mehreren geteiltes Geheimnis ist, so zerstörend wirkt ein nur persönliches Geheimnis. Es wirkt wie eine Schuld, die den unglücklichen Besitzer von der Gemeinschaft mit anderen Menschen abschneidet."

Und an anderer Stelle heißt es:

„Alles persönliche Geheimnis wirkt wie Sünde und Schuld, ob es nun solche ist oder nicht, gesehen vom Standpunkt allgemein geglaubter Moral. (...) Durch das Bekenntnis aber werfe ich mich der Menschheit wieder in die Arme, befreit von der Last des moralischen Exils."

Natürlich geht dieser Prozeß des Sichöffnens innerhalb einer heranwachsenden Freundschaft nur langsam und zögernd voran, und gewiß wird nicht alles gleich mitgeteilt, was man selbst erkannt hat. Wesentlich ist jedoch, daß ein Gefühl dafür entsteht, selbst nicht schlecht, nicht ablehnenswert zu sein, sondern vielmehr voller entfaltbarer Reichtümer zu stecken. Auf dieser Basis wird der Schmerz der Selbstbegegnung erträglich.

Diesen Schmerz beschreibt Trungpa als grundlegende Erfahrung in der Meditation, die man eine Art natürlicher Psychoanalyse nennen könnte. Er sagt dazu in seinem Buch *Jenseits von Hoffnung und Furcht:*

„Diese schmerzhafte Erfahrung ist sehr gut, weil sie der Beginn zur Freundschaft mit sich selbst ist. Wenn wir wirklich daran gehen, eine langfristige Freundschaft mit jemandem zu schließen, so ist wahrscheinlich das erste, worauf wir bei jenem Menschen treffen, dasjenige, was wir nicht an ihm mögen. Das ist der Ausgangspunkt, der ein festes Fundament für unsere Freundschaft abgibt. Das ist eine wirklich zuverlässige Grundlage, denn wenn wir diese Dinge bereits einbezogen haben, werden wir uns später von nichts verwirren lassen, was auch immer uns mit diesem Freund widerfahren mag. Weil wir alle negativen Aspekte kennen und uns vor dieser Seite der Beziehung nicht zu verstecken brauchen, sind wir nun völlig offen dafür, daß wir auch die andere, die positive Seite der Beziehung finden. Was das anbelangt, so ist dies eine sehr gute Art und Weise, wie wir mit uns selbst oder mit jemand anderem Freundschaft schließen können. Andernfalls fühlen wir uns hinters Licht geführt, wenn wir die Fehler erst später entdecken."

Es ist also der direkte, aufrichtige Umgang mit Negativität, den wir vor allem lernen müssen, um „freundschaftsfähig" zu werden. Damit sind wir auf einer weitaus realistischeren Ebene angelangt als die römischen Philosophen des Altertums, die sich meist mehr damit befaßten, wie es sein sollte, als damit, wie man praktisch zum gewünschten Ziel gelangt. So hoch sie die Freundschaft auch einschätzten und so beeindruckende Lobeshymnen sie darüber anzustimmen wußten — wie man es anstellen soll, zu solchen Höhen zu gelangen, konnten sie auch nicht sagen. Ciceros schöne Ausführungen über die Freundschaft zwischen Laelius und Scipio können einen sogar ganz schön ins Boxhorn jagen; denn er zeichnet von beiden ein makelloses Bild, vor allem von Scipio, dem offenbar alles Allzumenschliche fremd war, ein römischer Winnetou ohne Furcht und Tadel. Solche hehren Projektionen, als Beispiel geboten, bergen heimliches Gift. Sie provozieren jenen gewaltigen Anspruch, der, je nach persönlichem Stil, den anderen oder einen selbst als „schmutzbedecktes Schwein" — um eine Formulierung des *I Ging* zu benützen — erscheinen läßt.

Das läuft dann allzu leicht auf das hinaus, was Nietzsche in einem treffenden Aphorismus zusammengefaßt hat:

„Es waren Freunde, aber sie haben aufgehört, es zu sein, und sie knüpften von beiden Seiten zugleich ihre Freundschaft los, der eine, weil er sich zu sehr *ver*kannt glaubte, der andere, weil er sich zu sehr *er*kannt glaubte, und beide haben sich dabei getäuscht! Denn jeder von ihnen kannte sich selbst nicht genug."

Wir können Negativität nicht ignorieren. Sie ist einfach da, so, wie eben nicht immer die Sonne scheint: manchmal regnet oder schneit es, und gelegentlich gewittert oder hagelt es sogar ganz fürchterlich. Nun kann man natürlich schlechte Laune bekommen, weil das Wetter nicht so ist, wie man es gerne haben möchte. Man nennt das dann „schlechtes Wetter", obwohl Wetter schließlich einfach nur Wetter ist, mal so, mal so. Es wäre nicht nötig, sich auf eine moralische Bewertung einzulassen.

Wenn wir „schlechtem Wetter" in uns selbst oder jemand anderem begegnen, ist dieselbe Haltung möglich. Es gibt eine gewisse gesunde Distanz zu solchen Erscheinungen, und die nennt man Sinn für Humor. In diesem Sinn für Humor sind Intelligenz und Gefühl vereinigt — die Intelligenz, die klar erkennt, was los ist, und das Gefühl, das dem Ganzen Raum gibt und die Wichtigkeit relativiert. Der Humor sagt: Es ist wichtig — aber nicht *gar zu* wichtig; es ist ernst — aber nicht *gar zu* ernst; es ist scheußlich — aber nicht *gar zu* scheußlich. Diese Distanz ermöglicht unmittelbare Einsicht in die Situation. Wenn wir zum Beispiel an einem bissigen Hund vorbeigehen müssen, sind wir sehr direkt herausgefordert. Wir spüren uns selbst genau. Zunächst können wir versuchen, uns mit der eigenen Angst gut bekannt zu machen; sie wird so den Mut mit sich ziehen. Dann fällt uns wahrscheinlich ein, daß man den Hund beruhigen könnte. Hilft das nichts, werden wir tatsächlich angegriffen, so werden wir ihm möglicherweise eins auf den Kopf geben müssen. Kurz, es wird getan, was nötig ist.

Es geht nicht darum, „edel, hilfreich und gut" zu sein, sondern darum, daß man wirklich mit einer Situation verbunden ist. Sich vor lauter Edelmut oder Aggressionshemmung beißen zu lassen, wäre dumm. Und deshalb dann einen gewaltigen Haß zu nähren, wäre ebenfalls dumm. Es ist interessant, daß viele der traditionellen buddhistischen Zen-Künste Japans und Chinas mehr oder minder Kampfkünste sind — wie Schwertfechten, Karate, Jiu Jitsu und Kungfu. Zen-Kunst heißt meditative Kunst oder Kunst der Sammlung. Es ist eine außerordentlich wirkungsvolle Schulung der Achtsamkeit. Ein alter Text sagt, daß der Kämpfer nicht an seinen Gegner, nicht an seinen Sieg, nicht einmal an sich selbst denken solle. Er kämpft und hält an nichts fest. Dieses innere Loslassen wird durch das Bild des Samurai symbolisiert, der seine Waffe wegwirft und die Arme ausbreitet.

Unter Freundschaft stellt man sich idealerweise eine angenehme, warme, innige Sache vor. Das trifft jedoch nur soweit zu, wie es tatsächlich erarbeitet wurde. Es liegt in der Natur der Freundschaft, daß man sich in ihr an nichts festhalten kann. Keine äußere Bindung hält die Beziehung zusammen, und nichts ist in ihr zu gewinnen oder zu verlieren. Keine andere Art von menschlicher Verbindung macht so deutlich, daß sich der Reichtum einer Beziehung um so mehr erschließt, je mehr Furcht und Hoffnung überschritten werden.

VII

Die Kunst des Alterns

Die Parias der Wegwerfgesellschaft sind nicht die Armen — diese bilden ja nur eine kleine, wenn auch neuerdings wachsende Minderheit — sondern das Heer der Alten, das ausgepowerte „Menschenmaterial", mit ihrem Rentenanspruch eine wirtschaftliche Last und als Konsumenten auch nicht mehr allzu interessant. Ein kleines Grüppchen alter Männer in Politik und Wirtschaft vermag sich dank rechtzeitig aufgehäufter Macht aus der Masse der Wegwerfmenschen hervorzuheben. Der große Rest kümmert zumeist in Alters- und Pflegeheimen einem würdelosen Tod unter Medikamenteneinfluß oder an sinnlos lebensverlängernden Apparaten entgegen. Die Rate der Alterspsychosen ist in ständigem Zunehmen begriffen, und ebenso die Zahl der Selbstmorde in der letzten Lebensphase. Einige der Gründe beschreibt der Psychiater Van den Berg in *Grundriß der Psychiatrie* so:

„Alt werden ist an sich keine Krankheit, wohl aber für viele eine Last, vor allem heute, und zwar aus folgenden Gründen:

1. Den Betagten wird wenig Raum gelassen, nicht nur im wörtlichen Sinn, sondern auch und vor allem, weil ein flottes, sportliches und sexuell aktives Erwachsensein zum Leitbild des Lebens schlechthin erhoben wurde.

2. Der schnell sich wandelnde Lebensstil führt zu Mißverständnissen und Konflikten zwischen den Generationen, was zur Folge hat, daß die Eltern, vor allem in den westlichen Ländern,

weniger selbstverständlich als früher bei ihren erwachsenen Kindern wohnen, die freilich auch oft keinen Raum für sie haben. Folge: der Aufenthalt in einem Altersheim, im Altersappartement oder -Wohnheim, Orte, die oft — wenn auch nicht immer — gut ausgerüstet sind, in denen aber die Betagten häufig ein isoliertes, trauriges, vereinsamtes Dasein führen.

3. Für viele dauert das Alter zu lange. Zahlreiche interkurrente Krankheiten, die ehemals vor allem das gebrechliche Alter kürzten, werden heute bekämpft. Das Ergebnis ist ein langer Zeitraum körperlicher und geistiger Invalidität. Man kann nur mit Sorge daran denken, was in dieser Hinsicht noch weiter geschehen wird."

Altern ist weder eine Krankheit noch eine Schande — und doch entsteht der Eindruck, als bestünde ein heimlicher Konsens, diesen natürlichen Lebensprozeß eben dahingehend zu diffamieren. Ganze Industrien verdienen daran, daß alternde Frauen verzweifelt darum kämpfen, den Augenblick vor sich herzuschieben, in dem sie endgültig als Geschlechtswesen disqualifiziert und aus dem weiblichen Konkurrenzspiel ausgeschieden werden. Alternde Männer sind nur noch „interessant", wenn sie einen vergoldeten Bauch vor sich hertragen oder sich zum angestaubten Playboy-Hanswurst machen. Ob Udo Jürgens trällernd dem Rentner ein Motorrad und Teenagergelüste verpaßt, nach dem Motto: „Mit 64 Jahren fängt das Leben an" oder das fünfzigjährige Konservierungswunder Joan Collins zum bedenklichen Idol künftiger Großmütter stilisiert wird — es zeigt sich darin allemal eine unreflektierte Jugendsüchtigkeit, die dem Alter als eigenständiger Lebensphase keine Chance lassen will.

Aber auch ganz handfeste soziale Muster machen das Alter zum Schreckensbild. Ausgediente Mütter, deren Selbstwertgefühl sich stets darauf stützte, daß sie gebraucht wurden, verzweifeln daran, nicht mehr gebraucht zu werden, unnütz und damit überflüssig zu sein. Gelegentlich werden sie von ihren Nachkommen als dienstleistende Omas akzeptiert; dann kann die Lebenslüge bis zum Tod aufrechterhalten werden.

Im Vergleich dazu sind die Männer im Ruhestand, äußerlich betrachtet, noch schlechter dran. Brigitta Kreß schreibt über das Selbstwertproblem des alternden Mannes:

„Ein Leben lang auf Selbstverleugnung zugunsten von Leistung konditioniert, steht er nun vor einem ihm unbekannten demolierten Selbst, mit dem der nicht gelernt hat umzugehen. Er kennt vielleicht den präzisen Ablauf des Speichervorgangs eines Computers, er kann vielleicht auf hundertstel Millimeter genau ein Werkstück an der Drehbank anfertigen oder beherrscht das Auspreisen vom Warensortiment eines Großmarktes, aber die Vorgänge in seiner inneren Bedürfnisstruktur sind ihm fremd. Sein Männlichkeitsideal wurde primär vom Berufsbild geprägt, und er muß feststellen, daß er nun darin keinen Platz mehr findet. Er kennt das Fremdbild vom alten, unproduktiven Mann und beginnt oft widerstandslos, sich diesen Sozialzuschreibungen und Typisierungen anzupassen, noch vorhandene Fähigkeiten und Talente zu ignorieren und läßt schließlich das *Fremdbild* zum *Selbstbild* werden. Obwohl es keine konkreten physischen Veranlassungen dafür gibt, wächst er in sein eigenes Altersstereotyp hinein."

Daß die Frauen von klein auf bereits eine „Defizitexistenz" im Sinne des mechanistischen, leistungsbezogenen Menschenbildes aufgebrummt bekommen, erspart ihnen im allgemeinen diesen speziellen „Pensionierungsschock". Doch scheinen beide gleichermaßen unvorbereitet ins Alter hineinzurutschen, sich dem Wahrhaben widersetzend, bis es ganz und gar unvermeidlich geworden ist, um dann selbst Opfer der Tabuisierung zu werden, zu der sie durch ihr Nichtwissen ihr Leben lang selbst beigetragen haben.

Hand in Hand mit der Ächtung des Alterns und der Alten geht das Verhalten vieler alter Menschen selbst. Die Aggression gegen den unerwünschten Zustand wendet sich, wenn nicht gegen andere, dann gegen sie selbst, kleidet sich in das Gewand der Regression, in der sie Kindern gleich die totale Versorgung fordern und sich überhaupt die Kinderrolle in einem Maße erlauben, das oft weit über ihre echte Hilfsbedürftigkeit hinausgeht, soziologisch abstrahiert als „Austausch von Selbstbild gegen Fremdbild". Das ist das Ergebnis einer lebenslangen Ignoranz gegenüber der tatsächlichen Realität menschlicher Existenz — der „Hoffart des Lebens", wie das Neue Testament es nennt, auch anders zu übersetzen, nach dem Vorschlag des christlichen Psychologen Albert Görres, mit „Protzerei der Vitalität". Denn es ist üblich, so zu leben, als gäbe es Alter, Krankheit und

Tod nicht. Diese werden als feindliche, angsterregende Mächte empfunden, die man bekämpfen muß, obwohl es doch offensichtlich sein sollte, daß dieser Kampf nicht zu gewinnen ist — daß wir weder dauernd jung bleiben können noch unsterblich sind.

Man kann natürlich fragen: was soll denn bitte sehr schon Gutes daran sein, daß der Körper häßlich und kraftlos wird, daß der Verschleiß Schmerzen mit sich bringt, daß das einzige Ziel, auf das der alte Mensch noch hinleben kann, seine vollkommene Zerstörung ist? Sollte es nicht gesünder sein, die Augen vor dem, wenn auch unvermeidlichen, Unheil zu verschließen und rauszuholen aus dem Leben, was rauszuholen ist, solange es noch irgend geht? Und „rausholen" heißt hier: im sozialen Leben gut dastehen durch Leistung, durch Nützlichkeit, durch Lebensstandard, durch äußere Attraktivität — lauter Ideale der ersten Lebenshälfte. Aber was bleibt, wenn es nicht mehr geht?

C.G. Jung sagte einmal in einem Vortrag über die *Lebenswende*:

„Gelderwerb, soziale Existenz, Familie, Nachkommenschaft sind noch bloße Natur, keine Kultur. Kultur liegt jenseits des Naturzwecks. Könnte also *Kultur* der Sinn und Zweck der zweiten Lebenshälfte sein? Bei primitiven Stämmen sehen wir zum Beispiel, daß fast stets die Alten die Hüter der Mysterien und Gesetze sind, und in diesen in erster Linie drückt sich die Kultur des Stammes aus. Wie steht es in dieser Hinsicht bei uns? Wo ist die Weisheit unserer Alten? Wo ihre Geheimnisse und Traumgesichte? Fast eher wollen es bei uns die Alten den Jungen gleichtun. In Amerika ist es sozusagen das Ideal, daß der Vater der Bruder seiner Söhne und die Mutter womöglich die jüngere Schwester ihrer Tochter ist."

Der Kulturverlust in den industrialisierten Gesellschaften ist unverkennbar, vornehmlich im Verlust der Humanität und Menschenwürde. Die weltanschauliche Weichenstellung läßt sich schon aus einer Brockhaus-Definition des Begriffes *Industrie* ablesen, die vor 150 Jahren formuliert wurde und heute, mit geringfügigen Veränderungen, in neuen Ausgaben immer wieder eifrig reproduziert wird. Da heißt es wörtlich:

„*Industrie* ist das Bestreben und die Geschicklichkeit, Gegenstände zu erschaffen, welche zur Befriedigung der menschlichen Bedürfnisse dienen. Sie gibt nämlich der Arbeit eine solche Richtung, daß sie die Vorstellung verwirklicht, wie die rohe Materie eine vollkommene, das heißt dem Bedürfnisse angemessene Gestalt bekommen und überhaupt mehr leisten kann, als es bisher der Fall gewesen ist. Die Industrie ist eine Vervollkommnung des menschlichen Willens und daher geistiger Natur. Die Möglichkeit derselben hängt zunächst von der Ausbildung des menschlichen Verstandes und von den Fertigkeiten ab, das, was dieser als zweckmäßig erkennt, auch mit der Tat auszuführen. Hierzu aber gehört Ausbildung des menschlichen Erkenntnisvermögens, Erweiterung und Vervollkommnung des menschlichen Wissens. Je weiter sich solches erstreckt und je tiefer er in die Natur der Dinge eindringt, desto mehr Mittel und Wege werden dem Menschen bekannt, die natürlichen Dinge zu seinen Zwekken einzurichten und zu gebrauchen."

Es ist eigentlich eine sehr kindhafte Weltanschauung, die hier ausgedrückt wird, zumindest insofern, als das Blickfeld ausschließlich nur auf das Habenwollen beschränkt ist. Ein Kind kann schwer verstehen, warum es seinen Bonbontopf nicht auf einmal leeressen, sondern damit haushalten soll, ebenso wie der materialistische Mensch nicht auf die totale Ausbeutung der natürlichen Ressourcen verzichten mag. Das Kind hat keinen Überblick — und der fehlt auch dem Materialisten, sowohl äußerlich als auch innerlich.

Die erste Lebenshälfte beinhaltet die Phasen von Ichausprägung, Elternablösung, Konfrontation mit der „Welt", Aufzucht der Nachkommen und Etablierung der Existenz. Es ist eine Phase, die vor allem von „Problembewußtsein" gekennzeichnet ist, denn das „Lebenlernen" ist ein Prozeß, in dem die Notwendigkeit, ein bewußter Mensch zu werden, einen ständigen Druck ausübt — und diesen Druck bezeichnen wir als „Probleme". Dementsprechend sind auch die Reste unserer Kultur — die Künste und die sogenannten „Geisteswissenschaften" — vom Sinn fürs Problematische, für die Verzerrung, durchdrungen, sofern nicht das Etikett „Kultur" dort aufgeklebt wird, wo man nur langweilig und stereotyp konservierte Vergangenheit wiederkäut, ohne sie beleben zu können — was ja der Langweiligkeit und Stereotypie des Alters in unserer Zeit entspricht.

Echte Kultur aber hat in erster Linie etwas mit der geistigen Dimension zu tun, in der gelebt wird. Sie ist der Ausdruck der geistigen Tiefe und psychischen Vollständigkeit einer Gesellschaft. Die ist jedoch nicht gegeben, wenn der Tod, die große Wandlung, nicht integriert werden kann; denn er ist ja nur der Name, den wir dem sichtbarsten Zeichen der Unbeständigkeit geben, die alles Leben charakterisiert, und der letztlich ebenso angemessen wäre für alle die vielen kleineren Transformationen, die wir durchlaufen — die kleinen Tode, die wir psychisch sterben müssen, wenn etwa Situationen sich ändern, alte Meinungen und Vorstellungen sich als überlebt erweisen, Beziehungen sich verändern, nahestehende Menschen wegsterben. Kein neuer Augenblick wäre möglich ohne den Tod des alten — und dennoch führen wir unser Leben oft so, daß wir von unserem Schicksal widerstrebend und ohne alle Würde in die unvermeidliche neue Situation hineingezerrt werden, voller Angst und Verwirrung, eher wie ein bockiger, irritierter Esel als wie ein aufgerichteter, mit dem Mut und der Zuversicht des Helden nach vorn blickender Mensch. Und je mehr es dann auf den großen Tod zugeht, desto heftiger wird das Widerstreben, desto stärker die Tendenz, den Blick zurückzuwenden und sich am Vergangenen — an alten Meinungen und Verhaltensmustern ebenso wie an Lebenserinnerungen — festzukrallen. Für solch ein Verhalten muß der Esel Schläge einstecken, und der Mensch nicht minder: es macht ihn krank an Geist und Körper. Der Seelenarzt Jung bestätigt, daß die Frage nach einem bewußten Einbeziehen des Todes nicht nur für philosophische Denker von Interesse ist, sondern durchaus greifbare existentielle Konsequenzen hat. In der *Lebenswende* sagt er:

„Ich habe die Beobachtung gemacht, daß ein zielgerichtetes Leben im allgemeinen ein besseres, reicheres, gesünderes ist als ein zielloses, und daß es besser ist, mit der Zeit vorwärts als gegen die Zeit rückwärts zu gehen. Dem Seelenarzt erscheint der Alte, der sich vom Leben nicht trennen kann, ebenso schwächlich und krankhaft wie der Junge, der es nicht aufzubauen vermag. Und tatsächlich handelt es sich in vielen Fällen um dieselbe kindische Begehrlichkeit, dieselbe Furcht, denselben Trotz und Eigensinn im einen wie im anderen Falle. Ich bin als Arzt überzeugt, daß es sozusagen hygienischer ist, im Tode ein Ziel zu erblicken, nach dem gestrebt werden sollte, und daß das Sträuben dagegen etwas Ungesundes und Abnormes ist, denn es beraubt die zweite Lebenshälfte ihres Zieles. Ich finde deshalb alle Religionen mit einem überweltlichen Ziel äußerst vernünftig, vom Standpunkt einer seelischen Hygiene aus gesehen."

Jung vergleicht unsere abendländisch-materialistische Einstellung mit der eines Menschen, der in einem Haus wohnt, von dem er weiß, daß es innerhalb der nächsten vierzehn Tage über seinem Kopf zusammenbricht, und dessen gesamte Lebensfunktionen von diesem Gedanken beeinträchtigt werden müssen, selbst — oder gerade dann — wenn er bewußt nicht daran zu denken versucht.

Jung kam nach einem langen, intensiven und geistig sehr wachen Leben zu dem Schluß, daß es in der Tiefe hinter unseren vordergründigen Gedanken so etwas wie „Urgedanken" gibt, zu denen auch die Idee vom Leben jenseits des Todes gehört. Es ist ein „Überwissen" oder „Unterwissen", das viel mehr dem Bereich der Intuition zugehört als dem des rationalen Intellekts, und das, was da in einem hintergründigen geistigen Raum wahrnehmbar wird, kann weder Objekt des Glaubens noch wissenschaftlicher Beweisführung sein. Die irrationale Gewißheit hat sich in den Religionen und Mythen der Welt in vielerlei Bilder und Ansichten gekleidet. Jung, dessen Lebenswerk es war, die Ausdrucksformen der Psyche zu hinterfragen und die hinter ihnen wirkenden Impulse ausfindig zu machen, stellte kurz vor seinem Tode fest:

„Er scheint, als sei das Leben ein Zwischenspiel in einer langen Geschichte. Sie bestand schon, bevor ich war, und wird höchstwahrscheinlich weitergehen, wenn das bewußte Intervall in einer dreidimensionalen Existenz zu Ende ist."

Diese Ahnung klingt in der Bibel an, in der Jesus als mögliche Wiedergeburt des Elias gesehen wird, und die Wiedergeburts-Vorstellung galt im frühen Christentum als ganz selbstverständlich, bis sie im 5. Jahrhundert durch das Konzil von Konstantinopel aus politischen Gründen verboten wurde. Vor allem in den asiatischen Religionen Hinduismus und Buddhismus ist diese Idee von jeher sehr lebendig, und zumal aus Tibet sind überzeugend dokumentierte Fälle von Erinnerungen an frühere Leben bekannt. Aber nicht nur aus Tibet; auch im Westen tauchen immer wieder Berichte von solchen Rückblicken über die scheinbar hermetische Grenze auf. Es besteht keine Notwendigkeit, an die Reinkarnationstheorie zu glauben, und ebensowenig, sie zu widerlegen. Wichtig ist nur, den inneren „Urbildern", wie Jung sie nannte, die Aufmerksamkeit nicht zu verweigern, weil sie Mittler sind zu dem großen geistigen Raum, der sich hinter unserem engen, kleinen Ichbewußtsein erstreckt.

Der Standpunkt der fragmentarischen Qualität dieses Lebens schließt das Gefühl für seine Einmaligkeit nicht aus, denn dieses spezielle dreidimensionale Leben haben wir nur einmal. Allerdings können wir nicht behaupten, innerhalb dieses Lebens stets derselbe zu bleiben. Das Ich des Zwanzigjährigen ist ein anderes als das Ich des Vierzigjährigen, und wieder ganz anders ist das Ich des Achtzigjährigen. Nur Einzelteile eines Mosaiks scheinen gegeben zu sein — ihre Anordnung jedoch und das Bild, das sich daraus ergibt, verändern sich ständig.

Die symbolische Sprache verwendet gern Gleichnisse aus den zyklischen Abläufen der Natur, um das innere Gesetz der psychischen Lebensprozesse zu beschreiben, wie zum Beispiel Knospe, Blüte und Frucht. Die Zeit der Knospe ist sehr kurz, die Blüte verblüht relativ bald, aber die Frucht braucht reichlich Zeit zum Reifen. Die Erscheinungsformen in Gestalt, Farbe und Größe sind von beachtlicher Unterschiedlichkeit, so sehr, daß man angesichts der Blüte oft völlig vergißt, daß sie ein Vorstadium der Frucht ist, und angesichts der Frucht, daß sie einmal ein so ganz anderes Ding, eben eine Blüte war. Von einer Seite betrachtet ist die Blüte nur durch den Tod der Knospe und die Frucht nur durch den Tod der Blüte möglich. Von der anderen Seite gesehen handelt es sich jedoch um einen Übergang zu jeweils erweitertem Leben, zu weiterer Sinnerfüllung. Dazu paßt gut, was C.G. Jung in hohem Alter, wenige Monate vor seinem Tod niederschrieb:

„Es ist sehr wohl möglich, daß wir die Welt von der verkehrten Seite anschauen und daß wir die richtige Antwort finden könnten, wenn wir unsere Standpunkte änderten und sie von der anderen Seite betrachteten, das heißt nicht von außen, sondern von innen."

Wollte man es sich nun so vorstellen, daß man in der ersten Lebenshälfte getrost ganz und gar materiell orientiert sein kann und die „spirituelle" Orientierung auf die zweite Hälfte hinausschieben, so würde einem diese Art von dualistischer Trennung wohl kaum zugute kommen. In der abendländischen Entwicklung zeichnet sich so ein Hinausschieben — wenn es auch völlig unbewußt ist — inzwischen deutlich ab. Die Orientierung auf den Bereich des Nur-Materiellen, postuliert vor allem von der rationalistischen Wissenschaft, rechtfertigt sich bis heute mit der Unbeweisbarkeit all dessen, was man „über-weltlich" nennt, mit der Einschränkung, daß man ja immer noch umdenken könne, wenn es erst einmal beweisbar würde ... Und der so sanktionierte Mangel an einer weiterreichenden Vision hat dazu geführt, daß alle Erkenntnisse und Fertigkeiten tölpelhaft mißbraucht wurden und eine Kettenreaktion globaler Zerstörung in Gang brachten, die vielleicht bald keine Möglichkeit zum Umdenken mehr läßt. Dieser industrielle, tierhaft dumme Selbstbehauptungswille auf Kosten von allem und jedem, dieses Wirtschaften in die eigene Tasche, das die materialistische Einstellung charakterisiert, ist im Individuellen ebenso destruktiv wie im Kollektiven; denn diese beiden Bereiche sind nicht zu trennen.

Wer hat nicht schon von dem Schreiberling gehört, der Schundromane schreibt und argumentiert, das mache er nur, um damit sein irgendwann zukünftiges, großes, überwältigendes Werk zu finanzieren; oder vom Pianisten, der in einer Bar seichtes Zeug klimpert und von der großen Pianistenkarriere träumt. Einmal mit dem Selbstbetrug begonnen, hat er die Tendenz, zur lieben Gewohnheit zu werden.

Die Vorstellung, in der zweiten Lebenshälfte die existentielle Orientierung von „materiell" auf „spirituell" umzuschalten, ist schlechthin der Höhepunkt materiellen Denkens. Denn „die Dinge" und „Geist" gehören zusammen wie beim Auto Fahrgestell und Räder, und die Vernachlässigung der inneren Welt macht einen sinnvollen Umgang mit der äußeren Welt unmöglich. Wie sich das im Ganzen der Kultur auswirkt, analysiert Heinz Friedrich in seinem Buch *Kulturverfall und Umweltkrise*:

„Der geschichtlich vorwärtsdrängende Gestaltungswille des Menschen konnte so lange an seiner gegenmenschlichen, zerstörerischen Entfaltung gehindert werden, solange ein intakter kultureller Überbau, zu dem auch die Religion gehört, die Sozietät einigermaßen in der Balance zwischen der geistigen Sublimierung gewonnener Erfahrungen und täterischer Barbarei zu halten imstande war. Religion und Kunst – und im weiteren Sinne überhaupt alles, was man als Lebens-Stil, als Zusammenfassung und Höherwertung von Lebensäußerungen bezeichnet – sie übernahmen somit eine Art Hemmungsfunktion innerhalb der Gesellschaft, eine 'Hemmungsfunktion', die an die bessere Seite der Menschheit appellierte, indem sie deren Bedürfnis nach Transzendenz wachhielt und befriedigte. Durch seine Kultur war der zeitliche Mensch stets in die Lage versetzt, mit der zeitlosen Ewigkeit, der er entstammt und der er nach wie vor angehört, Zwiesprache zu halten und Trost zu empfangen angesichts der Barbarei, in die er seine Physis immer wieder hineinzwängt."

Diese materialistische „Barbarei" wird auch dem alternden Menschen zur Falle, der es versäumt hat, mit der Kultivierung seines Geistes, seines inneren Lebens rechtzeitig zu beginnen, und dessen seelische Flexibilität mangels Bewegung so sehr abgenommen hat, daß sein Denken und Fühlen eingefroren ist in erstarrte Muster, die ihn zur menschlichen Karikatur machen.

Nicht, daß es irgendwann „zu spät" wäre, um geistig aufzuwachen; aber es wird mit zunehmendem Alter immer schwieriger! Ebenso wie dem untrainierten Körper die Bewegung immer schwerer fällt, regt sich auch der ungeübte Geist immer schwerfälliger. Er wird immer weniger in der Lage sein, seine Illusionen und sein Meinungsgebäude zu durchschauen.

Diese Bewußtseinsatrophie vieler alternder Menschen beruht auf einem sich immer mehr verstärkenden Mangel an Lernbereitschaft. Die gutgemeinten Anregungen zu allen möglichen Pensionistenaktivitäten, die Bildungsstätten und Bildungskurse, Sport-, Spiel- und Hobbyprogramme für ältere Leute sind eine Art Heftpflaster, und in ihrer Tendenz, sich zu etablieren, zementieren sie eher die übliche Anschauung von der unvermeidlichen Infantilität des Alters. Die christlichen Autoren Gertrude und Thomas Sartory, die in ihrem Buch *Das ganze Leben* – in seinem Untertitel heißt es übrigens bezeichnenderweise: „Anregungen für junge ältere Leute", denn „jung" ist nun mal das

Gütezeichen par excellence – die also solche Modelle zur Beschäftigung der Alten befürworten, merken allerdings auch an:

„Wenn ältere Menschen sich als unfähig erweisen, ihr Bewußtsein zu verändern, dann nicht deshalb, weil das Alter notwendig starr und unbeweglich macht, sondern weil sie das Lernen verlernt haben. Die Lernfähigkeit folgt nämlich aus dem Lerntrainingszustand. Wo oder wann wird aber dem Durchschnittsbürger im mittleren Lebensalter noch ein Lerntraining abverlangt? Im Gegenteil: die Sprichwörter verführen ihn zu der Meinung, Lernzeit sei nur die Kinder- und Jugendzeit, später sei man zum Lernen zu alt. 'Was Hänschen nicht lernt, lernt Hans nimmermehr!' Solche Sprüche sind irreführend. Wer lerntrainiert ist, hört nicht auf zu lernen bis ins hohe Alter – bleibt bereit, sich neuen Gesichtspunkten zu öffnen, bisherige Ansichten zu revidieren, den je gegenwärtigen Problemen der Zeit sich zu stellen."

Es wäre natürlich eng gedacht, wollte man sich unter „Lernen" nur Verstandesaktivitäten vorstellen. Sie machen lediglich einen Teil des Lernens aus, so wie ein Kind sich in der Schule Informationen in der Art von Vokabeln, Daten und mathematischen Formeln aneignen muß. Eine echte, umfassende Lernfähigkeit wird dadurch noch nicht vorbereitet. Im Gegenteil – wir werden dazu erzogen, die aufgedrängten Informationen wie Glaubenssätze zu behandeln. „Es steht im Buch, also ist es so!", und keine Schule, keine Universität nimmt Rücksicht auf die Vorläufigkeit vieler Erkenntnisse.

Lernen ist Aufnehmen, aber auch *Wahr*nehmen – was, dem Wort nach, einen Sinn für Wahrheit, für Wirklichkeit voraussetzt. Ohne empfängliche Offenheit ist Lernen nicht möglich – aber ebensowenig ohne kritische Distanz. Beide Aspekte, Herz und Geist, gehören zusammen, und einer hat ohne den anderen keine sinnvolle Entwicklungsmöglichkeit.

Das Auseinanderklaffen von Kopf und Herz ist besonders deutlich zu sehen an der Trennung von Wissenschaft und Religion, von rationaler und irrationaler Ebene. Der Begriff „irrational" ist sogar zum Schimpfwort verkommen, obwohl er lediglich eine Unterscheidung bezeichnet wie etwa „dunkel" im Gegensatz zu „hell" oder „groß" im Gegensatz zu „klein". Irrational ist das Gefühl, die Ahnung, die Intuition. Irrational ist die Beglückung über das Schnurren einer Katze auf dem Schoß, über Raureif auf dem Filigran der Alleebäume, über einen freundlichen Blick der Kassiererin im Supermarkt.

Alte Kulturen waren weiser als unsere moderne Zivilisation, die viele Sachen hat und wenig Geist. Es lohnt sich, von ihnen zu *lernen*, indem wir ihre Inspiration aufgreifen, was gewiß nicht heißen mag, daß wir das Rad zurückdrehen und ganz und gar so leben sollten wie irgendwelche exotischen Altvorderen. Dieser Versuch wäre ebenso lächerlich, als wollten wir Spielhöschen anziehen und uns mit Sand bekleistern wie in der Kindheit, die zwar unbestritten ihre Qualitäten hatte, aber uns Erwachsenen nicht mehr so angemessen ist. Wohl aber können wir die Inspiration aus der Erinnerung an die seelische Offenheit der Kinderzeit und ebenso die Inspiration aus der Betrachtung früherer beziehungsweise geografisch entfernter Kulturen zulassen. So beschreibt zum Beispiel John Blofeld in seinem Buch *Selbstheilung durch die Kraft der Stille* die Gestaltung des Lebensabends eines Freundes im vorkommunistischen China, der ein Anhänger der taoistischen Lehre und Lebenskunst war. Dieser ältere Herr, ein Witwer, hatte mit vierzig Jahren seinen bescheidenen Laden verkauft und sich zur Ruhe gesetzt — zu einer ganz besonderen Art von Ruhe, wie wir gleich sehen werden:

„Tagtäglich stand er im Winter wie im Sommer mit der Dämmerung auf, um in seinem Hof T'ai Chi zu üben; danach erstreckte sich der Tag endlos vor ihm, da sich eine Tochter und eine Bedienstete um sein leibliches Wohl kümmerten, aber ich hörte ihn niemals klagen, daß ihm die Zeit lang würde. Wie viele Bürger Pekings lebte er in inniger Verbundenheit mit dem Ablauf der Jahreszeiten und liebte Bäume, Blumen, Vögel, singende Insekten und Goldfische.

Zur Zeit des chinesischen Neujahrs, das im allgemeinen auf den Februar fällt, schmückte er sein kleines Haus mit reizvollen Arrangements von Narzissen und Kieseln in flachen Tonschalen und mit Blütenzweigen vom Winterpflaumenbaum in antiken Porzellanvasen. Wenn die Kälte zur Zeit des Festes der Klaren Helligkeit nachließ, zog er ein gut wattiertes Gewand an und ging auf den Seen im nördlichen Teil der Stadt zum Bootfahren, um in der Gesellschaft alter Freunde das frische Grün der Weidenzweige zu genießen, das sie dazu inspirierte, feinsinnige

Kurzgedichte zu schreiben. Diesen Ausflügen folgten Besuche der berühmten schönen Plätze an den westlichen Hügeln, wo er im Knospen und Sprießen des Frühlings schwelgte. Er kehrte meist erst nach einem oder zwei Tagen mit Armen voller Magnolien zurück oder mit Zweigen von frischem Frühlingsgrün, aus denen er Gestecke machte. Im Mai verbrachte er viel Zeit damit, im einen oder anderen Park mit seinen alten Kameraden Tee zu trinken und sich an der Pracht der Pfingstrosen zu erfreuen. Im Juni stand sein Hof voller eingetopfter Oleander in Rosa und Weiß und dazwischen junge, schlanke Granatapfelbäumchen. Freunde trafen ein, um sie zu bewundern oder die neuesten der mannigfaltigen Goldfische zu betrachten, die er in großen Tonbassins hielt. Inspiriert von einigen Schlucken Wein reimten sie dann Gedichte über alle diese schönen Dinge. Während der Sommermonate war der Hof mit Matten überdacht, und es war zu heiß, um sich in der Tagesmitte hinauszuwagen. Am späten Nachmittag jedoch liebte er es, an den Ufern der vielen Wasserstraßen Pekings entlangzuschlendern, um die Fülle der Lotusblumen zu betrachten, die sich aus den das Wasser fast völlig bedeckenden Blättern erhoben. Er fertigte gern phantasievoll geformte Lampions aus diesen großen, flachen, köstlich duftenden Blättern, und am Fest der Seelen war er immer unter den vielen Menschen zu finden, die bei Nacht zusammenkamen, um auf dem Pei-hai-See kleine Schiffe aus Lotusblättern mit einer brennenden Kerze darauf schwimmen zu lassen. In den Nächten der Herbstmitte und des Festes der Zweifachen Neun (das war der neunte Tag des neunten Monats) brach er mit einer fröhlichen Gruppe zum Gipfel eines Hügels auf. Dort ergötzte man sich am strahlenden Mondlicht und an der Musik der Flöten oder der mit Seide besaiteten Ku Chin, auf denen die wehmütigen Weisen längst vergangener Zeiten erklangen. Während der Zeit der Chrysanthemen war der Wohnraum meines Freundes mit leichten Holzgestellen vollgestellt, die viele Dutzende von Töpfen mit diesen herrlichen Blumen trugen. Im frühen Winter kaufte er Grillen in sorgfältig gefertigten Käfigen aus Bambus, und ihr Zirpen belebte die melancholischen Abende. Später, in der Zeit der großen Kälte, ging er gern auf dem Pei-hai-See Schlittschuhlaufen oder saß mit Freunden in einer Galerie mit Lackarbeiten beim Tee und schmauste heiße Klöße mit gewürzter Fleischfüllung, während er auf die belebte Szenerie auf der weiten Eisfläche hinausschaute.

Einen großen Teil seiner Zeit verbrachte er daheim mit dem Lesen alter Werke oder spielte auf seiner Ku Chin, schrieb Kalligraphien, malte zarte Abbilder seiner bevorzugten Bäume und Blumen, gestaltete geschickt alle möglichen kleinen Gegenstände aus Holz oder Baumbus oder spielte Wei Chi — ein Brettspiel — mit seiner Tochter, die eine hervorragende Spielerin war. Das klingt nach einem idyllischen Leben, aber er brachte es fertig, mit einem sehr bescheidenen Budget auszukommen."

Daß dies alles nicht allein kultivierter Müßiggang war, sondern umfassendere Bedeutung hatte, deutete der Taoist mit dem Hinweis auf seine unermüdliche „Kultivierung des Weges" an, chinesisch „Pao I" — Das Eine umarmen — genannt. Er erklärte, daß er täglich Atem-Yoga und Meditation praktiziere und stetig bemüht sei, sein Shen, das heißt Herz-Geist im Sinne von Intellekt und Intuition, zu nähren. Die Vergnügungen waren nicht-formale, meditative Übungen und zugleich kreativer Ausdruck seiner inneren Entwicklung. Er sagte:

„Mein Leben ist erfüllt und glücklich, wenn auch gewiß müßiggängerisch nach weltlichen Normen; aber ich vergeude mein „Shen" nicht, indem ich mich törichten Leidenschaften und Ängsten hingebe. Wenn ich noch weitere hundert Jahre lebe, schön und gut. Wenn ich morgen sterbe, schön und gut."

Es mag lohnend sein, noch etwas beim Taoismus zu verweilen, denn er ist ein überaus hochentwickeltes religiöses und kulturelles System, in dem das Alter eine ganz besondere Berücksichtigung genoß. Es war uralte chinesische Tradition, daß die Ehrerbietung, die einem Menschen entgegengebracht wurde, mit der Zahl seiner Jahre zunahm. Denn je älter er wurde, desto mehr näherte er sich der Weisheit der verehrungswürdigen Ahnen an. Zum anderen war das Ziel der taoistischen Alchemie die „Unsterblichkeit" — wobei in der niederen Alchemie eher die körperliche Langlebigkeit, in der höheren dagegen eine innere Reinigung von vordergründiger Existenzverhaftung gemeint war. Die beiden Anschauungen hatten jedoch, der Weisheit des Systems entsprechend, fließende Grenzen. Und so bietet die taoistische Überlieferung hervorragende Maßnahmen sowohl zur Pflege des körperlichen Wohl als auch zur geistigen Hygiene.

Der taoistische Lebenskünstler hat die wichtigsten Faktoren bereits genannt. Zunächst einmal fällt auf, daß in seinem „Pensionistenleben" — denn ein solches war es ja gewissermaßen — Freunde eine nicht geringe Rolle spielten. Im Frühjahr ging er mit „alten Freunden" Bootfahren, im Mai bewunderte er mit „alten Kameraden" die Pfingstrosen im Park; im Sommer kamen Freunde, um seine Gestecke zu bewundern, in den Nächten der Herbstmitte bestieg er mit „einer fröhlichen Gruppe" die Hügel zur Mondscheinparty, und im Winter traf er sich mit Freunden in einer Galerie.

Es ist von „alten Freunden" die Rede; das waren nicht Bekanntschaften aus dem Altersheim oder aus dem Seniorenclub, sondern vertraute Menschen, die Herr Wang oder Hsien oder Li schon lange kannte, die kennenzulernen er wohl auch in seinem äußerlich noch beschäftigteren Leben genügend Muße gefunden hatte. Denn es bedarf der Muße, um Freundschaften so zu pflegen, daß sie von Dauer sein können.

Es ist viel von der Isolation der älteren und alten Menschen die Rede. Aber auch hier mag, wie überall, das Gesetz von Urche und Wirkung seine Rolle spielen. Die Pfahlwurzeln der Isolation reichen tief in die Vergangenheit hinein. Vordergründige, in irgendeiner Hinsicht zweckbezogene Beziehungen, die eher Interessengemeinschaften als Freundschaften genannt werden sollten, halten sich nicht über die Grenzen der Zweckbezogenheit hinaus.

In einer Lebenseinstellung, die seit frühester Jugend vor allem von Konkurrenzdenken geprägt war und in der das Image weit mehr zählte als die Qualität der Persönlichkeit, konnte es für Freundschaften kaum Platz geben. Es wurde zwar für wichtig gehalten, einen großen „Bekanntenkreis" zu haben, wenn möglich mit einigen Berühmtheiten darin, aber die Intimität größerer persönlicher Nähe wurde dabei tunlichst vermieden.

So beginnt die Isolation schon früh — nur ist sie eben wegen der größeren Kompensationsmöglichkeit durch Familie und Beruf noch nicht so deutlich zu spüren.

Herr Wang, wie wir ihn nennen wollen, steckt nun allerdings keineswegs die ganze Zeit mit seinen Freunden zusammen. Man trifft sich hin und wieder, plaudert, teilt die Freude an schönen Dingen, macht Gedichte oder musiziert. Diese Begegnungen wirken wie kleine Kostbarkeiten im Leben des Herrn Wang, wie Goldfäden in einem zarten Gewebe.

Den Tag beginnt der chinesische Ruheständler mit T'ai Chi, einer traditionell festgelegten Serie von langsamen Bewegungen,

wie Drehen, Gewichtsverlagerung von einem Bein auf das andere, Beugen und Strecken der Beine und weite, fließende Gesten
mit Armen und Händen. Das hat nichts mit gymnastischen
Übungen zu tun, sondern ist eine Folge von sanft lockernden
Bewegungen, wobei kein Bereich des Körpers je überstrapaziert
wird.

Außerdem praktiziert Herr Wang „regelmäßig" — und das
heißt vermutlich täglich — Atem-Yoga und Meditation. Das
chinesische Atem-Yoga beruht grundsätzlich darauf, durch gesammelte Achtsamkeit dem Atem zu einem freien Fluß und
zu seiner natürlichen Tiefe zu verhelfen, so daß Yin (Empfangen — Einatmen) und Yang (Geben — Ausatmen) in Einklang
kommen. Die inhaltslose Meditation im Taoismus ist vom
Buddhismus beeinflußt worden, da sich die beiden in vielem
verwandten Systeme im Lauf der Jahrhunderte stark vermischt
haben. Es ist die konsequente Zähmung des Geistes, das heißt,
der Verwirrung im begrifflichen Denken und in den Emotionen. Auf diese Weise wird das ständige Gedanken- und Emo-
tionen-Kino, mit dem wir üblicherweise identifiziert sind und
von dem wir sagen: „Das bin ich!", überdeutlich. Und da es
immer dieselben Filme, das heißt, dieselben Denk-, Fühl- und
Verhaltensmuster sind, die ablaufen, wird man ihrer schließlich
überdrüssig, und die Identifikation kann sich auflösen. Dies ist
Lernen im reisten Sinn: es bedeutet, in ein bereits vollgestelltes
Zimmer nicht immer noch mehr hineinzustellen, bis man sich
gar nicht mehr darin bewegen kann, sondern es auszuräumen,
so daß Platz entsteht, um zu tanzen. Diese freie innere Beweglichkeit äußert sich als Intelligenz, als Humor, als Mitgefühl,
als Kreativität.

Wenn Herr Wang nicht mit seinen spirituellen Übungen be-
faßt ist, pflegt er, wie man das früher nannte, die „Muße".
Muße heißt nicht, faul sein. Herrn Wangs Tage sind kreativ erfüllt: Er liest, malt, musiziert, schreibt kleine Gedichte, und vor
allem pflegt er die klassischen meditativen Künste des Blumen-
steckens und der Kalligraphie, die als wichtige Elemente der ja-
panischen Zen-Kultur Berühmtheit erlangt haben.

Man könnte einwenden: von allem ein bißchen und nichts
richtig! Herr Wang würde darüber sicher belustigt lächeln. Mit
solch einem Purismus hat kein Taoist sich je das Leben vergällt.

In den fernöstlichen Kulturen hat es den abwertenden Begriff vom „Dilettanten" nie gegeben — wohl aber auch nicht jene banal nachahmende Haltung, die weit entfernt ist von der Aufrichtigkeit und Anstrengung echten Lernens.Die meditativen Künste sind nicht zweckgebunden; das Resultat ist weniger wichtig als der Prozeß der Gestaltung selbst. Das Sichverbinden mit den Blumen, die zum Gesteck komponiert werden, das lange Reiben der Tusche und das innere „Loslassen" des Pinsels, der das kalligrafische Schriftzeichen malt — das ist das Wesentliche, hierbei öffnet sich der Geist für die Vollkommenheit und Schönheit, die allem zugrundeliegt, und die der abgelenkte, verwirrte Geist nicht wahrzunehmen vermag.

Ein weiterer Einwand könnte lauten: das ist ja ganz schön und gut, was die alten Chinesen gemacht haben, aber wir sind keine alten Chinesen, sondern moderne Abendländer, und überhaupt kann man nicht einfach in eine andere Kultur hineingreifen und sich herausholen, was einem gerade gefällt. Das stimmt natürlich! Es hätte wenig Sinn, Methoden zu übernehmen, ohne eine ernsthafte Verbindung mit dem Sinn, der in ihnen liegt, herzustellen. Doch mag uns andererseits ein eingefleischter Abgrenzungsmechanismus dazu veranlassen, zu übersehen, daß die alten Chinesen eben auch Menschen waren mit Herz und Geist. Der menschliche Körper benötigte schon vor zehntausend Jahren dieselben Nahrungselemente wie heute, und mit dem menschlichen Geist verhält es sich nicht anders. Es liegt eine gewisse Hybris darin, von weiseren Nachbarn nicht das lernen zu wollen, was die eigene Kultur nicht anzubieten hat. Das christliche Abendland hat es mit seiner Fixierung auf die Beherrschung der Materie bis zur Atombombe gebracht, aber was die Entwicklung des *menschlichen* Potentials betrifft, sind wir ziemlich primitiv geblieben. Es gibt in unserer Kultur kein Äquvalent zu den meditativen Künsten Asiens, und auch keines zu der hochentwickelten Gesundheitspflege und zur Meditation.

Eines der wichtigsten taoistischen Grundprinzipien war das des Maßhaltens — und das schloß auch das „Maßhalten im Maßhalten" mit ein. Dies entspricht dem buddhistischen Mittleren Weg zwischen den Extremen — im Westen zwar oft als fade, lauwarme Gleichmütigkeit mißverstanden, in Wirklichkeit jedoch die einzige Geisteshaltung, die eine unmittelbare Berührung mit dem Leben ermöglicht. Um das echte Maß zu finden, bedarf es vor allem der Achtsamkeit, und diese zu schulen ist der Sinn aller östlichen Methoden. Wir haben uns daran gewöhnt zu glauben, die Intensität des Lebensgefühls sei gerade und vor allem im Exzess zu finden. Der Mittel, um diese Gier nach Lebensgefühl zu befriedigen, gibt es viele: Geld, Macht, Sex, Geschwindigkeit und Drogen sind die gebräuchlichsten, aber auch Askese gehört dazu — anstatt des Zuviel wird hier das Zuwenig als Reizverstärker benützt. Jede Art von Exzeß vergröbert jedoch das Wahrnehmungsvermögen, und so wird der Keil, den man auf diese Weise zwischen sich selbst und die Wirklichkeit treibt, immer größer. Im *Tao Te King* heißt es:

> „Die Welt erobern und behandeln wollen,
> ich habe erlebt, daß das mißlingt.
> Die Welt ist ein geistiges Ding,
> das man nicht behandeln darf.
> Wer sie behandelt, verdirbt sie,
> wer sie festhalten will, verliert sie. (...)
> Darum meidet der Berufene,
> das Zusehr, das Zuviel, das Zugroß.“

Alternde Menschen leiden häufig unter dem Gefühl, immer weniger „Mithalten“ zu können. Auch wenn sie sich Mühe geben, beim Jogging noch eine halbwegs gute Figur zu machen, wenn sie mit autoritärem Gehabe die Zügel in der Hand zu behalten versuchen oder sich gar mit jugendlichen Slang-Ausdrücken auf der Höhe der Zeit halten wollen, werden sie im Wettlauf mit der Zeit dennoch immer mehr zurückstecken müssen. Für alternde Männer wird vor allem das Nachlassen der sexuellen Potenz zum großen Problem des Nichtmehrmithaltenkönnens. Wer Sex stets nur als Leistungssport betrachtet hat, wird sich schwerlich auf eine geistigere, subtilere Art des Geschlechtslebens umstellen können, die das Primat der genitalen Mechanik aufgibt zugunsten einer umfassenderen, innigeren, achtsameren erotischen Kommunikation. Im Taoismus, in dem es niemals eine ambivalente Einstellung zur Sexualität gegeben hat, sondern sie vielmehr als natürliches, erfreuliches und energiereiches Element des Lebens betrachtet wurde, gab es eine reichhaltige Literatur zum Thema der Kultivierung des Sexus.

Wie sehr eine unreflektierte, unkultivierte Triebbetontheit im Alter zur Gefahr für die ganze Persönlichkeit werden kann, beobachtete der Psychoanalytiker Fritz Riemann. In diesem Fall, so erklärt er, geschieht es häufig, daß der zurücktretende oder nicht mehr zu erfüllende Sexualtrieb eine regressive Entwicklung in frühkindliche Phasen erfährt, und zwar in umgekehrter Folge der natürlichen Entwicklung im Kind. Rieman schreibt:

„Wenn etwa mit zurücktretender Potenz dennoch das sexuelle Begehren bestehen bleibt, kann es zur Wiederbelebung der sexuellen Neugier kommen. Lüsternes Beobachtenwollen von sexuellen Vorgängen, Schau- und Zeigelust, die Komponenten des Sexualstrebens sind, können sich aus ihm wieder herauslösen, infantile Formen des Betastens und so weiter — oft kleiner Kinder, weil Erwachsene dafür nicht verfügbar sind — können auftreten, kurz, der Mensch verhält sich dann im Triebhaften wie ein vier- bis sechsjähriges Kind, nur mit dem Unterschied, daß er *nicht mehr* kann, was das Kind dieses Alters *noch nicht* konnte: volle partnerschaftliche Geschlechtlichkeit vollziehen. (...)

Mit abnehmender mitmenschlicher Bezogenheit und eigener Vitalität kommt es häufig auch dazu, daß der Besitz einen Überwert erhält. Sammeln und Festhalten und Nichts-Hergebenwollen — bis zum Geiz — das ist dann zu beobachten, und oft werden, wie beim Kleinkind, die Ausscheidungsfunktionen wieder mit lustvollem Interesse besetzt; die Verdauung wird laufend kontrolliert bis zur Stuhlhypochondrie, die Neigung zum Sich-gehen-lassen in der Körperpflege bis zum Einnässen und Einkoten kann auftreten, und manche fallen zurück auf frühe Trotzhaltungen wie beim Kind im zweiten Lebensjahr, werden eigensinnig, uneinsichtig und starrköpfig."

Die Entgleisung in Fehl- oder Ersatzbefriedigung ist immer dadurch bedingt, daß ein Mensch keine echte Beziehung zu anderen — und das heißt auch: zu sich selbst — herstellen kann. Die entweder unterdrückte oder aber nur triebhafte, tierhafte, nicht zur wirklichen menschlichen Form gereifte Sexualität — in den westlichen Gesellschaften die übliche Sexualität vor allem der Männer — ist ein besonders greller Ausdruck allgemeiner Beziehungslosigkeit. Sex ohne Eros ist wie ein abgesägter Baumstamm ohne Krone. Wen mag es wundern, daß ältere Frauen häufig ganz froh sind, von ihren Männern nicht mehr mit mechanisch-sexuellen Ansprüchen belästigt zu werden. Ihre viel-fältigere weibliche Erotik hat manche andere natürliche Befrie-digungsmöglichkeiten, wie die zärtliche Beziehung zu Enkel-kindern oder ersatzweise auch Haustieren, während Männer, so sie nicht in den Sackgassen der Wirtshauskumpanei oder Eigenbrödelei landen, leiden und sich quälen und sich mit An-stand, aber heil-los, an das eigene Kreuz scheinbaren Verlustes schlagen.

Herzergreifend wird zum Beispiel in dem Roman *Auf dem Abstellgleis* von Boileau und Narcejac die sexuelle Verunsiche-rung eines alten Mannes beschrieben, der sich in einem Alters-heim gehobener Klasse in eine etwas jüngere, aber ebenfalls schon betagte Dame verliebt. Die Beziehung ist voll geistiger und emotionaler Lebendigkeit, doch der von beiden ersehnte Liebesakt kann nicht stattfinden, weil *er* sich entsetzlich fürch-tet, als Liebhaber keine gute Figur mehr zu machen.

„Warum sich etwas vormachen und die Dinge nicht betrachten, wie sie wirklich sind? In Wahrheit kann ich es mir nicht so recht vorstellen, wie ich mich am Fußende des Bettes ausziehe, mich wegen meines Beines mit schmerzverzerrtem Gesicht aus meiner Hose quäle und so weiter. (...) Ein schöner Liebhaber ist das, der kurzatmig feurige Worte flüstert und dabei ständig auf sein Herz achtet. Nein, nicht mit mir! Das kommt mir zu lächerlich vor. Aber ich fühle deutlich, daß Lucile dagegen gern nachgeben würde."

Das ist die Krux dieses alten Herrn, daß er nicht „nachgeben" kann, daß er sich auf bestimmte Vorstellungen versteift, an die er sich nun einmal gewöhnt hat. Nun hat zwar die Verklem-mung der Sexualmoral in neuerer Zeit etwas nachgelassen, doch profitieren davon in der Hauptsache nur die Jüngeren. Denn gleichzeitig hat sich gerade im sexuellen Bereich die generelle Jugendsüchtigkeit besonders breitgemacht. Ein Mann sollte im-mer wie ein Leistungssportler aussehen, und bei den Frauen wird gar einem Körperideal von vorpubertären, knabenhaft un-ausgereiften Formen gehuldigt. Diese Normen werden durch die Allgegenwärtigkeit des Welt- und Menschenbildes von der Matt-scheibe täglich bestätigt und verhärtet, und da Sex — ob gelok-kerte Moral oder nicht — nach wie vor hauptsächlich als eine

Sache des Konsums betrachtet wird, hat sich an der grundlegenden Unkultiviertheit wenig geändert. Unsere Sprache gibt einigen Aufschluß darüber: für Sexualorgane und sexuelle Praktiken stehen uns entweder nur vulgäre, beziehungsweise obszöne, oder aber aus der medizinischen Fachsprache stammende Termini zur Verfügung. Wie wohltuend ist dagegen die Poesie chinesischer Bezeichnungen wie etwa *Yü-Ching*, das heißt „Jadeschaft", oder *Yü-Men*, „Jadepforte". Die traditionellen chinesischen Texte über das *Tao der Liebe*, das vor allem einen wichtigen Zweig der chinesischen Heilkunde darstellte, sind stets und bei aller Detailliertheit in einer wunderschönen, Poesie und Philosophie miteinbeziehenden Sprache abgefaßt. So heißt es zum Beispiel im *Su-nü-Ching*, einem Werk aus der Tang-Zeit, zitiert in dem Buch *Das Tao der Liebe* von Jolan Chang:

„Jeder Schwächezustand des Mannes ist auf Fehler in der Art und Weise, wie er liebt, zurückzuführen. Die Frau ist in ihrer Geschlechtlichkeit und Natur stärker als der Mann, so wie Wasser stärker als Feuer ist. Wer das Tao der Liebe kennt, ist wie ein guter Koch, der es versteht, die fünf Wohlgeschmäcke zu einem köstlichen Gericht zu vereinen. Wer das Tao der Liebe kennt und Yin und Yang in Einklang bringt, kann die fünf Freuden zu himmlischer Lust vereinigen. Wer das Tao der Liebe nicht kennt, wird vor der Zeit sterben, ohne die Freuden der Liebe wirklich kennengelernt zu haben."

Für die taoistische wie für die übrigen östlichen Kulturen war es selbstverständlich, daß es ebenso wie zur Entfaltung jeder anderen potentiellen menschlichen Fähigkeit auch zur Entfaltung der Sexualität der gezielten Kultivierung bedarf.

Und es ist auch hier — wie überall — der Geist, der die Materie beherrscht. Solch eine Kulturleistung steht im Westen noch aus; auch hierin wäre von unseren asiatischen Nachbarn viel zu lernen.

Alles in allem spricht bei genauer Betrachtung vieles dafür, daß das Altern seiner eigentlichen Natur nach weder ein Unglück noch eine Krankheit noch eine Schande ist, sondern vielmehr etwas Großartiges, eine große Herausforderung und eine große Chance. Aber wer dieser „hohen Zeit" gerecht werden will, muß sich schon rechtzeitig um ein wenig „Heldenhaftig-keit" bemüht haben, um den Mut zur Konfrontation mit den eigenen Impulsen und Motivationen, und mehr noch: um den Mut zu Grenzüberschreitungen, das heißt zum Loslassen seiner Vorstellungen von sich selbst und der Welt. Ist dieser Weg eingeschlagen, wird das Altern nicht Hemmnis und Minderung, sondern Förderung und Mehrung sein.

Evolution im Alltag

Es mag dem Leser nicht verborgen geblieben sein, daß alle Hinweise zu einer Neuorientierung, ungeachtet um welchen Lebensaspekt es sich handelt, an einem bestimmten Punkt zusammenkommen: die Lösung aller Probleme hat ihre Wurzel eindeutig in einer *Geisteshaltung*, welche die *Überwindung der Ego-Fixierung* anstrebt.

Viele Menschen sind sich darin einig, daß das Los dieser Welt und aller ihrer Bewohner ein besseres wäre, gäbe es mehr Liebe und mehr Klarheit des Verstandes. So gut diese Idee ist — vom Ego vereinnahmt kann sie auch sehr unerfreuliche Folgen haben. Das christliche Primat der Nächstenliebe wurde zu blutigem Missionseifer und kirchlicher Bevormundung pervertiert, das Streben nach Wissen, nach klarem Intellekt verzerrte sich zu einem eiskalten, unmenschlichen Intellektualismus. Des Philosophen Karl Marx Ideal vom sozialistischen Glück aller Menschen verkam zum menschenverachtenden Pragmatismus. Die „love-and-peace"-Utopie der Hippies hat sich in Haschisch-Rauch aufgelöst ...

Und der neue Trend zur Spiritualität hat wiederum die Neigung, anstatt zu geistigem Erwachen zu Egomanien aller möglichen Art zu führen: zu Sektenwahn, Mystizismus-Kult, spiritueller Hochstapelei, „transzendentalen" Pseudo-Psychologien und vielem anderen mehr.

Die Gefräßigkeit des Ego, das sich alles und jedes einverlei-

ben will, wird im tibetischen Buddhismus durch die „drei Herren des Materialismus" symbolisiert: Der Herr der *Form*, der
Herr der *Rede* und der Herr des *Geistes*.

Der *Herr der Form* steht allgemein für die Sucht nach immer mehr materiellen Gütern, immer mehr Fortschritt, Genuß,
Bequemlichkeit, und nach möglichst nahtloser Absicherung.
Auf der spirituellen Ebene verlegt sich das Schutz- und Genuß-
streben auf praktische Maßnahmen wie Eremitentum, alternative Lebensweise, Vegetarismus oder spirituelle Praktiken. Nichts
ist vor dem Zugriff des Ego sicher — keine Religion und keine
spirituelle Übung.

Chögyam Trungpa schreibt dazu in seinem Buch *Spiritueller
Materialismus*:

„Den spirituellen Pfad sinnvoll zu wandern, ist ein sehr subli-
mes Unterfangen, nichts, das man ganz naiv beginnen kann. Es
öffnen sich viele Irrwege, die zu einer verzerrten, egozentrischen
Version von Spiritualität führen. Wir selbst können uns glauben
machen, daß wir uns spirituell entwickeln, während wir in Wirklichkeit nur durch spirituelle Techniken unsere Egozentrizität
erhöhen. Solch ein grundlegender Irrtum ist es, den wir hier als
spirituellen Materialismus bezeichnen. (...)

Meine Darstellung interpretiert hier den klassischen Buddhismus — nicht im formalen Sinn, wohl aber darin, daß sie das
Wesentliche in der buddhistischen Auffassung von Spiritualität
erklärt. Obgleich der Buddhismus nicht theistisch ist, wider-
spricht er doch keineswegs den theistischen Systemen. Er unterscheidet sich eher in Methode und Akzent von ihnen. Die Grund-
probleme des geistigen Materialismus sind nämlich in allen Dis-
ziplinen gleich. Die buddhistische Sicht geht von Verwirrung
und Leiden in unserem Dasein aus und trachtet danach, deren
Ursprung zu entdecken. Die theistische Sicht, ausgehend von
Gottes Herrlichkeit, ist bestrebt, mit dem erwachenden Bewußtsein Gottes Gegenwart zu erleben. Da aber unsere Irrtü-
mer und unsere Abwehr die Hindernisse an einer Verbindung mit
Gott sind, müssen sich auch die theistischen Systeme mit ihnen
beschäftigen. Geistiger Hochmut zum Beispiel ist in den theistischen Systemen ebenso sehr ein Problem wie im Buddhismus."

Der *Herr der Rede* symbolisiert das Festhalten an den Produkten des Intellekts: an Meinungen, Kategorien, Werturteilen,
Konzepten, an „ismen" jeglicher Art (einschließlich „Buddhis-

mus"!), und der *Herr des Geistes*, der mächtigste der drei, versucht jede erreichbare psychologische und spirituelle Idee und Methode zur großen Ich-Bestätigung und Ich-Verwirklichung auszuschlachten. Der *Herr des Geistes* ist identisch mit dem Impuls, unsere Vorstellungen und Weltanschauungen und Errungenschaften ungeheuer wichtig zu nehmen und sie zu massiven, unverrückbaren Bezugspunkten aufzubauen.

Die buddhistische Meditationspraxis dient dazu, das Spiel dieser „drei Herren" durchschaubar zu machen. Solange uns Informationen und Methoden fehlen, um Klarheit über die Art und Weise zu erlangen, wie unser Geist funktioniert, laufen alle unsere spirituellen Bestrebungen ernsthaft Gefahr, im Rahmen unserer automatischen Denkgewohnheiten ausgewertet zu werden, diese damit noch zu verfestigen und schließlich vielleicht gar ein Super-Ego zu produzieren.

Der spirituelle Materialismus, der umso greller blüht, je weniger spirituelle Wege in einer Kultur verankert sind, hat durch die psychologischen 'Unfälle', die er mit sich brachte, die Meditationspraxis generell in Mißkredit gebracht. Der buddhistische Psychologe und Psychiater Jeffrey M. Fortuna beschreibt im „Journal of Psychology" ein Paradebeispiel für die pseudomeditative Züchtung eines psychotischen Super-Ego.
Sein etwa dreißigjähriger Patient Jack hatte ein hartes Leben hinter sich, angefangen mit den brutalen Strafmaßnahmen eines gewalttätigen Vaters und kontinuierlich geprägt von Gefängnisaufenthalten und Zwangseinweisungen in psychiatrische Kliniken. Zwei Jahre in einer obskuren religiösen Kommune hatten seinem Wahn Methode verliehen. Jack umriß seine Existenz folgendermaßen:

„Ich gehöre nicht in diese Welt. Diese Welt ist nicht für mich geschaffen. Ich habe es mit Selbstmord versucht, aber das hilft ja nichts, wegen der Reinkarnation. Das einzige, was für mich etwas bedeutet, ist das Weiße Licht. Ich möchte darin bleiben, und ich möchte, daß niemand da ist und mich stört. Meine Gedanken sind eine Million Dollar wert und stehen hoch über euren Belangen auf eurer Groschen-Ebene. Ich bin nicht dieser Körper, sondern ein Feinkörper, und der wundervollste Aspekt daran ist das Weiße Licht."

Fortuna erzählt:

„Jack erklärte, daß er die höchste Seligkeit und Erkenntnis erlebt habe, indem er sein Herzzentrum durch das Rezitieren eines Mantras geöffnet habe. Das brachte ihm, wie er sagte, 'transzendentale Lust, den höchsten Genuß, den vollkommenen Nektar der Seligkeit'. Dann beschrieb er fünf seiner letzten Visionen von Heiligen. Einer davon war eine goldene, leuchtende Gestalt in safrangelber Robe, die Jack gegenüber vollkommene Fürsorglichkeit und Schutz ausstrahle. Daraus ergab sich für Jack die Erfahrung von einer 'tiefen Balance' zwischen sich selbst und der Welt. Jack erklärte, er habe eine Art von weit ausgedehntem, synchronisiertem Muster erlebt, in dem er mit allem und jedem vereint war, vereint in einer Atmosphäre von lebendiger Großmütigkeit und Weisheit. Diese Augenblicke des Aufblitzens eines 'höchsten Himmels', wie er es nannte, wurden zu unvergleichlichen Bezugspunkten auf Jacks psychotischer Reise. Im Gegensatz dazu empfand Jack unsere gewöhnliche Welt als fade, blasse, uninteressante Illusion."

Streng vegetarisch lebend und in seinen spirituellen Bestätigungen unglaublich diszipliniert, fühlte sich Jack dem gewöhnlichen „Pöbel" haushoch überlegen, was er vor allem bei religiösen Versammlungen, die er gern besuchte, ungefragt und lautstark zum Ausdruck brachte. Dafür landete er dann wieder in der Psychiatrie, wo er Zeit und Ruhe hatte, sich in das „Weiße Licht" hineinzumanipulieren. Fortunas Kommentar:

„Jacks Einsatz an Energie in diesen Praktiken war unermüdlich, und ich respektierte seine zielstrebigen Bemühungen um Reinheit und persönliche Disziplin. Doch war sein Verlangen nach einem lustvollen Erfolg geradezu leidenschaftlich materialistisch. Eine Unterbrechung dieser gottsucherischen Aktivitäten und abgehobenen Zustände konnte paranoide Wut auslösen."

Spiritualität in einem evolutionären Zusammenhang zu praktizieren bedeutet vor allem, sie aus der Privatisierung und Individualisierung herauszuholen. Alle religiösen Systeme haben stets in irgendeiner Form die Gesetze der Gemeinschaftlichkeit und des Lernens, beziehungsweise Lehrens berücksichtigt. Im Buddhismus gilt für jeden Anhänger einer jeden traditionellen Richtung — ob im Hinayana-Buddhismus Ceylons und Indonesiens, im Mahayana-Buddhismus Ostasiens oder im Vajrayana-Buddhismus der Himalaya-Länder – die Formel der „dreifachen Zuflucht": Zuflucht zu Buddha, dem Lehrer (und zum Repräsentanten Buddhas, dem „Lama" oder „Guru" oder „Meister"), Zuflucht zum „Dharma", der Lehre, und Zuflucht zum „Sangha", der Gemeinschaft der Praktizierenden. Der spirituelle Lehrer ist in der buddhistischen Tradition nie ein selbsternannter Guru. Er bekommt den Lehrauftrag nur von seinem eigenen Lehrer, der ihn wiederum von seinem Lehrer erhielt und so weiter, in einer jeweils über Jahrhunderte zurückzuverfolgenden Linie.

Moderne Anhänger eines „pluralistischen Spiritualismus" ignorieren gerne die Notwendigkeit eines Lehrers, und die Folgen eines Mangels an Unterweisung und Kontrolle sind unverkennbar.

So, wie der Lehrer falsche Praxis und Mißverständnisse in der Auffassung der Lehre verhindert, korrigiert die Gemeinschaft der Praktizierenden eine falsche Anwendung der Lehre und Fehlverhalten in der „Nachmeditation", das heißt in gewöhnlichen Lebenssituationen wie Organisieren, Umgang mit Finanzen, Feiern von Festen, Saubermachen der Meditationshalle, kurz bei allen Gelegenheiten der Zusammenarbeit und Kommunikation. Hausgemachte Spiritualität als hochgestochene geistige Lustbarkeit im ästhetisch gestylten Elfenbeinturm hilft keinem, nicht dem, der sie pflegt, geschweige denn jenen, die mit ihm zu tun haben.

Bewußtseinsentwicklung – Bewußtseins*aus*wicklung – kann nur heißen, daß all die Sicherheitsbandagen von Egozentrik und Egoismus, von Aggression, Gier und Ignoranz entfernt werden. Ohne Zweifel ist das ein schmerzhafter Prozeß. Niemand würde bereit sein, diesen Schmerz zu ertragen, wäre da nicht – bei aufmerksamem Berücksichtigen (das lateinische *religere* ist als „sorgfältig berücksichtigen" zu übersetzen und gibt damit dem Begriff Religion einen besonderen Akzent) eine Ahnung von einem ganz außerordentlichen Glück, theistisch umschrieben als „Vereinigung mit Gott", nichttheistisch „Rückkehr zum Ursprung" oder „Einheit mit dem Sinn (Tao)" genannt.

Um die richtige Perspektive zu gewinnen, ist es natürlich nötig, ziemlich bescheiden bei unserer eigenen Situation in unserem Alltag zu beginnen, anstatt uns das Vergnügen „schöner

Worte" zu leisten (Lao Tse sagt im *Tao Te King*: „Schöne Worte sind nicht wahr, wahre Worte sind nicht schön").

Spiritueller Materialismus ist immer mit einer Art von geistigem Besitzstreben verbunden, so als würde man in einem riesigen Supermarkt von verführerischen Angeboten wie „Weisheit", „Esoterik", „Geheimnis", „Wunder", „Mystik" und „Erleuchtung" angezogen. Verschiedene Hochglanz-Firmen bieten diese Ware an: Hinduismus, Taoismus, Buddhismus, Sufismus, Theosophie, Christentum, aber auch indianisches oder sibirisches Schamanentum, afrikanisches Woodoo, keltische Mythologie oder hellenischer Dionysos-Kult. Das eifrige Sammeln solcher Angebote wird allerdings nicht mehr bewirken, als daß ein arroganter Besitzerstolz heranwächst.

Vom Standpunkt der buddhistischen Psychologie aus beginnt die Bewußtseinsentwicklung mit einer genauen Beobachtung unserer geistigen Gewohnheitsmuster. Das ist nicht möglich, solange wir mit der gedanklichen Beschäftigung, die alle unsere bewußten Augenblicke ausfüllt, identifiziert sind. Die buddhistische Sitzmeditation bietet, da wir zunächst nicht ganz ohne Beschäftigung auskommen können, als minimale Beschäftigung die Verbindung mit dem Atem an. Gedanken steigen auf, werden wieder losgelassen, und die Aufmerksamkeit kehrt zum Atem und damit zur augenblicklichen Situation zurück, immer und immer wieder. Alle möglichen Inhalte bieten sich an; sie werden registriert, aber nicht festgehalten. Dabei entsteht ein gewisser Raum im Geist, in dem das Spiel der emotionalen und intellektuellen Muster deutlich wird. Mit fortschreitender Praxis lernt der Geist sich mehr und mehr zu entspannen, und diese Entkrampfung bringt auf ganz natürliche Weise ein Gefühl von Freundlichkeit und Humor mit sich, das es uns möglich macht, uns selbst so zu akzeptieren, wie wir sind — anstatt auf Rechtfertigungen und Rationalisierungen auszuweichen und an uns selbst herumzumanipulieren.

Wer psychisch wirklich erwachsen werden will, muß derart die Verantwortung für sich selbst übernehmen. Und vom Standpunkt des Nicht-Ich beschränkt sich diese Verantwortung nicht nur auf uns selbst, sondern weitet sich aus zu einer „universalen Verantwortlichkeit".

Der Dalai Lama sagte in einem Vortrag auf einer seiner Europa-Reisen:

„Die Vorstellung von universaler Verantwortlichkeit beruht auf der schlichten Tatsache, daß, vereinfacht gesagt, alle die gleichen Bedürfnisse haben wie ich selbst. Alle Lebewesen wollen glücklich sein und nicht leiden. Wenn wir als intelligente Menschen dieses Faktum nicht anerkennen, wird das Leid auf diesem Planeten immer mehr zunehmen. Wenn wir dem Leben gegenüber eine selbstsüchtige Haltung einnehmen und ständig versuchen, andere für unsere Zwecke zu benutzen, bringt uns dies vielleicht vorübergehend Vorteile ein; auf die Dauer werden wir dadurch nicht einmal persönliches Glück erlangen, von weltweitem Frieden ganz zu schweigen. (...) Wir müssen die Gelegenheit, als Mensch geboren zu sein, so zielstrebig und bewußt wie möglich nützen. Wir müssen die richtige Perspektive haben, damit Glück und Ansehen einer Gruppe nicht auf Kosten anderer angestrebt wird."

Ein wirksames Gegenmittel gegen den spirituellen Materialismus ist die aufrichtige Orientierung am Prinzip des Mitgefühls. In der buddhistischen Tradition gibt es keinen Begriff, der unserem Allerweltsbegriff „Liebe" entspricht, unter dem sich ja so unterschiedliche Qualitäten wie *philia, eros* und *agape,* wie *Caritas* und *Leidenschaft* versammeln. Statt dessen gibt es die Begriffe *maitri,* emotionales Mitgefühl oder Herzenswärme, und *karuna,* reines Mitgefühl. *Maitri* entspricht der Entwicklungsstufe, auf der sich das Herz für emotionale Zuwendung öffnet — was es uns ermöglicht, uns zu verlieben, anderen einen Dienst zu erweisen, ohne etwas dafür zu wollen, vom Unglück anderer berührt und erschüttert zu werden und so weiter. *Karuna* entspricht der (fortgeschrittenen) Entwicklungsstufe unmittelbarer, spontaner Verbundenheit ohne Egoabgrenzung, ohne Auswahl, Mitgefühl aus Geistesklarheit, verbunden mit Intuition, jenseits von Verzeihen und Vergebung.

Es ist notwendig, ganz von vorn und mit kleinen Schritten zu beginnen, um nicht in der nachahmenden Geste des Ego hängenzubleiben: bei uns selbst, unserer Familie, den Menschen, mit denen wir zu tun haben. Trungpa sagt dazu:

„Der wesentliche Punkt ist zu erkennen, daß man niemals 'außer Dienst' ist. Man kann sich nicht einfach gehen lassen, weil die ganze Welt Hilfe braucht."

Gregory Bateson, sozusagen der Vater der neuen holistischen (ganzheitlichen) Philosophie, hat Weisheit als die Fähigkeit definiert, das „Große" und das „Kleine" zugleich, im unmittelbaren Zusammenhang zu sehen. Das Gegenteil davon nannte er „Schismogenese", jene abgespaltene, auf die eigene kleine Vorstellungswelt begrenzte Geisteshaltung, die davon ausgeht, daß ein kleiner Schneeball ja nicht so schlimm sei – während er doch allein durch sein blindes Weiterrollen ganze Lawinen bilden kann.

Ein derartiges Weiterrollen liegt in der Natur unserer Gewohnheitsmuster des Denkens, Fühlens und Handelns, und diesen „schismogenetischen" Faktor auszuhalten sollte das Bestreben eines jeden Menschen sein, der – in welchem Alter auch immer – anfängt, mit sich selbst zu arbeiten, nicht nur um des eigenen und der Welt Überlebens willen, sondern um dem Prinzip der geistigen Evolution zu entsprechen.

Mögen alle Wesen glücklich sein!

Bibliographie

Aeppli, Ernst: *Der Traum und seine Deutung*. E. Rentsch, Zürich
Bachofen, Jakob: *Das Mutterrecht*. Suhrkamp, Frankfurt 1980.
Beauvoir, Simone de: *Das andere Geschlecht*. Rowohlt, Reinbek 1960.
Bech, Dieter: *Krankheit als Selbstheilung*. Insel, Frankfurt 1981.
Berg, J.H. van den: *Grundriß der Psychiatrie*. G. Fischer, Stuttgart 1970.
Berg, Sheila in Neill, A.S.: *Die Befreiung des Kindes*. Benziger, Köln 1973.
Berman, Morris: *Die Wiederverzauberung der Welt*. Dianus-Trikont Buchverlag, München, 2. Aufl. 1985.
Bettelheim, Bruno: *Kinder brauchen Märchen*. DVA, Stuttgart 1977.
Bolfeld, John: *Selbstheilung durch die Kraft der Stille*. Scherz, Bern 1981.
Boileau und Narcejac: *Abstellgleis*. Rowohlt, Reinbek.
Boss, Medard: *Der Traum und seine Auslegung*. Kindler, München 1974.
Cicero: *Laelius — Über die Freundschaft*. Reclam, Stuttgart 1970.
Chang, Jolan: *Das Tao der Liebe*. Rowohlt, Reinbek 1978.
Da Liu: *Tao der Gesundheit und Lebensfreude*. Fischer, Frankfurt 1982.
Dreikurs, Rudolf: *Eltern und Kinder — Freunde oder Feinde?* Klett, Stuttgart 1973.
Evans-Wentz, W.Y.: *Das geheime Buch der großen Befreiung*. Barth, Weilheim 1972.
Franz, Marie-Luise von, in: C.G. Jung, *Der Mensch und seine Symbole*. Walter, Olten 1968.
Friedrichs, Heinz: *Kulturverfall und Umweltkrise*. dtv, München 1982.
Fromm, Erich: *Die Kunst des Liebens*. Ullstein, Frankfurt 1956.
Gould-Davis, Elizabeth: *Am Anfang war die Frau*. Frauenoffensive, München 1977.
Haas, Elson M.: *Gesund durch alle vier Jahreszeiten*. Scherz, Bern 1981.
Hesse, Hermann: *Narziß und Goldmund*. Suhrkamp, Frankfurt 1971.
Holt, John: *Zum Teufel mit der Kindheit*. Wetzlar, Büchse der Pandora 1978.
Journal of Psychology. Naropa Institute, Vol. 2, Nalanda Press, Boulder Co. 1983.
Jung, Carl Gustav: *Erinnerungen, Träume, Gedanken*. Walter, Olten 1971.
Ders.: *Die Psychologie der Übertragung*. Walter, Olten 1973.
Ders.: *Seelenprobleme der Gegenwart*. Rascher, Zürich 1931.
Ders.: *Der Mensch und seine Symbole*. Walter, Olten 1963.
Jacobi, Kast, Riedel: *Das Böse im Märchen*. Adolf Bonz, Fellbach 1978.
Kubie, Lawrence S.: *Neurotische Deformationen des schöpferischen Prozesses*. Rowohlt, Reinbek 1956.
Landau, Erika: *Psychologie der Kreativität*. Reinhardt, München 1969.
Lao Tse: *Tao Te King*. Diederichs, Düsseldorf 1957.
Lermer, Stefan: *Krebs und Psyche*. Causa, München 1982.
Leuner, Hanscarl (Hrsg.): *Katathymes Bilderleben*. H. Huber, Bern 1980.
Männerbilder, Trikont, München 1977.

Mellaart, James: *Catal Hüyük, Stadt aus der Steinzeit*. Lübbe, Berg. Gladbach 1967.

Miller, Alice: *Am Anfang war Erziehung*. Suhrkamp, Frankfurt 1980.

Mitscherlich, Alexander: *Auf dem Weg zur vaterlosen Gesellschaft*. Piper, München 1963.

Neill, Alexander S.: *Die Befreiung des Kindes*. Benziger, Köln 1973.

Neumann, Erich: *Zur Psychologie des Weiblichen*. Walter, Olten 1980.

Plessen/Zahn: *Zwei Jahrtausende Kindheit*. Verlagsgesellschaft Schulfernsehen, Köln 1979.

Preiser, Siegfried: *Kreativitätsforschung*. Wissenschaftl. Buchgesellsch., Darmstadt 1976.

Riedel, Ingrid: *Farben in Religion, Gesellschaft, Kunst und Psychotherapie*. Kreuz, Stuttgart 1983.

Riemann, Fritz: *Grundformen der Angst*. Reinhardt, München 1977.

Richter, Horst Eberhard: *Lernziel Solidarität*. Rowohlt, Reinbek 1974.

Stefan, Verena: *Häutungen*. Frauenoffensive, München 1975.

Stelly, Gisela: *Die Dummen und die Klugen*. Bertelsmann, Gütersloh

Speck, Otto: *Kinder erwerbstätiger Mütter*. Enke, Stuttgart 1956.

Sartory, Gertrude u. Thomas: *Das ganze Leben*.

Seneca: *Briefe ad Lucilius*. Wissenschaftliche Buchgesellschaft, Darmstadt 1971.

Simenon: *Die beiden Schwestern*. Rowohlt, Reinbek.

Trungpa, Chögyam: *Jenseits von Hoffnung und Furcht*. Octopus, Wien 1978.

Ders.: *Spiritueller Materialismus*. Aurum, Freiburg 1975.

Varela, Francisco in: Kakuska, Rainer, *Andere Wirklichkeiten*, Dianus-Trikont Buchverlag, München, 2. Aufl. 1985.

Wilhelm, Richard: *I Ging – das Buch der Wandlungen*. Diederichs, Düsseldorf 1970.

Zulliger, Hans: *Schwierige Kinder*. H. Huber, Bern 1977.

Ich möchte meinem tibetischen Lehrer, Chögyam Trungpa Rinpoche, Oberhaupt der Vajradhatu-Zentren in Nordamerika und Europa und Direktor des Naropa-Instituts, für seine wertvollen Belehrungen danken, die mir halfen, ein wenig Klarheit in mein Denken und Leben zu bringen. Danken möchte ich auch Radio Bremen, in dessen Auftrag ich die Gedanken ausarbeitete, die schließlich zu diesem Buch führten, und dem Dianus-Trikont Verlag, der diese Publikation ermöglichte. Möge mein kleiner Beitrag unsere Entwicklung zum erwachten Menschsein inspirieren und unterstützen.

Informationen über buddhistische Studien- und Meditationsprogramme der Vajradhatu-Organisation sind erhältlich im Vajradhatu-Zentrum Europa, D-3550 Marburg, Zwetschenweg 23.